KB192603

영적 성장을 지향하는
상담전문가를 위한 슈퍼비전 안내서

초월영성상담 슈퍼비전

영적 성장을 지향하는
상담전문가를 위한 슈퍼비전 안내서

초월영성상담
슈퍼비전

박성현 · 이선화 · 김미례
박선영 · 박희석 공저

학지사

머리말

　어느 여행 중 오래된 카페에서 깊은 주름이 세월의 흔적을 짐작케
하는 일흔이 넘어 보이는 바리스타가 커피를 내려 주었다. 메뉴는 한 가
지, 주문하는 사람도 말 없이 한 잔의 커피를 받아 들고 느린 걸음으로
자리에 앉는다. 멍하니 허공을 응시하며 한 잔의 커피로 아침을 달래는
사람들과 그들의 요구에 맞춘 커피를 내려 주는 전문가 사이에는 별다
른 말이 오가지 않는다. 이 아침에 이 자리가 있다는 것만으로도 충분해
보이는 순간, 다시 문이 열리고 그 전문가는 지난 밤의 흔적을 지고 눈을
부비며 들어오는 젊은이를 예리한 눈으로 스캔한다. 그리고 그의 걸음
걸이를 체크하고 부드러운 시선으로 젊은이를 바라본다. 그 순간이 필
요했던 듯이 한숨처럼 "커피요."라는 말에 고개를 크게 끄덕이며 그 커
피를 내려 준다. 메뉴는 한 가지이지만 그 사람에게 맞는 것을 내어주는
오랜 연륜의 전문성이 빛난다.

　어느 분야에서나 전문가가 되는 길은 쉽지 않을 것이다. 특히 사람
의 마음을 대하는 일을 하는 사람들이 전문성을 확보하기까지는 다양한
교육과 훈련이 요구된다. 어느 정도의 수련을 통하여 그 분야에 숙련자
가 되고 난 뒤에도 배움에 익숙해질 시간이 필요하다. 배운 것이 내면에
서 무르익어 갈 동안, 우리는 자신에 대한 신뢰와 인내심을 가지고 성숙
의 시간이 지루하지 않도록 도움을 받을 수 있는 조력자를 찾는다.

　상담자들이 전문가가 되어 가는 과정도 비슷하다. 상담자는 다양한
이론에 근거하여 상담을 한다. 각 이론에 기반한 접근법으로 내담자를

만나고 내담자의 심리적 고통을 듣는다. 그리고 이론에 근거한 방식으로 내담자가 직면한 어려움을 풀어 나갈 수 있도록 조력한다. 이때 상담자가 상담의 과정이 잘 진행되고 있는지 점검하고, 스스로 자신과 내담자의 상황을 이해하고 상담에 안정감을 가지기 위하여 슈퍼비전을 받는다.

상담의 슈퍼비전은 상담자가 진행 중이거나 종결된 사례에 대해 자세히 논의할 목적으로 슈퍼바이저와 정기적인 회의를 가지는 것이다. 상담자는 좀 더 나은 상담을 진행하기 위하여 다른 방향에서 이 사례를 바라보는 관점을 필요로 한다. 슈퍼바이저는 내담자에게 집중해 있는 상담자가 어떤 어려움을 가지고 있는지 관심을 가지고 상담자가 새로운 시각을 갖도록 조력한다. 이때 슈퍼바이저가 어떤 이론에 기반하여 안내하는지에 따라 슈퍼비전의 접근 방식이 달라질 수 있다. 대부분의 상담이론에 기반한 슈퍼비전은 명확한 상담의 목표, 과정 및 기법을 가지고 있으며 상담 장면에서 이것이 적용되었는지를 살펴보며 지도하게 된다. 각 이론이 가지고 있는 인간관, 발달이론, 성격이론, 상담의 과정 및 기법에 따라 상담이 제대로 이루어지고 있는지 살펴보는 것도 중요하다.

예를 들어, 정신분석 이론에서 슈퍼비전은 상담자가 내담자와의 관계에서 전이와 역전이를 알아차리고 있는지, 내담자의 심리성적 발달과정을 잘 이해하고 있는지 등 정신분석적 상담이론에 근거하여 사례를 살펴보고 조력한다. 인본주의 이론에 기반한 슈퍼비전은 상담자가 내담자에게 적절한 수준으로 경청하고 공감하고 있는지, 내담자와의 관계에서 어떤 정서를 경험하고 있는지 그리고 지금 여기에서 일어나고 있는 것을 알아차리고 있는지 등에 초점을 둔다.

초월영성상담 이론에 근거한 슈퍼비전은 상담자가 내담자를 어떤 관점으로 이해하고 있으며, 내담자와 내담자의 문제를 얼마나 동일시하고 있는지 여부를 확인한다. 그리고 상담자가 내담자에게 일어난 일에 대한 신체적·심리적·영적 수준에서 깊이 있는 이해를 하고 있는지 점검한다. 그리고 내담자와의 연결성을 이해하면서 내담자 문제를 통하여 상담자 자신을 탐색하는지 등을 다양한 방향에서 지도할 수 있다. 초월영성상담 분야가 동서양의 영적 전통에 근거한 개념들을 중요한 의미로 받아들이고 있기 때문에 광범위한 영역의 관점을 지니고 있다고 할 수 있다. 슈퍼바이저는 자신의 영적 관점에 따라 슈퍼비전을 제공할 수 있다.

초월영성상담 분야는 지난 20여 년간 한국상담학회의 분과학회로서 한국초월영성상담학회를 중심으로 놀라운 발전을 이루고 있다. 자아초월심리학의 관점을 바탕으로 초월적·통합적 인간관을 제시하여 새로운 관점으로 인간을 이해하며 내담자에 대한 무한한 가능성뿐 아니라 상담 영역의 다양성에도 기여하고 있다.

우리가 갈 수 있는 길은 많고 갈 길이 멀며 어디로 가고 있는지도 막연하기에, 초월영성상담의 길에서 슈퍼비전을 위한 가이드가 필요하다는 학회원들과 슈퍼바이저들의 요구가 있었다. 특히 슈퍼바이저들은 그동안 자신이 수행해 온 슈퍼비전이 초월영성상담의 슈퍼비전인지 아닌지 구분하기 어려운 점에서 혼란이 있었다.

이처럼 초월영성상담 분야에서 슈퍼비전에 대한 이해의 중요성이 강조되고 있을 때, 이 분야에서 전문성을 인정받고 있는 한국상담학회, 한국상담심리학회의 슈퍼바이저들이 초월영성상담 슈퍼비전을 이해하고 슈퍼비전 실제에 적용할 수 있는 가이드 라인을 마련하기 위해 뜻을 모았다.

다섯 명의 전문가들은 각 장을 저술하면서 이 책이 친절한 안내서가 되도록 노력하였다. 이 책은, 제1장 초월영성상담 슈퍼비전, 제2장 초월영성상담 사례개념화, 제3장 슈퍼바이지의 발달단계와 슈퍼바이저의 역할, 제4장 초월영성담 슈퍼비전 모델, 제5장 개인상담 사례, 제6장 슈퍼비전의 실제로 구성된다. 저자들은 슈퍼비전을 시작하는 신규 슈퍼바이저들이 초월영성상담 슈퍼비전의 과정을 잘 이해할 수 있도록 상세히 설명하고자 했다.

이 책은 상담자들을 위한 슈퍼비전 안내의 필요성을 현실적으로 직시한 학지사의 깊은 관심하에 출판되었다. 학지사의 초월영성상담 분야에 대한 이해와 지지에 대해 깊은 감사를 전한다. 한국상담학회 초월영성상담학회 회원들과 운영위원회에 저자들의 감사의 마음과 따뜻한 사랑이 전달되기를 바란다. 이 길에서 슈퍼바이저가 되기까지 내면의 지혜를 따른 초월영성상담 슈퍼바이저들에게 고개 숙여 존경을 표하고 싶다.

2025. 3.
저자 일동

차례

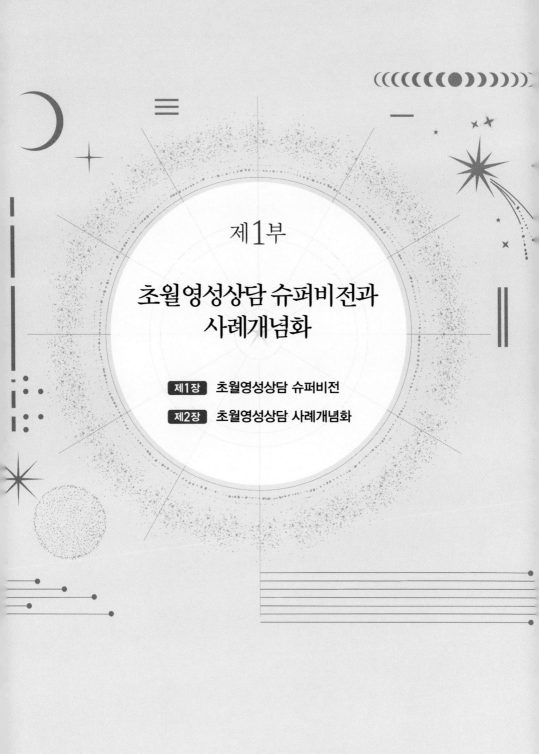

제1부

초월영성상담 슈퍼비전과 사례개념화

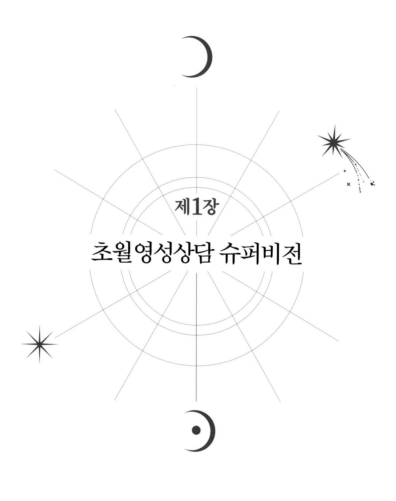

제1장

초월영성상담 슈퍼비전

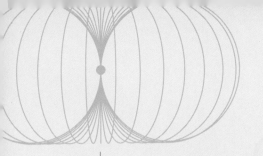

개요

●　이 장에서는 초월영성상담 슈퍼비전의 필요성과 목적을 제시하고, 초월영성상담의 기본 관점, 정의, 과정 및 윤리의 개요를 개관하였으며, 초월영성상담의 주요 이론가를 소개하였다. 초월영성상담의 기본 관점에서는 전체성, 의식, 인식론, 자기, 치료에 대한 관점 그리고 전통 상담 및 심리치료와의 관계를 간략히 기술하였다. 초월영성상담의 과정에서는 초월영성상담 특유의 심리적 문제에 대한 개념화를 제안하고, 치료관계에 미치는 상담자의 의식과 영성 수준을 포함하여 초월영성상담에서 다루어야 할 주요 주제들을 정리하였다. 초월영성상담의 윤리에서는 전통 상담과 구별되는 초월영성상담자가 갖추어야 할 윤리적 덕목에 관해 논의하였다. 초월영성상담의 주요 이론가들로는 Carl Gustav Jung, Michael Washburn, Roberto Assagiolo, Ken Wilber, Jorge Ferrer의 이론을 소개하였다.

1. 초월영성상담 슈퍼비전의 필요성과 목적

슈퍼비전은 유능한 상담자로 성장하기 위한 필수적인 훈련이다. 초월영성상담은 전통 상담에서 다루고 있는 전개인(prepresonal)과 개인(presonal) 수준뿐만 아니라 자아 너머의 초개인(transpersonal) 수준을 포함한 인간 의식의 전 스펙트럼을 다룬다. 이에 따라 초월영성상담자는 각 의식 수준에서의 발달 과업과 특정 병리에 대한 지식과 기술을 훈련해야 하며, 특별히 초개인 의식의 치유적 기능에 대한 경험과 전문성을 습득할 필요가 있다.

초월영성상담 슈퍼비전은 초월영성상담 고유의 지향에 따라 전통적인 상담 슈퍼비전의 주제들을 포함하면서도 그와 다른 차별적인 주제들을 포함한다. 여기에는 수련 상담자의 의식 발달, 영적 역전이를 포함한 상담자–내담자 관계, 초월영성적 맥락을 포함한 사례개념화, 초개인적 의식을 포함하는 상담 개입에 대한 지도 등이 포함될 수 있다.

초월영성상담에서 상담자의 의식은 특별한 중요성을 갖는다. Maslow, Tart, Wilber, Hokins와 같은 의식 연구의 대가들은 의식 상태에 따라 자신, 타인, 세계의 실상이 다르게 인식된다는 점을 보여 준다. 상담자가 이성적·합리적 수준을 포함하면서도 초이성적·초합리적 의식 수준에 도달할 때 내담자를 병리적 문제를 가진 존재가 아닌 영적 성장의 도상에 있는 존재로 이해할 수 있다. 이에 따라 초월영성상담 슈퍼비전은 수련 상담자의 의식 수준을 발달시키기 위한 지도를 포함해야 한다.

초월영성상담에서 상담자-내담자 관계는 전통 상담과 같이 촉진, 안내, 경청, 평등, 신뢰, 공감, 수용, 존중 등을 포함한다. 그러나 초월영성상담에서는 상담자가 내담자에 대해 상담자뿐 아니라 영적 안내자라는 이중 관계를 맺을 수 있으므로 이에 대한 특별한 주의와 지도가 요구된다. 상담자가 상담자와 구루나 영성 마스터와 같은 역할의 혼동이 있을 때 영적 역전이의 문제가 발생할 수 있다.

사례개념화는 내담자가 호소하는 당면 문제를 둘러싼 역사적 맥락, 현재의 상황적 맥락, 촉발 사건, 내담자의 인지·정서·대인관계 패턴에 대한 진단과 이해, 개입 목표와 전략 등을 포함하여 내담자 문제에 대한 종합적 이해를 도모하는 과정이다. 초월영성적 맥락을 포함한 사례개념화는 내담자의 문제를 병리적 틀로 해석하고 고통을 완화하는 것뿐만 아니라 내담자의 문제가 갖는 성장 지향적인 의미를 발견하여 내담자가 새로운 관점에서 자신의 문제를 볼 수 있도록 개념화한다는 점에서 차이가 있다. 또한 초월영성상담 사례개념화는 신체-심리-영성의 전인적 수준에서 내담자의 문제를 이해하는 틀을 제공해야 한다. 신체, 정서, 인지, 실존, 영적 수준 각각에서 내담자의 당면 문제를 맥락화하고 개념화함으로써 각 수준에서의 적절한 상담 개입 전략과 목표를 세울 수 있어야 한다.

초월영성상담은 언어적 대화 이외에도 다양한 비언어적 개입과 특별히 비일상적 의식 상태를 유발하는 개입을 사용한다. 여기에는 소마틱, 표현예술, 최면, 의식변성 등의 기법이 포함된다. 초월영성상담 슈퍼비전에서는 수련 상담자가 이러한 기법들이 갖는 유용성과 함께 위험성을 인식하고 충분한 경험과 숙달된 기술을 연마하도록 도와야 한다. 특히 전통적인 언어적 상담에 대한 지식과 기술이 부족한 상태에서 시행하는 초월영성적 개입이 갖는 문제들을 지도할 필요가 있다. 앞서 기술한 내용 이외에도 초월영성상담의 윤리와 같은 초월영성상담자로의 성장을 돕기 위한 다양한 슈퍼비전 주제가 있을 것이다.

미지의 영역을 탐험하는 데는 위험이 따른다. 초월영성이라는 인간 심혼의 영역은 신비주의자들이 살짝 드러내 보인 바와 같이 인간 존재의 놀라운 잠재력이 숨어 있는 곳이다. 많은 신화에서 보여 주고 있듯이 신비한 보물이 숨겨진 곳에 다가가기 위해서는 위태로운 모험과 도전에 맞설 인내와 용기 그리고 신의 가호가 필요하다.

초월영성상담 슈퍼비전은 미증유의 심층 정신을 탐험하고 그로부터 치유의 보물을 얻고자 하는 수련 상담자들이 안전하고 능숙하게 그 길을 갈 수 있도록 돕는 이정표의 역할을 할 것이다.

●

2. 초월영성상담의 기본 관점, 정의, 과정 및 윤리

1) 초월영성상담의 기본 관점[1]

(1) 전체성

초월영성상담은 인간을 **신체-심리-영성**을 포함하는 존재로 보며 각각의 한 측면은 다른 측면들의 맥락 내에서 완전하게 연구될 수 있다고 가정한다. 이러한 관점에 따라 초월영성적 접근은 정신병, 신경증, 역기

---

1 초월영성상담의 기본 관점은 Daniels(2005)에서 주로 인용하였다.

능, 부적응뿐만 아니라 잠재력, 창조성, 본성, 참나, 깨달음에 이르는 인간 경험의 모든 범위에 대한 경험적 연구를 포함한다. 특별히 초월영성상담은 전통적으로 연구되어 왔던 신체와 심리 영역 간의 상호작용뿐만 아니라 영성과 신체, 영성과 심리 영역 간의 관계에 대한 이해를 강조한다.

초월영성적 접근은 개인과 공동체의 변용과정을 촉진하는 신체·심리·영성 역동을 연구함으로써 인간 본성의 전체성(wholeness)을 회복하는 데 초점을 둔다. 이를 위해 통합적인 개인내적 삶, 사회적 참여, 생태적 관심이 조화된 영적 삶을 촉진하는 고대와 현재의 실천적 수단(명상, 통합 변용수련, 심신통합 기법, 꿈 작업 등)을 적극 활용한다.

(2) 의식

초월영성적 접근은 전통적 관점에서 의식의 기능, 구조, 발달, 상태를 다룰 뿐 아니라 의식의 다양한 수준과 생리적·행동적·정서적·인지적·현상적·실존적·영적 체계와의 관련성을 탐구한다. 초월영성적 접근은 일상의 깨어 있는 의식뿐 아니라 다양한 비일상적 변성의식 상태를 포함한 의식의 전 스펙트럼을 보편적인 인간성의 잠재력으로 인식한다. 특별히 인간 본성의 초월적이고 영적인 상위의식 차원 및 의식 체험에 대한 과학적 연구와 치유적 활용에 관심을 갖는다. 여기에는 신비체험, 절정체험, 선체험, 상위의식, 홀로트로픽의식, 우주의식, 비이원적 의식 등이 포함된다.

(3) 인식론

초월영성적 접근은 물리적 세계, 심리적 세계, 초월적 세계 모두의 실재성을 가정한다. 이 세 가지 세계는 서로 다른 의식의 수준에서 관찰되며, 서로 간에 상호작용한다. 물리적 세계는 신체의 감각 기관에 의해 파악되는 객관적 세계이다. 심리적 세계는 대화와 해석을 통해 파악되는 간주관적 세계이다. 초월적 세계는 명상과 같은 의식 훈련을 통해 도달하는 관조적 의식 상태에서 경험되는 세계이다. 초월적 세계의 존재는 물리적·심리적 세계를 넘어서는 경험들(정체감의 확장, 궁극적 존재와의 합일, 무조건적 사랑, 초월적 가치와 동기, 직관, 시공간 초월, 정묘에너지 등)에 의해 확인될 수 있다.

초월영성적 접근은 세 수준의 세계를 탐구하기 위해 삼인칭 관점(과학적 검증과 관찰, 객관적 대상 인식), 이인칭 관점(간주관적 상호이해, 해석적 이해), 일인칭 관점(개인내적 경험에 대한 현상적 관찰) 모두를 인식론적 방법론으로 사용한다.

(4) 자기

초월영성적 접근은 사회화된 자아(socialized ego)를 인간 발달의 한계이자 심리적 건강의 지표로 설정하는 전통적 접근에 대한 비판으로부터 출발한다. 초월영성적 접근은 인간 정신의 초월적 자기(Transcendent Self)의 본질과 자기의 비개인적 본성(the impersonal nature of the self)을 연구한다. 또한 건강, 지혜, 유능성의 근원으로서 초월적 자기에 도달하려는 영적 실현(transcendental self-actualization)의 충동이야말로 모든 인간 동기의 뿌리임을 인식한다. 이러한 면에서 초월영성상담은 심리학적 전통의 지혜와 신비적 영적 전통의 지혜를 통합하여 '나는 누구인가?'라는 궁극적 질문에 대답하는 상담이라고 할 수 있다.

(5) 발달

초월영성적 접근은 인간 발달의 체계 내에 전개인적·개인적·초개인적 수준을 가정한다. 특별히 초월영성적 접근은 개인 수준을 포함하고 초월하는 인간 발달에 관심을 가지며 인간 발달의 각 단계에 따라 우리가 지각하고 경험하고 해석하는 세계에 대한 패러다임과 자기 정체성이 변화된다는 것을 인식한다. 개인의 심리영적 발달은 자기초월과 자기통합의 연속적 과정을 통해 이루어진다.

대체로 인간 발달은 신체적 자기와의 동일시에서 시작해 정신적 자기와의 동일시로 진입하며 이어 실존적 자기를 거쳐 영적 자기로의 정체감을 달성하는 방향으로 전개된다. 각 발달단계에서의 동일시와 탈동일시 과정에서 정상적인 초월과 통합이 일어날 수도, 특정적인 발달 병리가 발생할 수도 있다.

(6) 치료

초월영성상담은 영적 성장을 포함하여 확장하여 맥락 내에서 치유의 심리적 과정을 이해하고자 하며 심리치료와 영적 수련을 통합하여 치료에 적용한다. 초월영성상담에서 치료의 본질은 자각 훈련(awareness practice)을 통한 의식의 확장과 변용이며, 고양된 자각 능력을 통해 전체 정신의 구조와 기능을 파악하는 것이다. 여기에는 무의식적 작용에 대한 이해, 조건화된 자아의 형성에 대한 이해뿐만 아니라 개인의 본성과 참나에 대한 자각이 포함된다. 심리치료와 영적 수련의 결합은 일상적 정신병리(mental suffering)뿐만 아니라 현대사회의 영적 결핍과 영적 고통(spiritual suffering)에 이르기까지 폭넓은 치료 비전을 가능하게 한다.

초월영성적 접근은 다양한 신비체험의 변용적 가치를 인식하지만 신비체험이나 초월적 현상 단독으로는 통합적이고 지속적인 치유와 변용을 이룰 수 없다는 점을 강조한다. 신비체험이나 절정체험은 자체 내에 윤리적·치료적 요소를 포함하지 않을 수 있으며 오히려 병리적이고 비

윤리적인 종교적 환경 속에서 발생할 수도 있다는 점에 유의해야 한다.

(7) 전통 상담 및 심리치료와의 관계

초월영성상담자가 되기 위해 전통 상담과 심리치료에 대한 전문적인 훈련은 필수적이다. 초월영성상담은 전통 상담 및 심리치료의 주요 문제들(무의식, 공감, 억압, 트라우마, 친밀관계, 정신병리, 발달 등)을 영적 · 초월적 체계를 포함한 전인적 체계 내에서 다루고자 한다. 특별히 전통 상담에서 다루지 못한 인간 경험의 전 영역(상위의식 상태, 신비체험, 영성, 종교적 가치, 의식변용의 방법들)을 치료에 응용한다.

2) 초월영성상담의 정의

초월영성상담은 신체-심리-영성을 포함하는 인간 존재의 전체성을 이해하고, 인간 의식의 발달적 속성과 다양한 변성 상태의 치유 가능성을 탐구하며, 과학적인 상담 및 심리치료와 신비적 · 영적 수련의 지혜와 기술을 통합하여, 의식의 각 수준에 따른 병리를 다룰 뿐 아니라, 조건화된 자아와의 탈동일시를 통해 궁극의 인간 본성(참 자기, 초월적 자기)을 발견하도록 조력하는 상담이다.

3) 초월영성상담의 과정[2]

(1) 심리적 문제와 치료에 대한 기본 관점

① 동일시

초월영성적 관점에서 인간의 근본적 실체는 의식(영)이다. 의식(영)은 모든 존재의 근원으로서 다양한 형태의 물질, 신체, 정서, 사고로 분화된다. 우리는 의식의 일부 내용(신체, 감각, 정서, 사고 등)에 자신을 동일시한다. 일상의식은 방어적으로 제한된 상태로 욕구와 방어에 의해 통제할 수 없는 사고와 환상의 연속된 흐름이다. 심리적 내용과 과정은 조건화의 결과이며 고통의 원인은 이러한 심리적 내용과 과정에 대한 동일시이다.

동일시(identification)는 내적 현상과 과정에 대한 동일시로서 어떤 것이 자기로서 경험되는 무의식적 과정이다. 동일시된 생각과 신념 그리고 그에 따른 감정은 세계를 구성하고 안내하고 예측하고 유지하며, 자신의 생존을 위해 방어적인 왜곡과 전략을 만든다.

② 내담자의 자기치유 능력에 대한 신뢰

초월영성상담은 문제 해결 자체에 대한 관심보다는, 문제가 해결되거나 초월될 수 있는 조건 혹은 환경을 창조함으로써, 내담자가 자신의 내적 자원을 활용하여 자연스러운 치유와 성장이 일어나도록 도와주는 역할을 강조한다.

---

2 초월영상상담의 과정은 Vaughan(1979)의 논문 내용을 주로 인용하였다.

제1장 초월영성상담 슈퍼비전

초월영성상담자는 갈등과 고통을 경험하는 내담자 내에 잠재된 혹은 개발되지 않은 능력과 자질이 있으며, 적절한 환경이 주어진다면 내담자 유기체의 내적 지혜가 일어나 통합과 치유의 힘을 발휘할 수 있다는 신념을 갖는다.

③ 의식은 변화의 대상이자 치료의 가장 강력한 도구

초월영성상담은 동일시에 의해 작동되는 지각적 왜곡과 방어의 장벽을 인식하고 놓아 버리는 최상의 의식 상태가 존재하며, 이는 상담과 훈련에 의해 가능하다고 본다. 초월영성상담은 내담자의 행동이나 의식의 내용을 바꿀 뿐 아니라, 경험의 맥락으로서 의식 자체의 자각 능력을 계발시키는 것을 치료의 핵심으로 간주한다.

④ 탈동일시

초월영성상담의 궁극적 목표는 외적 혹은 표면적 자기(의식 내용에 동일시한 자기)를 떠받치고 있는 영적 의식을 발견하는 것이다. 이를 달성하기 위한 초월영성상담의 현실적 목표는 내담자가 동일시하고 있는 조건화된 마음의 감옥으로부터 자각을 일깨우는 것이다. 즉, 자신의 멜로드라마로부터 거리를 두면서도 정서를 포함한 내적 현상의 모든 영역을 경험할 수 있는 능력을 계발하는 것이다.

초월영성상담의 과정은 심리적 내용(사고, 감정, 자기 정체감 등)과의 점진적인 탈동일시 작업으로서 심리적 내용을 주시하는 주시자로서의 새로운 자기 동일시를 형성하는 과정이다. 치료적인 면에서 초월은 모든 정신적 내용이나 마음의 흐름에 동일시하지 않고 순수한 자각의 상태를 유지하는 것이다. 순수한 자각은 조건화되지 않은 경험으로 자각, 존재, 기쁨의 상태이다.

⑤ 영적 성장

초월영성상담은 개인의 성향이나 선호에 맞추어 각 개인이 신체적·정서적·정신적 욕구뿐 아니라 영적 욕구를 적절하게 충족시킬 수 있도록 돕는 것이다. 영적 성장을 향한 충동을 완전한 인간성에 도달하려는 인간의 기본욕구로 인식하며, 개인이 최적의 건강 수준에서 충분히 기능하기 위해서는 생존 욕구와 자기실현 욕구를 넘어 자기초월에 대한 욕구가 충족되어야 한다고 가정한다.

(2) 초월영성상담자의 의식과 치료관계

① 상담자 의식

초월영성상담자는 자신의 문제로부터 완전히 치유된 사람이 아니라 자신의 치유, 즉 의식 발달의 영적인 여행(spiritual journey)에 적극적으로 관여하는 사람이다. 상담자의 의도와 영적 추구는 내담자의 성격 차원뿐만 아니라 심층의 존재 수준인 참나의 추구를 위한 내적 작업에 강력한 영향을 준다.

초월영성상담은 상담자의 의식을 통해 실현된다. 상담자의 의식은 상담과정의 맥락/장을 제공하며 내담자의 의식과 상호침투하여 내담자의 내적 개방과 자기탐색을 촉진한다. 실재에 대한 제한된 지각이 고통을 가져온다는 상담자의 인식은 상담을 깨달음의 과정으로 이끌 수 있다.

② 현존

의식의 깊은 차원은 상담자의 현존(presence)에 의해 표현된다. 상담자가 신체적 감각을 자각하고, 정서적으로 연결되어 있으며, 인지적으로 개방적이고 예민하며 영적으로 깨어 있을 때, 즉 현재에 깨어 있을 때 현존이 가능하다. 현존은 평온과 고요한 내적 상태, 내적 공간의 확대, 현재 순간에 대한 사랑스러운 느낌의 상태이다.

상담자의 현존은 외부 세계에 대한 지각을 증가시키므로 내담자의 경험을 보다 완전하고 공감적으로 이해할 수 있게 한다. 상담자의 의식이 깊어지고 확장되면 상담자가 사용하는 이론과 기법 모두 효과적으로 작동한다.

③ 치료관계

내담자의 자아구조 혹은 자아의식은 발달과정에서 주요 대상과의 대인관계적 맥락을 통해서 형성되며, 의식의 성장은 치료관계의 대인관계적 맥락의 변화를 통해 일어난다. 상담자의 의식 상태는 상담의 치료관계에 강력한 영향을 미친다. 치료관계는 모든 존재의 일체성과 내담자와의 연결성에 대한 상담자의 자각 수준에 따라 달라진다.

초월영성상담은 자기 존재의 중심에 존재하고 자신의 개인적 느낌과 생각에 덜 반응적이며, 존재의 평화로움과 연결되어 있을 뿐 아니라 삶의 드라마에 방어하지 않고 내적으로 관조하는 상태에 있는 상담자가 제공하는 상담이라고 할 수 있다.

(3) 초월영성상담의 내용[3]

초월영성상담이 지향하는 전인적 치유란 의식의 모든 수준(신체적, 정서적, 정신적, 실존적, 영적)에서 균형 잡힌 통합적 접근을 의미한다. 각 수준에서의 주요 상담 주제는 다음과 같다.

---

3   초월영성상담의 내용은 Vaughan(1986)의 내용을 주로 인용하였다.

① 신체적 수준

신체의 건강은 상위의 전 수준, 특히 정서적·정신적 건강에 강력한 영향을 미친다. 상담자는 내담자의 영양, 운동, 휴식과 관련된 건강한 생활 습관에 관심을 가져야 하며, 특히 스트레스에 대한 감각운동 수준에서의 습관화된 패턴(예: 근육긴장, 경직된 자세)을 교정하는 기법을 익힐 필요가 있다.

② 정서적 수준

초월영성상담자는 내담자가 부정적 감정을 억압하거나 부인하지 않고, 수용하며 경험하고 표현할 수 있도록 도와야 한다. 만성적인 부정적 감정은 성장과정의 대인관계적 결핍 욕구와 관련되어 있다. 안전한 상담관계는 억압된 고통스러운 느낌을 다시 경험하고, 진실한 감정 표현을 배울 수 있는 안전하고 치유적인 환경을 제공한다.

③ 정신적 수준

초월영성상담자는 내담자가 발달과정에서 조건화된 사고패턴, 개념화되고 경직된 자기개념을 발견하고 벗어나도록 도와야 한다. 상담자는 내담자의 조건화된 신념이 자신의 행동, 정서, 관계패턴에 미치는 영향과 진실한 삶을 제한하는 방식을 탐색한다. 명상을 포함한 의식 확장 훈련을 통해 생각(정신과정)을 관찰하는 자각 능력을 키우는 것이 도움이 된다.

④ 실존적 수준: 진실한 자기의 발견

초월영성상담자는 내담자의 호소문제에서 무의미, 죽음, 실존적 불안과 죄책감, 소외와 관련된 주제가 있는가를 탐색할 필요가 있다. 이러한 실존적 고통은 내담자가 자기 존재에 대한 정체성, 삶의 의미, 가치, 몸과 마음의 통합, 진정성의 문제에 접근할 기회를 제공한다.

실존적 수준에서 치료의 목표는 존재의 유한성을 수용하고, 자기기만 없이 인간성의 한계를 받아들임으로써 진실하고 진정성 있는 삶의 태도를 회복하는 것이다.

⑤ 영적 수준

영적 수준에서 초월영성상담자는 내담자와 함께 삶의 소명 또는 목적에 대한 근본적인 질문을 탐구한다. 초월영성상담자는 내담자의 초월적인 경험에 대해 개방적인 태도로 그 경험의 심오한 의미를 탐구하며, 내담자가 초월욕구(메타욕구)를 발견하도록 격려한다. 여기에는 자비심과 같은 상위정서, 타인과 세상에 대한 봉사, 세상사에 대한 받아들임, 소박하고 겸손한 삶의 자세, 진리(신)의 추구와 헌신, 순수 자각의 훈련을 통한 근본적인 자기감의 변용 등이 포함된다.

4) 초월영성상담의 윤리[4]

(1) 상담자의 의식 발달 노력

초월영성상담자는 자신의 치유, 즉 의식 발달의 심리-영적 여정(psycho-spiritual journey)에 적극적으로 참여하는 사람이다. 내담자들의 다양한 의식 수준과 동조할 수 있는 능력을 키우기 위해 초월영성상담자는 다양한 심리-영적 수련을 거쳐야 하며 의식 상태 변용을 위한 현

---

4 초월영성상담의 윤리는 목명화(2021)의 논문을 주로 참고하였다.

대적 기법들을 통해 전문적 기술을 습득해야 한다.

(2) 전통적인 상담 및 심리치료에 대한 전문성

초월영성상담자는 전통적인 심리치료에 대해서도 기본 지식을 갖추어야 하며, 상담의 전통적 접근법과 초월적 접근법 사이에 균형을 유지해야 한다. 초월영성상담자는 병리적인 관점에서 인간을 바라보지 않지만 다양한 정신병리를 인정하고 이에 대한 전문적 지식을 습득해야 한다. 초월영성상담자는 심리적 영역과 영적 영역 모두에 대한 전문적 지식과 경험을 통해 내담자의 의식 수준에 따른 적절한 치료를 수행할수 있다.

(3) 전체론적 접근

초월영성상담자는 전체론적 접근법을 사용해야 하는데 이것은 한 개인의 각기 다른 수준의 경험(신체적 · 정신적 · 정서적 · 영적 경험 등)을 통합할 수 있어야 한다는 것을 의미한다. 즉, 초월영성상담자는 신체적인 문제에서 자아실현과 영적 변용에 이르기까지 모든 내담자의 요구를 고려해야 한다.

초월영성상담자는 의식 발달의 전 수준에서 나타나는 병리에 대해 철저한 지식을 가질 필요가 있으며, 다양한 의식 수준에서 나타나는 정신병리에 적절한 상담 개입을 이해해야 한다. 특히, 초월영성상담자는 자기기만적인 영적 추구(영적 우회, 영적 나르시즘, 영적 방어, 자아팽창 등)와 영적 위기에 대해 식별할 수 있어야 한다.

(4) 비일상적 의식 상태에 대한 전문성

초월영성상담자는 변성의식을 포함한 비일상적 의식의 치료적 가능성뿐만 아니라 변성의식 상태가 야기할 수 있는 문제들을 동시에 인식해야 한다. 초월영성상담자는 비일상적인 의식 상태(예: 명상, 홀로트로픽 호흡, 트랜스 기술 등)를 다루는 다양한 방법론을 포함하여 심리영적 치료법에 대한 전문적인 훈련을 받아야 한다.

(5) 영성에 대한 이해

초월영성상담자는 모든 사람 안에 심리적 성장과 더불어 영적 성장에 대한 열망과 잠재력이 있음을 인식해야 하며, 내담자의 성장을 위한 지지와 치료의 자원으로서 영성과 창조성을 고려해야 한다. 또한 초월영성상담자는 개인이 집단적 존재(사회적·생태적·우주론적 단위)로 연결되어 있는 존재라는 점을 고려해야 한다. 이는 내담자의 치유가 개인내적 수준뿐 아니라 세계와의 연결과 참여를 통해 이루어질 수 있음을 이해해야 한다는 것을 의미한다.

(6) 내담자 중심

초월영성상담자는 자신의 길(path)이 내담자에게는 올바른 길이 아닐 수 있음을 알아야 한다. 초월영성상담을 진행할 때, 상담자는 내담자의 수준과 상황을 고려하여 내담자가 자신의 고유한 초월의 길을 찾을 수 있도록 안내해야 한다.

(7) 영적 역전이

초월영성상담자는 관계에 있어서의 '개인 무의식적 역전이'와 '영적 수준의 역전이' 모두를 인식해야 한다. 초월영성상담자는 내담자의 전이나 투사에 대한 '전능한 치료사' '구루' 혹은 '영적 마스터'에 대해 인지하고 역할 혼란에 주의해야 한다.

(8) 신체 접촉

초월영성상담자는 초월영성상담에서 활용되는 다양한 신체 작업(body works)에서 일어나는 신체 접촉과 관련하여 생길 수 있는 고유의 문제점들에 대해 인식하고 있어야 한다.

3. 초월영성상담의 주요 이론가[5]

1) Carl Gustav Jung

Carl Gustav Jung(1875~1961)은 스위스 태생의 정신의학자로 개인 무의식의 기저에 있는 집단 무의식을 발견하고, 무의식의 자율성과 목적 지향적 작용을 연구한 것으로 잘 알려져 있다. 그는 1908년 국제정신분석학회의 회장까지 맡았을 정도로 Freud와 깊게 교류했으나 Freud의 교조주의적인 성욕설에 반발하며 독자적인 무의식 탐구를 시작했다. 그는 개인 차원의 무의식을 넘어서는 인류 보편적인 집단 무의식이 존재한다는 착상을 입증하기 위해 세계 각국의 민담과 신화 그리고 다양한 원시 문화에 대한 민속지적 연구를 수행했다. 이를 통해 민족과 지역, 문화를 초월한 상징적 원형들이 공존하고 있음을 확인하고 원형론을 확립하기에 이르렀다.

---

5 초월영성상담의 주요 이론가의 내용은 박성현(2022)의 논문을 인용하였다.

Jung의 독창적인 의식 이론은 집단 무의식(collective unconscious)과 원형(archetypes) 개념에 기초해 있다. 집단 무의식은 초개인적(überpersonlich)인 의식 영역으로서 인류의 선조로부터 상속되어 온 경험과 기억의 저장소이며 모든 정신 현상의 토대가 되는 영역이다. Jung의 관점에서 개인 무의식은 집단 무의식과 문화적인 환경 간의 상호작용의 산물로 그 안에서 개인은 발달한다. 과거의 사건들에 대한 기억은 개인 무의식에 저장되며, 집단 무의식에 비해 상대적으로 쉽게 의식화할 수 있다. Jung은 개인 무의식과 집단 무의식의 차이를 다음과 같이 설명했다(이부영, 2006).

> "이른바 개인 무의식은 개인의 삶에서 비롯된 것으로, 잊혀지고 억제되고 억압되고 부지불식간에 지각되는 내용이다. 반면, 집단 무의식은 두려움, 위험, 우월한 힘에 대항하는 투쟁, 아이와 부모의 관계, 증오와 사랑, 탄생과 죽음, 빛과 어둠의 원리의 힘 등과 같이 역사적 시기나 사회, 민족 집단과 관계없이 태초 이후 지금까지의 보편적인 상황에 대한 인류의 전형적인 반응의 저장소이다."(p. 10)

개인 무의식 안에는 집단 무의식의 원형으로부터 영향을 받은 다양한 콤플렉스가 존재한다. 콤플렉스는 특정 경험에 대해 특정한 감정적 반응과 생각을 이끌어 내는 개인 무의식의 기능적인 단위이다. 콤플렉스는 신경증이나 정신증이 있는 사람들뿐 아니라 건강한 사람에게도 적용되어 세계에 대한 개인 특유의 지각과 반응에 영향을 미친다. 콤플렉스는 원형과 마찬가지로 자아의 의지로부터 자율적이며, 무의식적으로 작동할 수 있으며, 의식화되지 않은 콤플렉스는 자아를 불안하게 만들고 혼란에 빠뜨릴 수 있다(Vaughan, 2013/2020).

집단 무의식에 존재하는 원형은 특정한 방식으로 대상에 대한 지각을 갖도록 영향을 미치는 경험의 보편적 패턴이다(Daniels, 2005). 주요 원형들로는 그림자(shadow), 영혼 이미지(soul image), 마나 인격(mana personality), 자기(Self)가 있다. 그림자는 자아가 수용할 수 없는 비이성적이고 반사회적인 특성과 힘을 가진 원형이다. 그림자는 개인 무의식에 영향을 주어 개인 특유의 그림자를 형성하며 이는 자신이 의식하는 자기이미지나 페르소나를 위협한다(이부영, 2006). 개인적 그림자는 자아의 방어기제에 의해 무의식으로 억압되나 때로는 타인이나 타 집단에 무의식적으로 투사되어 편견과 적의, 희생양을 만들어 내기도 한다. 집단적 그림자는 보다 파괴적이고 악마적인 힘을 가지며 집단적 그림자에 사로잡힐 경우 전쟁이나 학살과 같은 끔찍한 죄악을 저지르기도 한다. 영혼 이미지는 여성적 원형인 아니마(anima)와 남성적 원형인 아니무스(animus)로서 반대 성에 작용하여 내면 세계로의 여행을 안내하는 의인화된 원형이다. 마나 인격은 개인 안에 내재된 본질적인 힘을 상징하며 흔히 영웅이나 현자의 이미지로 나타난다.

Jung의 원형 중에서 가장 중요한 역할을 차지하는 것은 바로 자기 원형이다. 자기 원형은 전체 정신의 중심으로서 전체 정신의 균형과 조화를 자율적으로 추구하는 조직 원리이자 내적 안내자이다. 자기 원형은 여러 문화의 신화와 예술 작품 속에서 완전성, 조화, 전체성을 나타내는 인물이나 상징으로 표현된다. 그리스도, 크리슈나, 붓다, 알라, 불성, 도, 만다라, 연꽃 등이 여기에 속한다(이부영, 2006). Jung에게 있어 자기실현은 전체 정신의 실현이라고 할 수 있다. 자기(Selbst, Self)는 의식과 무의식을 통틀은 전체 정신의 중심이기 때문이다. 자기와 비교하여 자아(ego, 나, ich)는 전체 정신의 일부인 의식의 중심이다.

Jung의 인간 발달단계는 집단 무의식으로부터 자아의 분화, 인생 전반기 외부 세계에 대한 자아의 적응, 인생 후반기 내부 세계에 대한 자아의 적응 단계를 거쳐 Jung이 개성화(individuation)라고 부른 자기실현으로 이어진다. Jung에 따르면, 인간은 출생 시 집단 무의식의 상태로서 자아가 아직 분화되지 않은 상태에서 출발한다. 최초의 자아 혹은 자아의식은 무의식 안에 잠재된 형태로 존재한다. 유아의 의식은 외부 자극이나 본능과 정동에 따라 산발적으로 채워질 뿐 안정성과 통일성이 결여되어 있다. 유아는 모체로부터 자기 신체의 공간적 분리성을 인식하고 주체와 객체를 구별하는 정신적 능력이 커짐에 따라 점차 남과 다른 독립된 '나'라는 인식을 구축하게 된다(이부영, 2006).

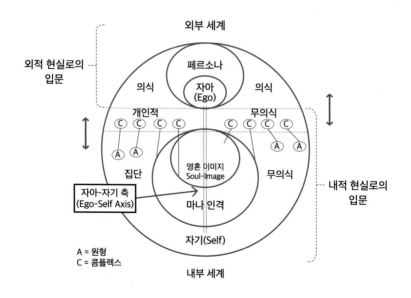

그림 1-1 Jung의 정신 모델

출처: Daniels, M. (2005). p. 180

> "의식은 확실히 스스로 창조되지 않는다. 그것은 알 수 없는 깊은 곳
> 으로부터 솟아난다. 어렸을 때에는 서서히 깨어나며, 전 생애 동안 매일
> 아침 무의식적인 상황에서의 깊은 잠으로부터 일어난다. 의식은 태고의
> 무의식의 자궁으로부터 매일 태어나는 아이와 같다."(Jung, 1968a, p.
> 935: Vaughan, 2013/2020에서 재인용)

무의식으로부터 자신을 분리해 낸 자아는 원초적 충동, 신화적 환
상, 원시적 사고를 벗어나 현실 세계를 의식하면서 자신의 영역을 확장
해 간다. 자아는 두 가지 중요한 역할을 수행하는데, 첫째, 외부 세계와
관계를 맺고 적응하는 것이며, 둘째, 내면의 무의식 세계와 관계를 맺고
이에 적응하는 것이다.[6]

Jung은 인생 주기의 전반부와 후반부에 자아가 삶을 대하는 태도가
달라져야 한다고 말한다. 인생의 전반기는 자아가 무의식으로부터 떨어
져 나와 태도 유형과 의식기능이 분화되고 페르소나가 형성되는 자아
강화의 시기로서 외부 세계, 즉 사회로의 적응이 중요한 과제가 된다. 페
르조나는 남들의 눈에 비치는 '나', 남들이 인정해 주는 '나'이다. 페르소
나가 지나치게 경직되고 무조건적으로 그것과 동일시할 경우 개인 고유
의 진정한 '나'가 상실되고 내부 세계와의 관계가 끊어질 위험이 있다.
그렇지만 인생 전반기, 특히 청소년기에는 무의식과의 단절이라는 희생
을 감수하고서라도 페르소나는 형성되어야 한다. 페르소나는 청소년이

---

6 자아가 외부 세계와 관계를 맺고 적응하는 외부 인격이 페르소나이다. 자아를 내부
   세계로 이어 주는 내적 인격은 아니마와 아니무스와 같은 영혼 이미지이다.

사회질서와 관계윤리를 배우면서 인간 집단 속으로 자기의 삶을 확장하는 징검다리의 역할을 하기 때문이다(이부영, 2006).

반면, 인생 후반기에는 페르소나와의 지나친 동일시를 멈추고, 내부 세계, 즉 무의식으로의 적응이 목표가 되어야 한다. 인생 후반기는 자아(ego)가 아닌 '자기(Self)'의 강화, 자기의 실현, 개성화를 이루는 시기로서 '자기'의 존재를 인식하고, '자기'가 자신의 주체임을 깨닫는 것이 중요하다. 이를 위해 자신의 내부 세계에 대한 관심과 그것의 소리를 진지하게 믿고 이해하는 종교적 태도가 필요하다(박성현, 2019). 그림에서 보이는 자아-자기 축은 자아와 자기 간의 대화를 상징한다. 자아-자기 축은 자기 원형으로부터 나오는 메시지에 귀를 기울이고 의미를 부여하는 자아의 태도와 역량에 달려 있다. 무의식으로부터의 정보는 꿈, 환상, 창조적인 생각, 심리적 증상 등의 형태로 나타난다(Vaughan, 2013/2020).

Jung은 자아의 인정 여부와 무관하게 인간의 삶을 집행하고 항상적으로 조절하는 주체를 자기(Self)라고 보았다. 자기는 개인의 삶 속에서 그 자신의 실현을 추구하고자 하는 타고난 경향성이 있는데 자기의 궁극적인 목표는 고유한 자기 자신이 되는 것, 즉 개성화이다. Jung은 개성화를 모든 살아 있는 존재가 애초부터 예정되어 있던 것으로 되어 가는 생물학적 과정의 표현이라고 말한다(Vaughan, 2013/2020). 자기는 개인의 분리할 수 없는 통합체인 전인격을 실현하기 위한 목적론적 기능을 수행한다는 것이다. 자기 원형은 보상기능과 초월기능을 통해 개성화를 수행한다. 보상기능이란 자아의식의 선택적인 일방성[7]과 이로

---

7 자아의 일방성이란 전체 정신의 대극의 합일에 반하는 자아의식의 발달 경향을 말한다. 예를 들어, 내향성만을 일방적으로 발전시킨 사람으로부터 억압된 외향성은 무의식의 열등기능인 그림자가 된다.

인해 초래된 의식의 분열을 교정하고 치유하는 작용이다. 자기는 꿈이나 증상을 통해 의식과 무의식 간의 긴장 상태를 경고하고, 정신의 전체성을 회복하도록 촉구한다.[8] 초월기능은 대극의 융합 혹은 대극의 합일로 불리는 초월적 의식성을 일으키는 기능이다. Jung은 모든 정신 현상이 대극의 긴장과 갈등과 통합의 과정에서 진행된다고 보았다. 인간은 의식과 무의식, 남성성과 여성성, 선과 악, 미와 추, 정신과 신체, 우월과 열등, 내향과 외향 등등의 무수한 대극성 속에서 세계를 경험한다(이부영, 2016). 자기의 초월기능은 이러한 대극성을 뛰어넘는 경지에서 세계를 이해하는 것으로 자아의 분별지(分別知)적인 의식을 초월한 절대지(絶對智) 혹은 절대 의식성을 가능하게 한다(이죽내, 2005).

    Jung은 의식의 전일성을 추구하는 자기의 작용이 상징으로 표현되며, 모든 정신 현상을 미지의 의미를 내포한 상징으로 인식했다. 따라서 전체 정신의 회복이라는 개성화를 이루기 위해서는 자신에게 일어나는 정신 현상을 단순한 사실이 아니라 무의식으로부터의 상징적 표현으로 이해하려는 의식태도가 중요하다. Jung은 정신 현상에 내포된 상징적 의미를 이해하기 위한 방법으로 목적론적 관찰을 주장했다. Freud의 정신분석에서 사용하는 인과론적 관찰방식이 과거와의 관계 속에서 정신 현상을 분석하는 것이라면, 목적론적 관찰방식은 미래와의 관계 속에서 정신 현상의 의미를 밝히는 것이다. 모든 정신 현상에는 전체 정신의 전일성과 대극 초월이라는 목적 의미가 내포되어 있기 때문이다.[9]

    Jung은 무의식에서 일어나는 환상상(幻想像)을 직접 관찰하는 방법

---

8 자아의 일방성이란 전체 정신의 대극의 합일에 반하는 자아의식의 발달 경향을 말한다. 예를 들어, 지나치게 외부 세계에서의 성공을 향해 외향적 삶에 경도된 사람에게 발병한 우울증은 그의 주의를 내면 세계로 향하게 함으로써 정신의 균형을 되찾도록 강제한다.

으로 적극적 명상(active meditation)을 추천하기도 했다. 적극적 명상은 명상자의 관조를 통해 환상상이 일어나도록 하는 단계 그리고 일어난 환상상과 명상자가 적극적으로 직면하는 단계로 구분된다. 첫 단계에서 명상자는 외부 영향을 차단하고, 무의식의 작용을 억압하는 의식의 영향 또한 약화시키면서 환상상이 자유롭게 일어나도록 하며 환상상을 조작하지 않는다. 두 번째 단계에서 명상자는 자기 원형의 초월기능의 작용으로 일어나는 환상상과 마음속에서 자연스럽게 일어나는 대화를 유지한다. Jung은 자기의 초월기능이 자아의 분별기능을 멈추게 하여 대립관계를 초월한 정신 현상의 진실한 의미를 체험하게 하는 것을 누미노제(numinose)의 체험으로 불렀다. 그는 이러한 신성의 체험이야말로 정신치료의 핵심이며, 본래의 나인 자기의식의 본질이라고 했다(이죽내, 2005). Jung이 그리고 있는 자기실현의 여정은 자신의 근원인 무의식으로부터 자아가 분리되면서 출발한다. 인생의 전반기 자아는 세계 안에서 자신의 존재 가치를 확보하고 정체성을 유지하기 위해 외부 세계에 대한 적응에 주력해야 한다. 인생의 후반기에 이르면 외부 세계로 향했던 리비도는 내면의 정신세계로 자연스럽게 흐르게 된다. 사람들에게 보여지는 나가 아닌 참된 나를 찾기 위해서는 자아가 망각하고 있던 무의식의 영역으로 되돌아 가야 한다. 자아는 명상적이며 종교적인 태도로 자기가 보내오는 정신 현상의 상징 의미를 파악하려고 노력함으로써 분별적 의식을 초월하여 대극 합일의 전일성 의식을 성취하게 된다. 자아는 무의식으로 회귀하는 심리-영적 탐구를 통해 자신의 참된 본성인 자기를 깨닫고 삶의 주도권을 자기에게 양도함으로써 개성화를 실현

---

9 Jung은 정신 현상의 상징 이해를 위해 개인적 연상법과 함께 신화, 민담, 종교 등의 내용을 통한 집단적 확충방법을 사용했다.

하게 된다.

2) Michael Washburn

Michael Washburn은 Freud의 고전적 정신분석, 자아심리학, 자기심리학, 대상관계이론, Jung의 분석심리학을 포괄하는 정신역동 전통의 관점에서 인간의 의식 발달 모델을 제시하고 있는 자아초월이론가이다.

그는 자신의 의식 연구의 목표를 심층 심리적 관점과 자아초월적 관점에서 인간 발달을 설명하는 것이라고 했다. 심층 심리적 관점이란 자아 체계 아래의 숨겨진 심층 정신(deep psychic core)의 실재를 인정하는 정신분석 전통을 따른다는 의미이다. 여기서 Washburn이 말하는 심층 정신은 Freud의 무의식이나 Jung의 집단 무의식을 포괄하는, 보다 더 깊고 넓은 영역인 역동적 바탕이다. Freud의 무의식은 자아의 의식 영역에서 벗어난 전개인적 · 전이성적 · 본능적 영역이며, Jung의 집단 무의식은 개별성을 초월하는 계통 발생적인 인류 공통의 생득적 무의식이다. Washburn의 역동적 바탕은 개별성을 초월하는 인간 경험의 근원이라는 점에서 Jung의 집단 무의식과 유사하나, 자아의 발달에 따라 역동적 바탕이 때로는 전개인적으로, 때로는 초개인적으로 표출된다는 점에서 차이를 보인다. 즉, 심층 정신은 자아 단계에 따라 특정적인 방식으로 자신을 표현한다. Washburn은 의식 발달의 초기에 경험되는 전개인적인 미분화된 원초적 무의식과 발달 후기에 경험되는 초월적 · 영적 합일의 문제를 발달의 연속선상에서 이해하고자 했다.

자아초월적 관점이란 인간 발달의 개념에 영적 차원을 포함한다는 의미이다. Washburn은 인간 발달이 성인기의 자아 발달단계를 넘어 영성의 지속적인 심화과정을 포함할 때 보다 완전하게 이해될 수 있다고 보았다. Washburn의 체계에서 자아 발달은 전자아(pre-egoic), 자아(egoic), 초자아(trans-egoic) 세 단계로 구분된다. 전자아 단계는 신생아에서 오이디푸스 콤플렉스를 통해 정신적 자아가 움트기 시작하는 대략 5세까지의 시기 자아 단계는 정신분석의 잠재기로부터 사춘기, 청소년기를 거쳐 실존의 위기를 겪는 중기 성인기까지의 시기 초자아 단계는 영성이 삶의 중요한 차원으로 일깨워지는 중년기로부터 완전한 영적 성숙에 이르는 시기이다(Washburn, 2003).

Washburn의 의식 이론은 나선적 통합(spiral to integration) 이론으로 불리는데, 그의 자아 발달 모델은 상실했던 자신의 근원적 토대로 자아가 회귀하여 재통합하는 여정을 그리고 있기 때문이다. 그는 인간의 심리-영적 발달에 대해 자아의 축이 역동적 바탕으로부터 융합, 분리 개별화, 회귀, 통합의 과정을 거치는 역동적-변증법적 과정으로 보았다. 그의 나선형 발달 이론의 기본 전제는 심층 정신, 즉 역동적 바탕은 삶에 필수적인 근원 또는 자원이 자리한 곳이라는 점이다. 신생아 단계에서 역동적 바탕에 매몰되어 있던 자아는 신체적인 분화를 거친 후 정신적인 개별화에 이르게 된다. 정신적 자아로의 발달과정에서 역동적 바탕은 무의식으로 억압되어 침잠된다. 자아 단계에서 초자아 단계로의 발달을 위해서는 의식으로부터 침잠되어 있던 심층 정신과의 개방과 연결을 통해 내면에 머물고 있던 삶의 근원이 다시 깨어나도록 해야 한다. Washburn은 전체 정신의 통합을 나선적 상승(spiral up)으로 표현하는데, 이를 위해서는 심층 정신으로의 나선적 하행(spiral back)이 우선되어야 한다고 말한다. 이를 달리 표현하면, 삶의 근원과 재통합되어 초자아 단계로 성장하기 위해서는 인생 초기에 전자아적인 방식으로 스스로를 표출했던 삶의 근원으로 회귀해야 한다는 의미이다(Washburn, 1995, 2003).

Washburn의 모델에서 정신세계의 두 축은 자아의 극과 비자아의 극인 역동적 바탕이다. 자아의 극은 조작적 인지를 토대로 하여 현실 검증, 충동 조절, 자기 자각의 기능을 수행하며, 전기적(biographical)인 자기 경험이 자리 잡고 있다. 반대로, 비자아의 극은 신체적·성적 경험, 충동과 본능, 정동, 리비도를 포함하며, 이미지와 자동 상징적 인지(imaginal, autosymbolic cognition)를 토대로 한 일차 과정적 사고가 특징이다. 또한 비자아의 극의 더 깊은 심층에는 집단적 기억, 콤플렉스, 원형들이 자리 잡고 있다. 이러한 인간 정신의 다양한 표현형은 신체적·정신적 에너지의 근원적 잠재력, 혹은 영(spirit)으로 표현되는 역동적 바탕에서 비롯된다. 역동적 바탕은 생명력(vital force), 정서-성적 에너지, 생명의 약동(elan vital), 비자아의 잠재력(nonegoic potentials) 등으로 표현되는 생명과 정신의 근원이다. 자아의 발달과 함께 역동적 바탕은 자아와 새로운 차원의 관계를 맺게 되며, 자아가 역동적 바탕에 대해 어떤 태도를 갖느냐에 따라 역동적 바탕이 자아에 미치는 영향 또한 변화하게 된다(박성현, 2019).

Washburn은 나선형 의식 발달 경로를 크게는 3단계(전자아, 자아, 초자아), 세부적으로는 7단계로 구분하여 제시하고 있다. 〈표 1-1〉에서 보듯이 전자아 단계에는 최초 매몰(original embedment) 단계와 신체 자아(body-ego) 단계가 포함되며, 자아 단계에는 원초적 억압(primal repression)과 정신적 자아(mental ego) 단계가, 초자아 단계에는 초월을 위한 퇴행(regression in the service of transcendence), 영안에서의 재탄생(regeneration in sprit), 통합(integration)의 세 가지 하부 단계가 포함된다.

최초 매몰 단계에서 자아는 역동적 바탕에 융합된 상태로서 자아의 씨앗은 바탕에 묻혀 있다. 이때의 신생아는 자신과 세계를 구분하지 못

〈표 1-1〉 Washburn의 나선형 자아 발달단계

주요 수준	자기 단계	특성
초자아	통합	자아와 역동적 바탕의 두 정신 축은 조화롭게 대극의 일치를 이룸
	영안에서의 재탄생	역동적 바탕에 순응한 자아는 비자아의 힘에 압도되지 않고 그 힘을 자신의 것으로 쓸 수 있게 됨
	초월을 위한 퇴행	자아는 비자아의 힘에 의해 도전받으며 역동적 바탕을 향한 퇴행을 겪음
자아	자아/정신적 자아	정신적 자아 또는 데카르트적 자아가 비자아의 축으로부터 독립
	원초적 억압	자아는 비자아의 힘을 억압하면서 독립/분리, 비자아의 힘은 무의식화
전자아	전자아/ 신체 자아	자아는 태모(Great Mother)로부터 신체를 분화하기 시작했으나 비자아의 힘에 지배된 상태
	최초 매몰	갓 태어난 자아는 역동적 바탕으로부터 최소한의 분화, 여전히 매몰된 상태

하며 무의식적 합일 상태에 놓여 있다. 신체 자아 단계는 유아가 자신을 세계와 분리된 존재로 경험하기 시작하는 단계이다. 그러나 이때의 분리 경험은 신체적 감각 수준의 분리에 머무를 뿐, 유아의 자아는 여전히 역동적 바탕의 비자아의인 힘에 종속되어 있다.

자아가 분리와 개별성을 획득하여 자기 고유의 정체성을 확보함으로써 독립된 한 개인으로 성장하려면 무의식적 바탕으로부터 깨어나야 한다. 무의식적 자연 혹은 태모로부터의 분리는 원초적 억압 과정을 통해 일어난다. 자아는 원초적 억압을 통해 비자아의인 역동적 바탕의 에너지를 무의식으로 밀어내고 언어와 개념으로서의 정신적 자아를 구축

하기 시작한다. 이 단계에서 특기할 만한 변화는 전자아 단계에서 인간 유아의 신체 전반을 생명력으로 충전했던 역동적 바탕의 에너지가 억압되면서 골반 아래의 생식기 주변으로 몰리게 되어 에로틱한 성적 색채를 띠게 된다는 점이다. 골반 아래에 묶인 성적 에너지는 사춘기와 청소년기를 통해 일시적으로 강렬한 발산을 하게 되지만, 이 에너지를 가두어 두었던 원초적 억압이 풀어지기 전까지는 정신적 자아와 갈등하는 무의식적 충동의 근원으로 작용하게 된다(박성현, 2019).

근원으로부터 분리된 정신적 자아는 이제 자기 고유의 근원, 토대, 정체성을 마련해야 한다. 정신적 자아 단계에서 자아는 정체성 프로젝트(identity project)를 통해 세계 내에서 자신의 존재감과 가치를 확보하기 위해 노력한다. 자아는 외부 세계에 대한 적응력과 고유한 정체성을 확립함으로써 독립적이며 사회적인 개인으로 기능할 수 있게 된다.

초월을 향한 퇴행의 전조는 자아의 실존적 위기이다. 정체성 프로젝트를 통해 안정적인 정신적 자아를 성취했다고 하더라도 후기 성인기에 접어든 정신적 자아는 의식적으로든 무의식적으로든 점차 자신의 필멸할 수밖에 없는 운명을 더욱 예민하게 감지하게 된다. 인정과 사랑, 성취를 통해 얻은 자존감과 영원할 것 같은 기쁨은 시들고, 잠시 마음을 놓는 순간 소외와 불안과 무의미 그리고 죽음에 대한 공포가 끊임없이 자아를 괴롭히게 된다. 자신이 힘들게 쌓아 올린 정체성의 가치가 무의미해지며 세계 또한 활기를 잃고 공허한 회색지대로 변한다. 결국 정체성 프로젝트를 통한 만족은 대리적 만족이 될 수밖에 없으며, 영원한 안녕을 보장할 수 없음을 알아차리게 되면서 외부 세계로 향해 있던 정신 에너지는 내면 세계로 급격히 방향을 선회하게 된다(Washburn, 2003).

실존적 위기는 초자아 단계로 나아가는 갈림길이다. 정체성 프로젝트가 실패하고 실존적 병리 상태가 깊어지면 자아의 경계는 느슨해지고 지하 세계에 가두어 두었던 역동적 바탕의 비자아의 힘들이 유입되면서 자아는 심각한 혼란을 경험하게 된다. 의식의 조명을 받지 않는 원초적 억압의 해체는 정신병리의 원인이 된다. 자아를 무너뜨리는 비자아의 에너지의 흐름에 저항하거나 혹은 반대로 휩쓸릴 경우 자아는 심각한 실존적 · 영적 위기와 혼란을 경험하게 된다. 반면, 자아가 정체성 프로젝트를 포기하고 비자아의 잠재력에 자신을 맡기려는 의지적 결단을 통해 내면의 길을 갈 경우 자아는 근원으로 회귀하는 퇴행을 경험하게 된다.

Washburn은 Deikman(1983)의 의식의 양면(bimodal) 구조를 들어 비자아의 힘들의 유입을 조절하는 방식을 설명한다. 활동성 양식(active mode)과 수용성 양식(receptive mode)이 그것이다.

활동성 양식은 개인적인 목표의 성취를 향해 지향된 추구의 상태로서 상대적으로 언어적 · 행동적이며 골-근육 체계가 관여된다. 수용성 양식은 내적으로 지향된, 내성적이고 반성적인 태도로서 지각적 수용과 관련되며 비행동적 수준에서 작용한다. 활동성 양식은 '경험에 대해 싸우거나 회피하는(fight and flight)' 태도인 반면, 수용성 양식은 '경험이 흘러가도록 허용하는(letting-go)' 태도이다. 자아는 수용성 양식의 의식기능을 훈련함으로써 비자아의 잠재력이라 할 수 있는 비언어적인 본능적 충동, 정동, 콤플렉스, 이미지와 환상 등을 적절히 다룰 수 있게 된다. 수용성 양식을 계발하는 방식으로 Washburn은 묵상기도와 명상을 들고 있다. 묵상과 명상은 정신적 자아의 활동성을 멈추게 하며 명상자의 비방어적이고 수용적인 의식 상태가 깊어지고 강력해지면서 원초적 억압의 방벽은 더욱 느슨해지고 무의식의 보다 깊은 층에 억압되어 있던 초자연적인 역동적 바탕의 비자아의 에너지들이 의식으로 대량 유입된다(박성현, 2019).

명상적 의식의 빛에 비추어진 무의식의 잠재력들은 더 이상 자아를 혼란에 빠뜨리지 않고 정신적인 변용을 일으키는 신성한 에너지가 된다.

자아는 비자아의 힘에 압도되는 것이 아니라 비자아의 에너지로부터 힘을 얻기 시작하며 영안에서 재탄생의 단계에 진입하게 된다. 자아는 이질적이고 두려운 힘으로 경험했던 역동적 바탕이야말로 자신의 근원이자 뿌리임을 인식하게 되며 점차 의식의 주권을 역동적 바탕에 양도함으로써 정신의 두 양극은 조화로운 통합의 일치에 도달한다(Washburn, 1995).

지금까지 보아 왔듯이, Washburn의 모델에서 역동적 바탕은 자아의 발달단계에 따라 다른 모습으로 자아에게 경험된다. 전자아 단계에서 자아를 지배하는 비자아의 힘이었던 역동적 바탕은, 자아 단계에서는 억압된 무의식적 리비도로, 초자아 단계에서는 신성한 영(Sprit)으로 변모한다. 나선형 모델에서 자아를 초월한다는 것은 발달 초기에 의식으로부터 배제되었던 역동적 바탕의 잠재력과 다시 접촉하는 것을 의미한다. 나선형 심리-영적 발달 모델에서 정신의 양극 구조, 즉 자아의 극과 비자아의 극의 통합은 자아의 상실이나 용해를 가져오지 않는다. 통합은 자아가 역동적 바탕에 용해되어 사라지는 것이 아니라, 역동적 바탕이 영으로서 경험되는 초월적 자기(신, 영혼)와 개인 의식의 주체인 자아의 두 개의 자기가 여전히 존재한다. Washburn의 체계에서 궁극의 자기실현은 개인 의식의 주체인 자아와 신성한 영으로 경험되는 초월적 자기가 하나 안의 둘로서 공존하는 이원적 단일체이다.

3) Roberto Assagioli

Roberto Assagioli(1888~1974)는 이탈리아 출신의 정신건강의학과 의사로 취리히 대학 시절 Freud의 정신분석을 공부했고, Jung과 교류하며 Jung의 무의식 이론에 많은 영향을 받았다. 그는 1911년 볼로냐 국제

철학학회에서 Freud의 성적 환원주의에 대한 한계를 지적하고 무의식에 대한 독자적인 견해를 밝힌 정신통합(pyschosynthesis)을 발표하였다.

정신통합에서 그리고 있는 인간 의식은 [그림 1-2]의 계란형 모델에 잘 나타나 있다. 원을 둘러싸고 있는 집단 무의식은 개인 무의식을 지지하고 개인의 삶에 중요한 영향을 미친다. 집단 무의식에 대해 Assagioli는 Jung의 입장을 대체로 따르고 있다. 반면, 원 내부의 개별적 수준의 의식은 Freud나 Jung과 비교하여 많은 차이를 보인다. 원 안에는 크게 서로 다른 네 가지 의식 영역이 존재한다. 이 영역들의 경계는 점선으로 표시되어 있는데, 이는 각각의 영역들이 경계를 통과하여 다른 의식 영역에 영향을 미칠 수 있다는 것을 보여 준다. Assagioli는 이러한 의식 차원들 간의 상호작용을 '심리적 삼투현상'이라고 명명했다(Assagioli, 1991).

원 중앙에 위치한 작은 원은 직접적인 의식적 자각의 영역으로 그 중심에 개인적 자기, 즉 '나'가 위치해 있다. 중간 무의식(middle unconscious)은 Freud의 전의식(preconscious)[10]과 유사한 영역으로 개인이 의식 영역에서 지각하지 못하는 다양한 하부 성격(sub-personalities)[11]이 위치한 곳이다. 하위 무의식(lower unconscious)은 의식되지 않는 트라우마들의 저장소로 Freud의 무의식 개념과 유사하다. Freud와 같이 Assagioli 또한 억

---

10 의식과 무의식의 중간지점에 있으면서 두 영역의 교량 역할을 하는 의식 차원으로 현재는 의식하지 못하지만 회상하려고 마음을 집중하면 전의식에 저장된 기억, 생각, 충동 등을 의식으로 가져올 수 있다.

11 하부 성격은 한 개인의 전체 성격을 보조하는 체계로서 상황과 역할에 따라 다른 방식으로 나타나는 자기들이다. Jung의 페르소나와 유사한 개념이라고 할 수 있다. Assagioli는 의식적으로 상황에 따라 다양한 역할을 할 수 있는 하부 성격들을 유기적 전체로 통합하는 것을 중요한 치료목표로 삼았다.

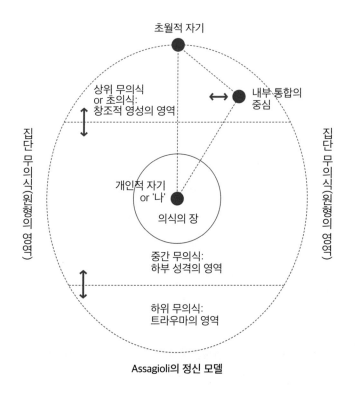

초월적 자기

상위 무의식
or 초의식:
창조적 영성의 영역

내부 통합의
중심

집단 무의식(원형의 영역)

집단 무의식(원형의 영역)

개인적 자기
or '나'

의식의 장

중간 무의식:
하부 성격의 영역

하위 무의식:
트라우마의 영역

Assagioli의 정신 모델

그림 1-2 정신통합의 계란형 정신 모델

출처: Firman & Gila (1997).

압된 트라우마를 의식화해서 개인적 자기(나)에 통합하는 것을 중요한 치료목표로 삼았다. 그에 따르면 무의식적 트라우마들이 해소되지 않을 경우 사람들은 자신의 내적 취약점을 숨기고 사회적으로 인정되는 거짓 자기(false self)를 발전시키게 된다. Assagioli는 중간 무의식과 하위 무의식을 의식화하여 개인적 성격에 통합하는 과정을 '개인적 정신통합'으로 불렀다.

Freud나 Jung과 비교하여 Assagioli 정신 모델의 가장 큰 특징은 무의식을 하위 무의식과 상위 무의식(higher unconscious) 또는 초의식

(superconscious)으로 구분한 점 그리고 개인적 자기 너머의 **초개인적 자기**(Transpersonal Self) 또는 **상위 자기**(Higher Self)[12]를 둔 점일 것이다. Assagioli는 인간 정신을 건물에 비유하여 사람들이 자신의 의식 공간에서 벗어난 트라우마의 저장소인 지하실뿐만 아니라 지고의 체험과 에너지가 저장된 높은 층 또한 의식하지 못한다고 말했다. 그에 따르면 상위 무의식은 직관, 영감, 절정체험과 같은 초월적 의식 현상이 일어나는 영역이다.

> "이 영역에서 우리는 더 고상한 직관과 영감을 받는다. 즉, 피할 수 없는 예술적·철학적·윤리적 직관과, 이타적이며 영웅적인 행동을 할 수밖에 없도록 강권하는 영감이다. 이것은 더 고상한 느낌, 이타주의적 사랑, 절정체험, 신의 조명, 관조, 깨달음의 근원이다. 이 영역에는 보다 높은 정신적 기능과 영적 에너지가 잠재되어 있다."(Assagioli, 1965/2003, pp. 17-18)

Jung의 원형적 자기(Archetypal Self)에 대비되는 Assagioli의 초개인적 자기는 상위 자기, 참 자기(True Self), 실제 자기(Real Self), 영적 자기(Spiritual Self) 등으로도 표현된다. Assagioli는 초개인적 자기를 개인적 자기인 '나'의 의식과 통제를 넘어서 작용하는 순수한 자각의 지점이며 의식의 중심으로서 나의 내면에 있는 지혜와 안내의 깊은 근원으로 묘사했다. 그는 개인적 자기와 초개인적 자기의 관계를 다음과 같이 말했다.

---

12 초개인적 자기나 상위 자기의 영어 표현을 대문자로 시작한 이유는 개인적 자기와 구분하기 위해서이다.

"실제로 두 개의 자기가 있는 듯 보일 뿐이다. 왜냐하면 개인적 자기는 자신을 제외한 다른 모든 것을 부정할 정도로 그 나머지를 자각하지 못하기 때문이다. 개인적 자기를 제외한 다른 것, 즉 참 자기는 숨어 있으며 우리의 의식에 직접적으로 드러나지 않는다. 실제로 두 개의 자기, 두 개의 분리된 존재가 독립되게 있는 것은 아니다. 참 자기는 하나이다. 그것은 서로 다른 정도의 알아차림과 자각 속에서 드러난다."(Assagioli 1965/2003, p. 20)

"나는 스스로 존재하는 것처럼 보인다. 그러나 실제로 자율적인 실체성을 지닌 것은 아니다. 달리 말하자면, 나는 어떤 새로운, 다른 빛이 아니라 빛나는 나의 근원인 자기(Self)의 반영 혹은 투사에 지나지 않는다."(Assagioli 1965/2003, p. 20)

Assagioli는 현실 세계에서 의식하는 주체이자 경험의 주체인 '나'의 주요 기능으로 의지와 자각을 들었으며, 이 두 기능 모두를 초개인적 자기의 반영으로 보았다. 나의 의지와 자각은 하부 성격이나 분열된 트라우마들과 탈동일시할 수 있는 능력의 근원이며, 결과적으로 자신의 참 자기를 깨닫게 하는 도구가 된다. 다시 말하면, 의지와 자각은 개인적 정신통합의 핵심 기능일 뿐 아니라 Assagioli가 '영적 정신통합'이라고 부른 상위 자기로의 의식을 확장하는 데 있어 필수적인 역량이다.

Assagioli는 개인적 자기, 즉 나의 존재는 의지를 통해서 실현되는 것으로 의지를 자기 의식의 핵심 특성으로 보았으며 사고, 감정, 충동,

감각 등의 다른 심리기능을 조절하고 방향설정을 하는 나의 중심 기능으로 보았다. 그는 특히 개인적 의지와 초개인적 의지 또는 우주적 의지와의 조화와 융합을 강조했다(Assagioli, 1973/1994). 그는 초개인적 의지의 실례로 실존적 불안과 고뇌를 해결하려 했던 고타마 붓다를 들고 있다. 붓다는 무지의 문제를 해결하기 위해 자신의 불굴의 의지를 최대한 발휘했으며 이를 통해 윤회의 쇠사슬을 풀어냈다. Assagioli는 붓다의 깨달음은 불굴의 의지에서 나온 직관의 결과라는 다이세츠 스즈키 선사의 말을 인용해 초개인적 의지의 작용을 보여 주고 있다. 실존의 고뇌를 부인하거나 회피하지 않고 이를 초월하여 의식의 확장을 추구하려는 초개인적 의지는 익숙한 개인적 자기의 정체성을 넘어서는 두려움을 극복하고 지고의 참 자기를 향해 나아가게 하는 힘이다(Assagioli, 1973/1994).

영적 정신통합은 우주적 통합(cosmic synthesis)과 개인 간 통합(inter-individual synthesis) 두 가지 형태를 포함한다. 우주적 통합은 개인적 정체성 너머의 더 크고 넓은 영적·초개인적 실재, 우주적 에너지, 모든 창조물 내에서 활동하는 신성과의 통합을 말하며, 개인 간 통합은 상호연결성과 상호의존성에 대한 인식과 조화로운 개인 간, 집단 간 관계의 발달을 의미한다(Daniels, 2005). 간단히 말해, 영적 정신통합은 개인 의식을 참 자기와 집단 무의식의 영역으로 확장하는 것이다.[13] Assagioli는 상위 자기로의 개인 의식의 확장은 전체 인격의 변용을 가져오는 과정이며 길고 어려운 심리-영적 수행을 포함한다고 말했다. 그는 초개인적 자기에 대해 개인적 자기를 넘어 '그 위에' 위치한 영구적인 중심

---

13 Assagioli는 집단 무의식을 나와 다른 인간 존재와의 관계의 영역으로 간주했다.

이며, 명상이나 라자 요가, 기독교 신비주의와 같은 방법을 사용하여 의식적으로 깨달을 수 있다고 주장했다.

정신통합은 무의식의 노예상태로부터 해방되어 조화로운 내적 상태와 타자와의 성숙한 관계를 목표로 한다는 점에서 정신역동적 전통의 치료와 동일한 목표를 가졌다. 그러나 참 자기에 대한 깨달음, 상위 무의식의 잠재력 실현, 그리고 탈동일시라는 치료기제를 강조한다는 점에서 독특성을 발견할 수 있다. Assagioli는 통합의 구심체인 초개인적 자기를 중심으로 일관성 있고 통합된 새로운 인격의 재구성을 정신통합의 최종 목표로 삼고 있다. 이를 위해서는 하위 무의식의 콤플렉스, 중간 무의식의 하부 성격, 상위 무의식의 잠재력을 포함한 인격의 전 영역에 대한 탐구가 필요하다. 특히 Assagioli는 자신이 '심리적 스모그(psychological smog)'라고 부른 콤플렉스와 연관된 심리 작용의 의식화를 강조했으며 이를 '탈동일시(dis-identification)'라고 했다. 그는 탈동일시를 정신통합의 전 과정에서 가장 중요한 치료기제로 보았으며, 탈동일시를 가능하게 하는 것은 초개인적 자기로부터 개인적 자기로 흘러나오는 의지와 자각이라는 기능이다.

> "우리는 우리 자신이 동일시하는 모든 것에 의해 지배받는다. 우리가 우리 자신을 탈동일시함으로써 그것을 통제하고 지배할 수 있다."(Assagioli 1965/2003, p.22)

앞의 글에서 탈동일시는 성격을 나로 동일시하던 상태에서 벗어나 내면의 관찰자로 새로운 동일시를 형성하는 과정으로 설명된다. 여기에서 성격이란 한 개인의 역사 속에서 조건화된 사고, 감정, 행동양식 등을 의미하며, 내면의 관찰자는 상위 자기에 다름 아니다. 탈동일시를 통해 자유로워진 심적 에너지는 보다 창조적인 인격의 재구성을 위해 활용될 수 있다. 참 자기와의 새로운 동일시는 구루나 영적 신조와 같은 외적 통합 중심(external unifying center) 또는 내면의 교사나 내면의 그리스도와 같은 내적 통합 중심(internal unifying center)을 통해 이루어질 수 있다(Assagioli, 1965/2003).

Assagioli는 인본주의 심리학에서 말하는 자기실현과 정신통합의 자기실현의 차이를 분명히 밝히고 있다. 인본주의적 자기실현은 심리−사회적 성숙과 개인적 잠재성의 자각과 실현을 의미하는 반면, 정신통합의 자기실현은 초개인적 자기에 대한 체험과 깨달음을 목표로 한다는 것이다. Assagioli가 말하는 초개인적 자기는 베단타 철학의 아트만(Atman)의 심리학적 표현이다. 이는 Assagioli가 파탄잘리 라자 요가의 수행자이며 비교주의자(esotericist) Alice Bailey[14]의 제자였다는 점에서 유추될 수 있다. Assagioli는 초개인적 자기가 존재론적 실재인가에 대해서는 말을 아꼈고, Jung의 자기(Self)와 같이 부인할 수 없는 '심리적 실재'로 보는 관점을 채택했다. 이는 경험적으로 확인되는 심리적 사실이 철학이나 형이상학적 논란거리가 되는 것을 피하고자 했기 때문이다(Assagioli, 1991). 그럼에도 불구하고, 초개인적 자기는 안정적이고, 변화하지 않으며 항구적인 인격의 중심으로 묘사된다. Assagioli는 상위 무의식이 활동적이며, 역동적으로 변화하는 심리적 삶의 다양한 요소들로 채워진 것과 비교해 상위 자기는 항상성과 안정성을 특징으로 한다

---

14 Alice Ann Bailey(1880~1949)는 영국 출생의 신지학자이자 작가이다(출처: 위키백과).

는 점에서 차이가 있다고 말한다. 이는 끊임없이 변화하는 의식적 마음의 상태에서도 비교적 항상성과 정체성을 유지하는 개인적인 나의 차이와 유사하다. 물론, 개인적 자기의 항상성이나 안정성은 초개인적 자기와 비교해 연약하며, 개인적 자기의 의지와 자각의 역량 또한 상위 자기에 비해 볼품이 없는 것이 사실이다(Assagioli, 1991).

Assagioli의 상위 무의식은 Jung의 모델에서는 집단 무의식에 위치해 있던 영적 원형들(영적 인도자, 현자와 같은 마나 인격)을 개인 정신 영역의 차원으로 분리했다는 점에서 차이를 보인다. Jung의 자기(Self)가 집단 무의식의 중심에 위치한 것과 대비하여 Assagioli의 초개인적 자기는 개인 정신 영역의 정점에 위치해 있으며, 또한 집단 무의식과 상위 무의식이 만나는 지점에 놓여 있다. 상위 무의식과 초개인적 자기의 이러한 위치는 Jung의 개성화와 비교하여 개인의 고유성 실현을 더욱 명료하게 보여 준다고 할 수 있다. 또한 Assagioli의 의식 지도는 Jung의 하향적 초월과 극명하게 대비되는 상향적 초월의 모델을 보여 준다.

4) Ken Wilber

Ken Wilber(1949~)는 의식 연구의 아인슈타인이라는 영예로운 호칭을 들을 정도로 동서양의 방대한 의식 연구를 분석하여 인간 의식의 통합적 지도를 제시한 통합이론가이다. Wilber의 의식 이론의 전개과정은 크게 5단계[15]로 구분된다. 1기는 서양 심리치료와 영원의 철학

---

15   이 글에서는 Wilber 사상의 중요한 변곡점인 제1기 회귀적 관점에서 제2기 상승적 관점으로 의식 발달 관점의 변화를 중심으로 설명할 것이다.

(perennial philosophy)[16]으로 불리는 세계 신비주의 수행을 통합하여 영원의 심리학(perennial psychology) 모델을 제시하는 단계이다. 이 단계에서 Wilber의 의식 발달 모델은 앞서 살펴본 Jung의 하향적 혹은 회귀적 관점을 따르고 있다. 성장의 과정에서 의식되는 '나'의 정체성은 우주와의 합일의식에서 세계와 분리된 유기체 의식으로, 신체와 분리된 자아의식으로, 이어 그림자와 분리된 페르소나로 연속적인 분리와 협소화를 겪게 된다. 분리된 그림자, 신체, 환경, 우주는 나의 의식으로부터 무의식의 영역으로 밀려나 잊혀지게 된다. 따라서 나의 전체성을 회복하기 위해서는 성장과정에서 상실한 자신의 부분들을 되찾기 위해 근원의식으로 회귀하는 것이 필요하다.

Wilber 이론의 2기는 의식 성장과정을 회귀적 관점에서 궁극적인 상승 관점으로 수정하는 단계이다. Wilber는 자신의 초기 회귀 모형을 낭만주의적 관점으로 비판했는데 이러한 관점의 근본적인 변화는 전/초 오류(pre/trans fallacy)의 발견에 근거해 있다. 전 오류란 초개인 수준을 전개인 수준으로 환원하는 것으로, 초월적 혹은 영적 현상이나 상태를 미분화되고 퇴행적인 것으로 격하시키는 오류를 말한다. 근대 과학이 영적 경험을 병리적으로 진단하거나, Freud가 요가의 합일 체험을 퇴행으로 오해한 것이 대표적이다. 반대로, 초 오류는 전개인 수준을 초개인 수준과 혼동하는 것으로 자아 발달 이전의 미분화된 무의식 상태를 초월적이거나 영적인 것으로 격상시키는 오류이다. Wilber는 초 오류의

---

16 영원의 철학은 Wilhelm Leibniz(1646~1716)가 최초로 사용한 용어로서 현상적 세계에 내재하면서도 현상을 초월하는 신성한 실재를 연구하는 형이상학에 붙인 이름이다. Aldous Huxley(1894~1963)는 동서양 신비주의 전통의 핵심을 정리한 자신의 책 제목으로 영원의 철학을 사용했다.

전형으로 비이성적인 열광이나 무분별한 믿음을 영적 상태로 오인하는 근본주의 종교의 행태나 집단 무의식의 원형과의 조우를 자아초월적 체험이라고 주장한 Jung의 관점을 대표적인 초 오류로 간주했다.[17] 전-초 오류가 발생하는 이유는 전개인 수준과 초개인 수준에서 일어나는 현상 모두 비개인적·비인습적· 비이성적으로 보이기 때문이다.

Wilber는 인간의 성장 과정에서 자아의식의 형성을 초개인 수준의 합일의식으로부터의 분리나 소외로 본 자신의 초기 관점 또한 전/초 오류를 범했다고 보았다. 그는 자아의식을 초개인적인 우주의식으로부터의 추락이 아니라 미분화된 무의식 상태로부터 자신의 개별성을 의식하는 깨어남으로 새롭게 인식하게 된 것이다. 더 나아가, Wilber는 의식 내용을 자기와 분리하고 객관적으로 자각할 수 있는 반성적인 자아의식의 형성이야말로 초개인적 의식 수준에 이르게 하는 중요한 의식 발달단계로 보았다(Wilber, 2000/2008).

Wilber의 2기 의식 모델은 구조-위계 모델으로 불리며 상승적인 사다리 모델로도 일컬어진다. 이 모델에서 인간 의식은 크게 나누어 전 개인적 무의식 수준에서 의식적 자아 수준을 거쳐 초개인적 의식 수준으로 상향적 발달을 하는 것으로 그려진다. 의식 발달의 세 수준을 세분화하면 〈표 1-2〉에서 제시한 것과 같이 대략 10단계로 구분된다. 의식 성

---

17 Wilber에 따르면, 집단 무의식 수준에서 만나는 원형에는 자기 원형, 노현자 원형과 같이 영적 상징을 갖는 원형도 있지만, 원초적이고 분화되지 않은 악마적이고 병적인 힘을 갖는 원형 또한 존재하며, 부모 원형, 어린이 원형과 같이 모든 인류가 공통적으로 경험하는 원형도 있다. 모든 인류에게 공통적으로 유전되어 온 원형 체험이 개인의 수준을 넘어선 상징 체험이라고 해도 반드시 영적이거나 초월적인 것은 아니라는 것이다. 따라서 Jung의 개성화 모델에서 핵심적인 집단 무의식은 자아 분화 이전의 미분화된 원초적 상태(또는 원형)와 자아를 초월한 영적 상태(또는 원형)로 구분될 필요가 있다(박성현, 2019).

장의 최종 단계에 도달하기까지는 9개의 분기점을 통과해야 한다. 분기점(fulcrum)은 인간 성장과 발달의 과정에서 분화(탈동일시)와 통합(동일시)이 일어나는 주요 지점이다.

Wilber는 동일시-탈동일시의 역동적 과정을 통해 의식의 초월[18]과 통합이 일어난다고 보았다. 동일시-탈동일시 과정을 역동적으로 표현한 이유는 각 분기점에서의 초월 또는 통합의 실패가 병리로 이어질 수 있기 때문이다. 동일시-탈동일시 과정은 3개의 하부 과정을 포함한다. 첫 번째 과정에서 자기는 새로운 수준과 동일시하며 그 수준과 하나가 된다. 예를 들어, 분기점 0단계에서 어머니와 공생적 융합 상태에 있었던 미분화된 자기는 분기점 1단계에서 감각 물리적 수준에서 어머니로부터 분화되어 신체적 자기라는 새로운 수준과 동일시하게 된다. 두 번째 과정에서 자기는 이전에 동일시했던 수준을 넘어 그것으로부터 탈동일시, 분화, 차별화, 초월한다. 유아는 감각 물리적 차원에서뿐만 아니라 정서(emotion) 차원에서도 어머니로부터 분리된 자기를 느끼면서 신체적 자기로부터 탈동일시하여 정동적 자기로 초월한다. 세 번째 과정에서 자기는 더 새로운 상위 수준과 자신을 동일시하고 자신의 중심을 그곳에 위치시킨다. 하위 수준은 확장된 자기 의식 안에 포함되면서 초월된다.

유아는 언어를 배우면서 정동 수준의 자기로부터 벗어나 자신을 개념적으로 표상할 수 있는 정신적 자기와 동일시한다. 하위 수준인 정동적

---

18 Wilber 이론에서 초월의 개념은 개인 수준에서 초개인 수준으로의 도약에만 한정되지 않는다. 표에서 보이는 자기 단계를 예로 들면, 어느 단계든 하위 단계에서 상위 단계로의 상승은 자기초월이라고 할 수 있다. 즉, 뉘앙스는 조금 다르지만 Wilber의 체계에서 발달, 성장, 분화, 차별화, 탈동일시 등은 모두 초월의 의미와 밀접하게 연관되어 있다.

〈표 1-2〉 Wilber의 자기 발달의 구조-위계 모델[19] [20]

주요 수준	의식의 기본 구조	자기 단계	병리	치료 형식	자기의 발달 라인		
					자아 (ego)	영혼 (soul)	영 (sprit)
	비이원적	궁극의 바탕 (비이원적 /일미)	없음	비이원 신비주의			│
초개인	F-9 인과적	인과 자기 (순수 주시자)	세계로부터 주체의 해리	무형상 신비주의		│	│
	F-8 정묘적	정묘 자기 (원형적 자기)	원형적 파편화	유신론적 신비주의		│	│
	F-7 심혼적	심혼 자기	심혼적 팽창	자연 신비주의		│	│
개인	F-6 비전- 논리적	켄타우루스 통합된 자기	실존 병리	실존 치료	│	│	
	F-5 형식적- 반성적	성숙한 자아	정체성 위기	내관 요법	│		
	F-4 규칙- 역할심	역할 자기	각본 병리	각본 분석	│		
	F-3 표상적 마음	정신적 자기 (자기개념)	신경증	폭로 기법	│		
전개인	F-2 환상- 정동적	정동적 자기	자기애적- 경계선적 장애	구조-축조 치료	│		
	F-1 감각 물리적	신체적 자기	정신병	생리적 안정화 요법	│		
	F-0 미분화된 일 차적 모체	기본 주산기 모체	분만 병리	강렬한 퇴행 치료			

주: F는 Fulcrum의 약자이며 의식 발달의 각 분기점을 의미한다.

자기는 초월되지만, 정동적 자기의 특성인 성적 충동이나 감정 에너지들은 부인되거나 억압되는 것이 아니라 정신적 자기라는 더 확장된 자기 구조 속에 포함되어야 한다. Wilber가 제시한 역동적 자기초월 과정은 발달의 어느 한 단계에서 동일시하였던(그러므로 '주체적인 나'로 매우 가깝게 경험했던 것)이 다음 단계에서 탈동일시되어 거리를 두고 객관적으로 볼 수 있는 대상이 된다. 즉, 어느 한 발달단계에서 '주체'였던 것이 다음 단계에서는 '객체'가 된다. 새로운 자기 수준으로의 초월이 일어나는 분기점에서 크게 두 가지 이유로 병리가 발생할 수 있다. 첫 번째는 동일시했던 이전의 자기가 상위의 수준으로 초월하는 데 실패하는 경우로 이전 단계에 융합 혹은 고착되는 병리가 발생할 수 있다. 예를 들어, 양육자로부터 정동의 분화가 일어나지 않아 개념화된 정신적 자기로의 초월에 실패할 경우 자기애적 성격 장애나 경계선적 성격 장애와 같은 정동적 융합 상태에 놓이게 된다. 두 번째는 상위 수준으로 초월은 이루어졌으나 하위 수준이 억압 혹은 분열되어 상위 수준에 포함 혹은 통합되지 않는 경우이다. 정신적 자기로의 초월은 일어났으나 신체적 충동이나 정서를 억압하여 통합에 실패할 경우 다양한 신경증을 앓게 된다(Wilber, 2000/2008, 2001/2015).

Wilber의 체계에서 '자기'는 의식의 기본 구조를 따라 정점에 놓인 비이원적 수준에 도달하기까지 의식의 바다를 항해하는 주체이다. Wilber는 표에서 보이듯이 자기의 발달 라인을 크게 자아, 영혼, 영으로 구분한다(Daniels, 2005). 자아 수준의 자기는 전개인 수준에서 개인 수

---

19 〈표 1-2〉 내용의 자세한 설명은 Wilber(2000/2008)의 1장 기본 수준 또는 파동과 p. 260에 제시된 기본 구조와 자기감의 발달단계 도표를 참조하기 바란다.

20 Daniels, M. (2005). p. 199.

준 전반을 통과하며 발달하게 된다. 전개인 수준의 자기는 어머니와의 미분화된 모체로부터(F-0) 신체적으로 부화되고(F-1) 정동적인 분리-개별화 단계를 거친다(F-2). 언어적으로 자신에 대한 정신적 개념을 형성하면서(F-3) 자기는 비로소 개인 수준에 진입하게 된다. 이후 자기는 가족이나 교육 시스템을 포함한 사회 시스템 안에서 자신의 역할을 인식하게 되며(F-4) 청소년기에 접어들어 보다 성숙하고 독립적인 자기를 추구하게 된다(F-5). 개인 수준의 최종 단계는 Wilber가 켄타우루스[21]라고 명명한 통합된 자기 단계이다. 이 단계에서는 신체와 마음의 분열이 회복되어 보다 통합된 자기 체계가 형성된다(F-6). 비교적 정상적인 발달이 진행된다면 인생의 중년기 동안 켄타우루스적인 자기통합이 이루어진다. 이 단계는 실존 단계로도 불리우는데 자기 존재의 진정성에 대한 물음이 실존적 위기를 불러일으키기 때문이다(Wilber, 1979).

실존 단계에서 자기와 세계의 궁극적 의미를 찾고자 하는 열망은 자아로서의 자기를 영혼으로 변모시킨다. 개념적·관습적·사회적으로 구성된 자아는 이 단계에서 더 이상 안정적이고 만족스러운 자기의 기능을 상실하게 된다. 영혼으로서의 자기는 외부 세계로부터 내부 세계로 방향을 돌리고 진정한 자기 발견의 여정이 놓여 있는 초개인 수준에 발을 들여놓게 된다. 심혼(psychic) 단계와 정묘(subtle) 자기 단계에서 영혼은 물리적 세계 너머의 심상적·에너지적·원형적 차원을 경험적으로 지각하게 된다. 물리적 세계의 인식 수단이었던 언어와 개념은 초

---

21 켄타우루스는 하체는 말이고 상체는 인간인 상상 속의 존재이다. 여기서 말은 성이나 정동과 같은 신체의 생명력을, 인간은 언어나 사고와 같은 정신력을 상징한다. 켄타우루스는 신체가 마음의 억압으로부터 풀려나 조화롭게 통합된 상태를 상징하는 존재이다.

제1장 초월영성상담 슈퍼비전

월되어 인식 기능은 상징적 직관으로 대체된다. 심혼 단계에는 자연 신비주의, 우주의식, 다양한 초상(paranormal) 현상들이 포함되며(F-7) 정묘 단계에서는 신성 신비주의, 비전과 소명, 신성한 조명(illuminations), 다양한 원형 경험이 일어난다(F-8).

인과(causal) 단계는 이전 단계에서 지각되는 모든 물리적·에너지적·심상적 현상의 토대인 근원 의식에 대한 깨달음이 일어나는 단계이다(F-9). 인과 자기는 순수한 주시자로서 생멸하는 모든 현상들의 바탕을 인식하게 된다. 형상을 가진 세계의 근원적인 바탕은 공, 무심, 무형상 신비주의(신성, 브라흐만) 등으로 표현된다. 인과 자기는 순수 의식과 자신을 동일시함으로써 세계의 근원인 영(sprit)으로서의 자기가 된다. 영으로서의 자기는 인과 수준에서 여전히 남아 현현하는 형상의 세계와 순수한 공의 이원성을 초월함으로써 궁극적 실재인 비이원 세계를 깨닫게 된다. 비이원 의식은 일미(One Taste), 공즉시색 색즉시공(空卽是色色卽是空), 여여(如如), 중도(中道)로 표현되는 전체 정신의 완성이자 완전한 자기의 실현이다(Daniels, 2005).

인간의 전체 정신은 의식과 무의식을 포함한다. 앞에서 살펴본 Jung, Washburn, Assagioli를 포함하여 여러 심리학자는 고유의 방식으로 의식과 무의식의 다양한 수준, 특성, 관계를 그리고 있다. Wilber 또한 자신의 의식 모델을 설명하기 위해 다양한 무의식 수준들을 개념화하여 구분하고 있다. 그는 Freud의 억압된 개인 무의식[22]과 Jung의 집단 무의식[23]의 개념을 인정하면서도 이와 다른 차원의 무의식 또한 존재한

---

[22] Wilber는 과거에 의식으로 떠올랐다가 현재는 인식에서 차단된 자료들을 침잠 무의식(submergent unconscious)으로 명명했다.

[23] Wilber는 계통 발생적 또는 원형적 유산으로서 자아의 억압과 무관하게 처음부터

다고 주장했다. 기저 무의식(ground unconsciousness)과 창발 무의식 (emergent unconscious)이 그것이다.

기저 무의식은 의식 다른 모든 차원이 발현되는 잠재적 공간으로, 모든 인류가 동일하게 공유하는 바탕의 의식이다. Wilber에 따르면 Jung이 전체 의식의 근원으로 보았던 집단 무의식(원형 무의식) 또한 기저 무의식으로부터 발현되는 초기적인 구조이다. 기저 무의식의 바탕 위에서 원형 무의식이 발현되며, 자아(정신적 자아)의 발달에 따라 침잠 무의식의 내용이 채워진다. Wilber는 모든 인류가 이와 같은 무의식의 심층 구조를 상속받지만 개인의 특성이나 노력에 따라 의식화의 수준이 달라진다고 말한다(Wilber, 1979). 어떤 사람은 개인적인 침잠 무의식을 발견할 것이고, 더 나아간 사람은 인류 보편적인 원형 무의식을 자기 안에 통합시킬 수 있을 것이다. 현현하는 모든 정신 현상의 근원인 기저 무의식에 도달하는 사람은 더욱 적을 것이다.

창발 무의식은 기저 무의식으로부터 개인에게 아직 발현되지 않은 상위의 의식 구조를 말한다. 예를 들어, 자아 수준의 자기 단계에 도달한 개인에게 심혼, 정묘, 인과, 비이원 단계는 창발 무의식이 된다. Wilber 는 창발 무의식의 발현을 억압하는 방어가 존재한다고 말한다. 예를 들어, 심혼이나 정묘 수준에서 일어나는 절정경험이나 신성한 조명과 지복의 경험을 원형적 재료나 억압된 충동의 발현으로 귀인하거나 단순히 자아의 초월은 불가능하다고 합리화하는 경우가 여기에 포함된다.

평균적인 정상 발달에 도달한 인류의 의식 수준을 자아 수준으로 본다면, 현대의 주요 심리치료가 다루고 있는 무의식은 침잠 무의식이라

무의식적인 것들을 원형 무의식(archaic unconscious)으로 칭했다.

고 할 수 있다. 원형 무의식은 소수의 Jung 학파에서만 다룬다. Wilber에게 있어 전체 정신의 실현은 자아 수준 너머의 창발 무의식의 자각과 더불어, 기저 무의식에 대한 깨달음을 포함하는 여정이다.

5) Jorge Ferrer

Jorge Ferrer(1968~)는 자아초월이론의 중요한 갈래 중의 하나인 참여 접근(participatory approach)을 주창한 자아초월심리학자이다. 그의 자아초월 발달 이론은 영원주의(perennialism) 철학에 토대한 Wilber의 구조-위계 발달 이론에 대한 비판적 관점으로부터 출발한다. 영원주의란 인간은 선험적인 일련의 의식 구조들을 통해 영적 위계를 따라 진화한다는 철학이다.[24] Wilber의 구조-위계 발달 이론은 다양한 영적 체계의 보편적인 심층 구조를 도출하고 이를 위계적인 단계와 수준(예:심혼, 정묘, 인과, 비이원)으로 배열한다.

Ferrer에 따르면 영원주의와 구조-위계 체계는 다양한 신비 전통들의 다양성을 훼손시킨다. 다양한 영적 전통들은 문화적·지리적·민족적 위치성에 따라 서로 다른 종교적 목표를 갖고 있으면서 궁극의 실재에 대한 다양한 모습을 보여 주므로 이들을 융합하여 소수의 구조로 환원시키는 것은 심각한 실수라는 것이다. 따라서 절대적이거나 선험적인 영적 실재는 존재하지 않으며 영적 전통들의 타당성을 객관적으로 평가

---

24 중세 기독교 신학에서 성립한 영원주의 철학에 따르면 세계는 신-천사-인간-동물-식물-광물과 같은 존재의 대사슬로 연결되어 있다. 영원주의 철학의 기본 관념은 플로티누스의 유출환류설을 따르고 있다. 플로티누스에 따르면 세계는 일자(신)로부터 감각세계로 유출되며, 감각세계의 존재는 일자를 향한 초월을 통해 자신의 본래성을 회복한다.

하여 위계적으로 배열하는 것 또한 불가능하다.

영원주의에 대한 Ferrer의 또 다른 비판은 자기중심적인 영적 나르시시즘(spiritual narcissism)이다. 그는 영원주의 전통에 교묘한 데카르트적 이원주의[25]를 조장하는 경험주의와 개인주의가 내포되어 있다고 경고한다.[26] 개인내적으로 주관적인 초월적 체험에 근거하여 의식 수준이나 위계를 정하려는 태도는 자기중심적인 영적 물질주의나 자기애를 양산할 수 있다는 것이다.

Ferrer는 영원주의에서 말하는 신성한 질서가 영적 추구자의 개별적으로 조건화된 주관성과 분리되어 있지 않다면, 객관성과 불변성을 유지할 수 없고, 내적인 경험적 탐구의 대상이 될 수도 없으며, 단일한 궁극적 영적 진리의 전체적인 관념이 논리적으로 유지될 수도 없다고 주장한다. 근대와 탈근대의 맥락에서, 전적으로 개인의 주관성 안에서 일어나는 것으로 생각되는 영적 · 신비적 과정들은 본질적으로 관계적이라기보다는 사적이며, 따라서 존재론적인 실체를 갖지 못한다는 것이다 (Hartelius & Ferrer, 2013/2020).

Ferrer의 참여주의는 세계에 대해 세계 내에 존재하는 개인과 공동체가 지속적으로 스스로를 공동 창조(cocreating)하고 있는 역동적이고 개방된 살아 있는 체계로 이해한다. 참여적 관점에서 영적 · 신비적 경

---

25 데카르트적 이원주의는 자기와 세계, 마음과 신체, 주체와 객체가 분리된 것으로 보는 사고방식이다. Ferrer는 영원주의나 Wilber의 체계에서 영적 수행자가 자신의 주관적 체험을 마치 자신과 격리된 객관적 실재를 관찰하는 것처럼 인식하는 경향을 교묘한 이원주의라고 비판한다.

26 Ferrer는 영적 탐구의 시작 시점에서 객관 대상과 분리된 데카르트적 의식 경험은 필요할 수 있다고 말한다. 그러나 영적 나르시시즘에 빠질 위험성이 크기 때문에 영적 체험에 개방되는 것은 초기 단계에 제한되어야 한다고 본다.

험은 세계에 참여하는 사건으로서, 존재론적으로 실재하는 관계와 만남을 통해 함께 창조된다. 이러한 경험은 사적인 마음 안에서 만들어지는 것이 아니라 자기와 세계가 함께 창조하는 행위로서 공유된 만남과 세계 안에서 일어나는 어떤 것이다. Ferrer는 이러한 창조 행위를 참여적 상연(上演, participatory enaction)이라고 불렀다. 그에 따르면 영성은 인간의 염원과 체험 그리고 표현의 한 방식으로서, 개인과 공동체가 자신의 세계의 전체 또는 더 큰 존재와의 관계를 발견하기 위한 충동으로 폭넓게 정의될 수 있다(Hartelius & Ferrer, 2013/2020).

"나는 대부분의 전통이 동일한 대양을 향하고 있다고 생각하지만, 영원주의자의 캔버스 위에 그려지고 있는 대양은 아니다. 대부분의 전통이 공유하는 대양은 단일한 영적 대상이나 '실재'가 아니라, 자기-중심성의 극복 그리고 제한된 관점과 이해로부터의 해방이라고 할 것이다. …… 대다수의 진정한 영성의 길들은 협소한 자기-중심성으로부터 존재의 신비 속에 보다 완전한 참여를 하기 위한 점진적인 변용을 포함한다."(Ferrer, 2002, pp. 144-145)

Ferrer는 영원주의에서 말하는 절대적인 영적 실재의 개념을 거부하면서 다양한 영성의 길들이 이 세계 안에서 다양한 자아초월적 실재를 공동 창조한다고 말한다. 그는 자아와 세계의 관계에서 위치성(locatedness)을 강조한다. 자아는 멀리서 캔버스 위에 그려진 세계를 감상하는 관찰자가 아니라 캔버스의 일부이며 캔버스 위에 위치해 있다. 자아는 경험과 공감적 대화를 통해 자신의 위치를 확장할 수는 있지만 세계로부터 벗어난 특권적이고 관찰자적인 존재로 자신을 믿는 것은 상상에 불과하다(Hartelius & Ferrer, 2013/2020). 그에 따르면 한 개인뿐 아니라 개인이 속한 공동체와 문화, 그리고 모든 영적 전통도 위치성을 벗어날 수 없으며, 이러한 위치성은 세계를 구성하는 참여자들의 관계를 통해 창조된다. 자아와 세계, 부분과 전체는 지속적인 참여의 과정 속에서 서로를 변용시키며 이러한 관계 속에서 일어난 각 영적 전통은 자신의 고유한 특징을 보유한다. 영성은 창조적 다양성이 풍부한 참여적 비전(participatory vision)으로서 프로크루스테스의 침대와 같은 공통성 혹은 보편적 구조로의 환원은 불가능하다.

참여적 관점은 절대적 진리의 객관적인 표현이 아니라 영성의 창조적이고 다양하며 해방적인 공헌점들을 제공한다. 그는 영적 전통들을 "동일한 대양으로 흘러가는 강들"보다는 "많은 해변을 가진 대양"으로 상상하는 것이 보다 적절하다고 주장한다. 앞의 표현은 영적 충동의 순전하고 풍부한 창조성을 정당하게 표현한 것이 아니기 때문이다. 그에게 자기-중심성으로부터의 해방을 포함하는 해방의 대양(ocean of emancipation)은 진정한 대다수의 영적 전통들에서 확인되는 유일한 본질적 공통 요소이다(Daniels, 2005). 이 은유에서 대양은 공통의 선험적인 영적 실재가 아니라 자아중심주의, 분열, 그리고 생태-사회적 불평등을 극복하는 존재론적 가능성을 공동 창조할 수 있는 인간의 공유된 (영적) 능력으로 이해되어야 한다.

Ferrer는 영적 전통들이 보여 주는 이상적이거나 선험적인 실재의 구성이 얼마나 훌륭한가에 따라 다양한 영적 전통을 순위 매기는 대신, 다음의 세 가지 기준에 의해 전통들이 평가되어야 한다고 제안한다.

① **자기중심성 검증**: 그 전통이 자신의 구성원들을 나르시시즘과 자기-중심성으로부터 얼마나 자유롭게 하는가

② **분열 검증**: 그 전통이 전인적인 발달을 얼마나 촉진하는가

③ **생태-사회적-정치적 검증**: 그 전통이 '생태적 균형, 사회 경제적 불평등, 종교적/정치적 자유, 계급과 성 평등, 그리고 다른 기본적 인간 권리'를 얼마나 효과적으로 촉진하는가(Hartelius & Ferrer, 2013/2020).

Ferrer의 참여주의는 개인내적인 의식 체험에 기초하여 의식 수준의 위계를 구조하는 영원주의를 비판하며 등장한 자아초월이론이다. Ferrer는 영성이란 세계와 격리되어 일상을 초월하는 초월적이며 신비적인 내적 체험을 추구하는 작업만으로 구현되는 것이 아니라는 점을 날카롭게 지적하고 있다. 그가 심층 무의식의 의식화 또는 명상이나 요가와 같은 의식 수행을 폄훼하는 것은 아니다. 그러나 그는 심리-영적 발달의 영역이 개인 내면에 한정될 경우 미묘한 영적 물질주의나 나르시시즘에 빠져 자신이 속한 세계와의 관계를 상실하게 될 것이라고 경고한다. 자아를 초월하는 체험과 발달은 자아가 위치한 이 세계 속에서 타인, 공동체, 자연과의 만남과 참여를 통해 상호 변용되는 과정에서 일어나는 신비라는 것이며 이러한 이유로 참여적 비전과 영성은 존재론적인 실제로 확인될 수 있다.

참고문헌

목명화(2021). 자아초월상담 윤리 연구의 현황과 과제. 서울불교대학원대학교 석사학위논문.

박성현(2019). 정신역동적 관점에서의 영성. 문화와 융합, 41(2).

박성현(2022). 본성실현을 향한 자아초월의 길. 박찬욱 기획, 한자경 책임편집. 본성, 개념인가 실재인가. 운주사.

이부영(2006). 자기와 자기실현. 한길사.

이죽내(2005). Jung 심리학과 동양사상. 하나의학사.

Assagioli, R. (1965). 정신통합—원리와 기법에 대한 편람(*Psychosynthesis: A manual of principles and techniques. Hobbs*). 김민예숙 역(2003). 춘해대학출판부.

Assagioli, R. (1973). 의지의 작용(*The Act of Will. Penguin Books*). 김현수, 오치선 공역(1994). 금강출판사.

Assagioli, R. (1991). *Transpersonal development*. Crucible.

Daniels, M. (2005). *Shadow, self, sprit*. Imprint Academic.

Daniels, M. (2013). Traditional roots, history, and evolution of the transpersonal perspective. In H. L. Friedman & G. Hartelius (Eds.), *The wiley blackwell handbook of transpersonal psychology* (pp. 23–43). Wiley Blackwell. 자아초월 관점의 전통적 기원, 역사 그리고 진화. 김명권 외 공역(2020). 자아초월심리학핸드북. 학지사.

Deikman, J. A. (1983). *The observing self: Mysticism and psychotherapy*. Beacon Press.

Ferrer, J., N. (2002). *Revisioning transpersonal theory: A participatory vision of human spirituality*. State University of New York Press.

Firman, J., & Gila, A. (2002). *Psychosynthesis: A psychology of sprit*. State University of New York Press. 이정기, 윤영선 공역(2016). 정신통합: 영혼의 심리학. 씨아이알.

Hartelius, G., & Ferrer, N. J. (2013). Transpersonal philosophy: The participatory turn. In H. L. Friedman & G. Hartelius (Eds.), *The wiley blackwell handbook of transpersonal psychology* (pp. 23-43). Wiley Blackwell. 자아초월 철학: 참여적 전환. 김명권 외 공역(2020). 자아초월심리학핸드북. 학지사.

Jacobi, J. (1973). *The psychology of C. G. Jung* (8th ed). Yale University Press.

Tart, T. C. (1986). Consciousness, Altered States and Worlds of Experience. *The Journal of Transpersonal Psychology, 18*(2), 159-170.

Vaughan, G. A. (1979). Transpersonal Psychotherapy: Context, Content and Process. *The Journal of Transpersonal Psychology, 11*(2), 101-110.

Vaughan, G. A. (1986). *The inward arc: Healing in psychotherapy and spirituality*. Shambhala Publications.

Vaughan, G. A. (2013). Jung, analytical psychology, and transpersonal psychology. In H. L. Friedman & G. Hartelius (Eds.), *The wiley blackwell handbook of transpersonal psychology* (pp. 23-43). Wiley Blackwell. Jung, 분석심리학 그리고 자아초월 심리학. 김명권 외 공역(2020). 자아초월심리학핸드북. 학지사.

Washburn, M. (1995). *The ego and the dynamic ground*. State University of New York Press.

Washburn, M. (2003). *Embodied spirituality in a sacred world*. State University of New York Press.

Wilber, K. (1979). A Developmental View of Consciousness. *The Journal of Transpersonal Psychology, 11*(1), 1-21.

Wilber, K. (2000). *Integral psychology: Consciousness, sprit, psychology, therapy.* Open University Press. 조옥경 역(2008). 통합심리학: 의식 · 영 · 심리학 · 심리치료의 통합. 학지사.

Wilber, K. (2001). *The eye of sprit: An integral vision for a world gone slightly mad.* Shambhala Publications. 김철수, 조옥경 공역(2015). 아이 오브 스피릿: 영적 관조의 눈. 학지사.

Wilber, K. (2001). *A brief history of everything.* Shambhala Publications. 조효남 역(2015). 모든 것의 역사. 김영사.

제2장

초월영성상담 사례개념화

개요

이 장에서는 우선 사례개념화의 의미, 목적, 과정 등 사례개념화 전반에 대해 개관하고자 한다. 또한 사례개념화를 위해 인간의 심리적 문제 혹은 증상에 대한 여러 가지 이상심리 모델을 살펴본다. 사례개념화의 구성요소는 네 가지, 즉 임상적 공식화, 문화적 공식화, 진단적 공식화 그리고 상담개입 공식화이다. 여기에서는 문화적 공식화를 제외한 세 가지 공식화의 세부 요소들을 구체적으로 다룬다. 그리고 사례개념화의 추론과정, 즉 가설을 세우는 과정에서 연역적 추론, 귀납적 추론, 가설적 추론을 살펴본다. 이상심리 모델에는 의학/생물학 모델, 정신역동 모델, 행동 및 학습 모델, 인지 모델, 실존 및 인본주의 모델, 스트레스 및 트라우마 모델, 가족체계 모델, 초월영성 모델, 통합 모델 등이 있다.

1. 상담에서의 사례개념화

1) 사례개념화의 의미

상담에서 내담자 문제에 대한 진단과 내담자에 대한 전반적인 이해와 함께 상담자가 해야 할 중요한 과제가 사례개념화(case conceptualization) 이다. 상담에서 사례개념화는 우선 내담자가 호소하는 문제와 촉발요인, 그리고 반복적으로 드러내고 있는 인지, 정서, 신체, 대인관계 및 행동의 문제를 이해하고, 이 문제를 일으킨 유발요인, 유지요인, 강점(보호요인) 을 파악하는 것이다. 이렇게 파악한 내용을 종합적으로 이해하여 문제 해결의 방향과 전략, 그리고 기법을 계획하는 것을 의미한다. 즉, 내담자 문제의 성격과 원인에 대해 상담자가 나름대로 가설을 세우는 일이다.

사례개념화는 내담자의 문제를 진단하는 것에서 더해 상담자가 상 담이론과 상담경험 그리고 내담자와 관련된 다양한 정보를 근거로 하여 내담자의 문제를 재개념화하는 작업이다. 사례개념화는 내담자의 문제 에 대한 어떤 단정적인 결론이나 정답이 아니라 이론에 근거한 잠정적 인 설명일 따름이다. 사례개념화는 초기에 얻어진 정보를 토대로 가설 을 세우고 끝까지 그 가설을 바꾸지 않는 일회적인 작업이 아니라, 추가 적인 정보에 따라 지속적으로 가설을 수정하고 보완해 나가는 역동적인 작업이다(한국청소년상담원, 1999).

따라서 사례개념화는 내담자의 문제와 증상에 대한 상담자의 해석 이자 진단이며 일종의 가설이다. 사례에 대한 개념을 형성해 나간다는 것은 내담자의 문제와 증상에 관련된 여러 변인들 간의 관계를 이론적인 틀에 맞추어 통합적으로 이해해 나간다는 의미이다.

이명우(2017)가 제시한 사례개념화의 기능은 다음과 같다. 첫째, 사례개념화는 내담자의 문제를 진단하고 평가하는 기능이 있다. 둘째, 사례개념화는 사례를 더욱 깊게 이해하도록 한다. 셋째, 사례개념화는 사례 이해를 바탕으로 구체적인 상담개입의 방향을 제시해 주는 좌표의 기능을 한다. 넷째, 사례개념화는 상담자의 상담이론을 정교하게 만드는 기능을 한다.

2) 사례개념화의 목적

사례개념화의 목적은 '내담자의 상태'에 대해 명료하고 이론적인 설명, 그리고 '왜 내담자가 그런지'에 대한 이론적 가설을 제공하는 것이다. 상담자는 이 개념화에 기초하여 내담자의 변화를 도와줄 상담계획을 개발한다. 상담계획은 변화과정 중에 내담자의 전전을 평가하는 기제가 된다. 진전이 없는 경우, 개념화는 진전을 막는 장애물을 상담자가 평가하는 데에 사용할 수 있는 자원이 된다. 사례개념화와 상담계획을 기술하는 것은 내담자에게 효율적인 상담조력을 제공하는 데 있어서 항상 중요한 부분이 되어 왔다.

상담에서 사례개념화는 상담자가 상담목표의 성취 가능성을 높이기 위해 상담개입을 계획하고 초점을 맞춰 일관된 상담전략을 구상할 수 있도록 한다. 사례개념화는 '내담자에 대한 정보를 모아서 조직화하고, 내담자의 상황과 부적응적 패턴을 이해하고 설명하며, 상담을 안내하고 초점을 맞추고, 도전과 장애를 예상하고, 성공적인 종결을 준비하기 위한 방법 및 임상적 전략'이라고 할 수 있다. 이를 세부적으로 살펴보면 다음과 같다(Sperry & Sperry, 2020/2022).

첫째, 모아서 조직화하기이다. 사례개념화 과정은 내담자 면담에서 시작되는데, 내담자의 호소, 기대 및 역동에 관한 잠재적 가설을 세운다. 이러한 가설들은 내담자의 현재 및 과거의 삶에서 촉발요인, 유발요인 및 유지요인에 관한 패턴들을 찾기 위해 종합적인 평가를 수행하면서 계속적으로 검증된다.

둘째, 설명하기이다. 내담자의 부정적인 패턴에 대한 윤곽이 드러나고 가설들이 정립됨으로써 진단적·임상적·문화적 공식화가 구체화된다. 이런 설명은 내담자의 욕구, 기대, 문화 그리고 성격역동에 적합한 상담개입을 수립하는 근거가 된다.

셋째, 상담을 안내하고 초점 맞추기이다. 이후 상담개입 공식화가 구체화되고, 상담목표를 구체화하기 위한 전략 그리고 상담의 초점과 실행을 위한 전략이 수립된다.

넷째, 도전과 장애 예상하기이다. 효과적인 사례개념화는 상담과정에서 있을 수 있는 장애와 도전을 얼마만큼 예상하느냐에 달려 있다. 여기에는 상담과정에서의 적극적 참여와 헌신, 집착, 저항, 양가감정, 동맹의 결렬, 전이 재연, 재발, 종결 등이 포함된다.

다섯째, 종결 준비하기이다. 사례개념화는 상담자가 가장 중요한 임상목표와 상담목표가 이루어진 때를 인식하고 언제 어떻게 종결을 준비해야 하는지 알 수 있도록 도와준다. 효과적으로 구성된 사례개념화는 내담자에게 종결을 준비시키는 데 유용하다.

3) 사례개념화의 과정

일반적으로 사례개념화를 할 때는 진단적 공식화, 임상적 공식화,

문화적 공식화, 상담개입 공식화의 과정이 필요하다. 이 과정은 사례개념화의 구성요소에서 구체적으로 살펴보겠지만, 사례개념화를 위해 상담자가 살펴봐야 할 측면들은 다음과 같이 다양하다(한국청소년상담원, 1999).

첫째, 내담자가 진술하는 내용 중에서 반복적으로 나타나거나 공통되는 주제나 패턴이 있는지 살펴봐야 한다. 둘째, 내담자 문제 행동이나 증상의 역기능적 측면뿐만 아니라 기능적 측면도 파악할 필요가 있다. 셋째, 내담자의 문제와 관련해서 내담자의 개인적 특성뿐만 아니라 가족역동, 주변 사람들과의 관계의 특성, 환경적 특성에 이르기까지 포괄적으로 정보를 수집, 탐색하고 활용해야 한다. 넷째, 내담자의 다양한 측면을 이해한 다음, 이를 토대로 내담자가 원하는 상담목표를 설정하고 상담목표를 달성하기 위한 개입전략을 세울 수 있어야 한다.

(1) 호소문제 듣기

우선, 내담자가 겪고 있는 다양한 심리적·신체적 어려움을 들어야 한다. 호소문제는 인지, 정서, 행동, 신체, 가족 및 대인관계의 측면에서 살펴야 한다. 초월영성적 영역으로 확장한다면 내담자의 실존적 수준과 영적 수준을 고려해야 한다. 즉, 실존적 및 영적 수준은 내담자가 자신의 존재에 대한 정체성, 삶의 의미, 가치, 존재의 유한성 수용, 초월적인 경험에 대한 개방성과 심오한 의미의 탐구 등을 말한다.

이때 상담자는 내담자가 진술하는 내용 중에서 반복적으로 나타나거나 공통되는 주제나 패턴이 있는지 살펴야 한다. 그래야 내담자의 반복되는 패턴이나 증상도 이해할 수 있다. 또한 상담자는 내담자의 호소문제와 증상을 듣는 과정에서 내담자가 처해 있는 문제 상황을 나열하는 수준을 넘어 내담자 문제의 본질과 문제의 핵심이 무엇인지를 깊이 있게 이해하려는 노력을 해야 한다.

(2) 다양한 정보를 수집하기

상담자는 내담자의 호소문제를 탐색하면서 그 호소문제와 연결되어 있는 문제 행동이나 증상의 역기능적 측면뿐만 아니라 기능적 측면을 파악한다. 내담자의 문제와 관련해서 내담자의 개인적 특성뿐만 아니라 가족역동, 주변 사람들과의 관계의 특성, 환경적 특성에 이르기까지 포괄적으로 정보를 수집 및 탐색하고 활용한다. 그 내용을 보면 다음과 같다.

① **호소문제의 내력**

호소문제가 언제부터? 어떤 계기로 발생했는지?

② **임상적 관찰**

내담자의 표정, 말의 억양, 말의 톤 등

③ **원하는 목표**

내담자가 상담을 통해 원하는 목표가 무엇인지?

④ **삶의 사건들**

내담자가 살면서 겪어 온 중요한 삶의 사건들이 무엇인지?

⑤ **강점 및 자원**

내담자의 강점이나 자원이 무엇인지?

⑥ **가계도**

내담자 출생순위, 형제간 나이 차이, 성별, 부모의 성격특성, 내담자 어린 시절과 현재의 부모관계, 부모의 원가족, 경제적 수준, 어린 시절 양육경험 등

⑦ 검사 및 평가 자료

임상심리학적 평가결과서(전문기관에 의뢰된 경우), 간단한 심리
검사(그림검사, 문장완성검사, 성격검사 등)

⑧ 내담자가 겪고 있는 심리적 증상

내담자가 겪고 있는 인지 · 정서 · 행동 · 관계 · 신체 측면의 증상
들을 점검하기

⑨ 기존 상담의 효과

이전 상담의 경험이 있을 경우에 이전 상담경험의 효과 등

(3) 촉발요인 확인하기

내담자의 호소문제를 일으키게 된 촉발자극이나 스트레스를 확인한
다. 내담자의 호소문제를 촉발시킨 특정한 사건이나 계기를 파악하는 것
은 호소문제가 등장하게 된 선행요인을 이해하는 것이다. 내담자가 호소
하는 문제의 촉발 사건을 이해한다고 해서 그것이 호소문제의 직접적인
원인이 될 수는 없다. 내담자에게 잠재되어 있는 취약성이 어떤 자극에
의해 촉발되었다면 촉발요인은 직접적인 요인이 아닐 수 있기 때문에 취
약한 잠재요인을 파악하는 것이 상담을 진행할 때 더욱 중요하다.

(4) 유발요인 확인하기

내담자의 증상이나 호소문제가 발생하게 된 발달사, 중대한 트라우
마, 사회적 배경, 기질적 요인 등을 살펴보는 것이다. 그중에 어떤 배경
이 가장 영향력이 있었는지를 확인한다. 이 유발요인은 잠재되어 내적
유지요인으로 작동하게 될 수 있다.

상담자는 유발요인을 파악하는 과정에서 다음 몇 가지 측면을 고려
한다. 즉, '내담자의 문제를 유발하거나 지속시키는 역기능적인 사고, 감

정, 대인관계 패턴, 방어기제, 행동특성 등이 있다면 구체적으로 무엇인가?' '내담자의 문제가 생기게 된 경로나 원인은 무엇인가?' '왜 그 사건이 이 내담자에게 문제가 되었는가?' '내담자의 가족배경과 발달과정에서 내담자의 문제에 영향을 끼친 요인들이 있다면 구체적으로 무엇인가?' 등이다.

(5) 유지요인 확인하기

유발요인으로 인해 발생한 잠재적인 내적 유지요인이 있다면 환경이나 상황으로 인해 내담자의 증상이 강화되고 증폭되는 외적 유지요인이 있다. 내적 유지요인은 외적 유지요인을 초래하는 경우가 있고, 외적 유지요인으로 인해 내적 유지요인이 더욱 강화되기도 한다. 그리고 이 두 유지요인은 서로 상호작용하여 증상이나 부적응 패턴을 증폭시키기도 한다. 트라우마 측면에서 보면, 어린 시절의 발달 트라우마나 복합 트라우마는 이후의 쇼크 트라우마를 초래하는 원인으로 작동하는 경우가 많다.

① 내적 유지요인

- 문제를 지속시키는 내적 역동은 무엇인가?
- 문제를 유발하거나 지속시키는 역기능적인 사고, 감정, 행동특성, 대인관계 패턴, 방어기제 등이 있다면, 구체적으로 무엇인가?

② 외적 유지요인

- 문제 행동이나 증상을 강화하거나 지속시키는 데 영향을 주는 가족역동이나 주위 사람들의 반응 혹은 물리적 환경이 있다면 구체적으로 무엇이며 어떻게 영향을 미치고 있는가?

• 문제를 지속시키는 외적 역동은 무엇인가?

(6) 가설들 접목시키기

초기에 내담자 호소문제나 증상을 이해하고 나면 이 호소문제나 증상이 어떤 계기로, 어떻게 시작되었고, 외적 유지요인을 통해 그 증상이 어떻게 강화되었는지 나름 가설을 세울 수 있다. 그러나 이러한 가설은 새로운 정보가 수집되는 과정에서 얼마든지 수정, 보완될 수 있다. 그러나 초기 면접과정에서 나름 가설을 세울 수 있어야 한다. 물론, 가설을 세우려면 상담자가 상담이론에 대해 분명히 이해하고 있어야 가능하다.

(7) 상담의 목표를 구체화하기

면접과정에서 충분한 정보를 확보하여 나름 가설을 세우게 되면 이후 상담목표를 설정해야 한다. 물론, 내담자가 원하는 목표가 있지만 상담자 나름대로 자신의 사례개념화에 적합한 상담목표, 즉 임상목표를 설정할 필요가 있다. 그런 다음, 상담자가 설정한 임상목표를 토대로 내담자의 호소 문제와 상담자의 전문적인 능력을 고려하여 합의목표를 설정해야 한다. 상담자와 내담자의 합의로 합의목표를 구체적으로 설정하게 되면 상담자는 그 목표에 맞는 상담전략을 세워야 한다.

(8) 상담전략 세우기

상담목표가 설정되면 상담전략을 수립하여 상담을 진행해야 한다. 그 상담목표와 상담전략이 연결되어야 그 목표를 달성하는 것이 가능할 것이다. 상담전략을 세우려면 상담자가 자신이 진행할 수 있는 상담이론과 기법을 명료하게 이해하고 있어야 한다.

상담자는 '내담자가 갖고 있는 문제를 해결하거나 극복하도록 하기 위하여 내담자에게 필요한 것이 무엇인가?' '내담자가 문제를 해결하거나 증상을 감소시키기 위해 길러야 할 특정한 기술이나 능력은 무엇인가?' '문제 해결을 촉진하기 위해 필요한 상담자-내담자 관계의 특성은 무엇인가?' 등을 이해해야 한다.

2. 사례개념화의 구성요소

사례개념화는 네 가지 구성요소로 이루어져 있다. 즉, 임상적 공식화, 문화적 공식화, 진단적 공식화 그리고 상담개입 공식화이다(Sperry & Sperry, 2020/2022). 아직 우리나라의 상담 현장에서는 문화적 특성을 충분히 고려하지 않고 있기 때문에 여기에 문화적 공식화는 포함시키지 않았다.

[그림 2-1]은 Sperry와 Sperry(2020/2022)가 제시한 내용을 기초로 필자가 수정·보완한 내용이다. 내담자가 드러내는 호소문제, 즉 증상이나 문제가 겉으로는 촉발 사건에 의한 것으로 보이지만 호소문제 이면에 반복되는 부적응 패턴이 잠재적으로 내재해 있다. 이 부적응 패턴이 등장하게 된 근원적인 배경에는 유발요인이 있고, 이 유발요인이 내적 유지요인으로 작용하게 된다. 내적 유지요인이 외적 유지요인(상황이나 사건)과 상호작용하게 되면서 부적응 패턴(증상)을 초래하는 것으로 이해할 수 있다.

내적 유지요인에 대한 개념은 이론에 따라 다르게 설명하고 있지만 유사한 측면이 있다. [그림 2-1]에서 보는 바와 같이 심리도식치료는 인지도식, 인지행동치료는 역기능적 가정 및 핵심신념, 정서도식치료는 정서도식, 교류분석은 각본, 게슈탈트치료는 미해결과제, 신체적 경험 치료는 신체감각의 부동화, 대상관계치료는 애착/표상, 정서중심치료는 부적응적 1차 감정으로 부른다. 이 외에도 내면가족체계(IFS) 치료는 부분(추방자와 보호자), 개인적 구성개념치료는 개인적 구성개념, 분석심리학에서는 그림자, 정신분석에서는 무의식 등으로 언급하고 있다.

　여기에서 진단적 공식화는 촉발요인과 호소문제/증상, 그리고 반복되는 부적응 패턴을 살펴보는 것이고, 임상적 공식화는 유발요인과 유지요인, 보호요인(내적, 외적)을 살펴보는 것이다. 상담개입 공식화는 진단적 공식화와 임상적 공식화를 바탕으로 상담목표와 상담전략을 세우는 일이다. 다음에 제시한 진단적 공식화, 임상적 공식화, 상담개입 공

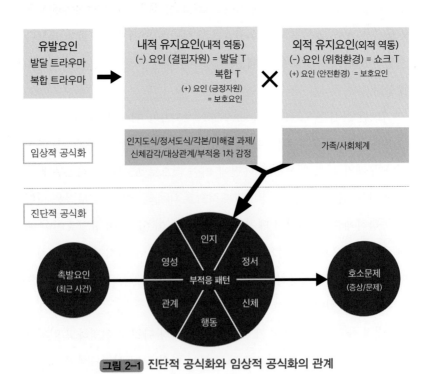

그림 2-1 진단적 공식화와 임상적 공식화의 관계

식화에 관한 설명은 Sperry와 Sperry(2020/2022)가 안내한 내용을 토대로 하였다.

1) 진단적 공식화

진단적 공식화는 내담자의 호소문제와 촉발요인 그리고 기본적인 성격패턴을 기술하고, '무엇'에 대한 질문, 이를테면 '무슨 일이 일어났는가?'에 대한 답을 한다. 진단적 공식화의 요소는 다음과 같다.

(1) 호소문제

호소문제는 촉발요인에 대한 내담자의 특징적 반응을 말한다. 호소문제에는 증상의 유형과 심각도, 개인적 혹은 관계적 기능이나 손상 그리고 병력과 경과가 포함된다. 또한 의학적 진단과 DSM-V 진단도 포함된다.

(2) 촉발요인

촉발요인은 부적응 패턴을 활성화하여 호소문제를 일으키는 촉발자극 또는 스트레스 요인을 말한다. 촉발요인은 증상, 고통스러운 생각 또는 부적응적 행동들이 동시에 시작되도록 하는 선행조건이다. 예컨대, 내담자의 문제를 촉발한 특정 사건이나 계기가 있었다면 무엇인가? 왜 그 사건이 내담자에게 문제가 되었는가? 촉발요인의 경우 심각한 (big) 사건인 경우에는 쇼크 트라우마일 수 있으나, 사소한(tiny) 스트레스 자극일 경우에는 스몰 트라우마가 될 수 있다.

(3) 부적응 패턴

심리적 패턴은 내담자의 특징적인 지각, 사고, 반응의 방법에 대한 간결한 기술이다. 이는 내담자의 호소문제와 촉발요인을 연결하며, 문제 상황을 이해하도록 한다. 심리적 패턴은 내담자의 유발요인에 의해 시작되며 내담자의 유지요인을 반영한 것으로, 적응적 측면도 있고 부적응적 측면도 있다. 부적응 패턴은 내담자가 촉발요인을 접하는 상황이 되면 반복적으로 보이는 유사한 부적응 반응 양식을 의미한다(이명우, 2017). 부적응 양식은 인지, 정서, 행동, 신체 및 관계의 기능에서 증상과 손상이 있으며, 융통성이 없고 비효과적인 측면을 말한다. 내담자의 부적응 패턴을 잘 이해하려면, 인간의 성격 발달과 정신 병리에 대한 이해가 필요하다.

2) 임상적 공식화

임상적 공식화는 내담자의 패턴을 설명하고, '왜'라는 질문, 이를테면 '그것이 왜 일어났는가?'에 대한 답을 한다. 사례개념화에서 중심이 되는 구성요소로, 진단적 공식화와 상담개입 공식화를 연결한다. 임상적 공식화의 요소는 유발요인, 유지요인, 보호요인으로 구성되어 있다.

(1) 유발요인

유발요인은 내담자의 패턴과 호소문제를 설명해 낼 수 있는 모든 요인이다. 이 요인은 소인이 될 만한 요인들에 대한 단서를 제공하는 발달사, 사회적 배경, 건강력에서 대부분 도출되며, 내담자의 신체적·심리적·사회적 취약성을 담고 있다. **신체적 취약성**에는 신체 병력, 현재 건강상태, 약물과 물질 사용이 포함된다. **심리적 취약성**에는 심리내적 요인,

개인내적 요인, 대인관계 요인, 그리고 지능과 성격 스타일, 부적응적 신념과 심리도식, 자동적 사고, 중간신념, 회복탄력성, 자아개념 등 성격역동이 포함된 기타 심리적 요인이 있다. **사회적 취약성**에는 부모와 형제자매의 특징, 상호작용 방식, 가족의 비밀과 같은 가족역동, 학업성취도, 종교, 성경험, 유아기의 방임과 학대 등이 포함된다. 또한 가족기능의 수준, 가족 스트레스 요인, 별거, 이혼, 동료관계, 직무 스트레스, 지지체계, 환경적 요인 등도 포함된다.

(2) 유지요인

유지요인은 지속적으로 유지되는 요인이다. 본질적으로 유지요인은 내담자의 심리적 패턴이 내담자와 내담자의 환경에 의해 강화되고 견고해지는 과정들이다. 즉, 패턴을 활성화하여 호소문제를 일으키는 자극들로, 이는 외적 유지요인이다. 한 내담자가 초기 발달과정에서 발달 트라우마나 복합 트라우마를 겪게 되어 신체적 · 심리적 · 사회적 취약성을 갖게 되면 대인관계는 매우 취약할 수 있다. 이 내담자가 학령기에 또래관계를 적절하게 형성하지 못해 학교폭력을 당했다면, 학교폭력의 상황은 외적 유지요인일 수 있다. 그러나 대인관계에서 두려움을 갖고 있는 내담자의 취약성은 내적 유지요인으로 작용할 수 있다.

(3) **보호요인**

보호요인은 임상적 문제로 발병할 가능성을 감소시키는 요인들이다. 보호요인에는 안정 애착유형, 회복탄력성, 효과적인 대처기술, 긍정적인 지지체계, 학대관계에서 벗어나기 등이 포함된다. 이 보호요인은 자기 자신과 타인에게 도움이 되는 방식으로 생각하고 행동하도록 하는 심리적 과정인 강점과 비슷하다. 보호요인은 내담자 자신의 내부에 있는 내적 보호요인과 상황 혹은 환경적인 외적 보호요인으로 구분할 수 있다. 내담자 내면의 심리적 특성 중에서 적절히 기능하는 내적 보호요인과 내담자를 돕는 외적 보호요인이 있다면 문제를 완화하는 기능을 하게 된다.

3) 상담개입 공식화

상담개입 공식화는 상담개입 계획을 위한 명확한 청사진을 제공한다. 임상적 공식화와 진단적 공식화의 논리적 확장으로, '어떻게 하면 그것이 변화될 수 있는가?'에 대한 답을 한다. 여기에는 상담목표, 상담의 초점, 전략과 구체적인 상담개입, 이런 목표를 달성하는 과정에서 예상되는 도전과 장애들이 포함된다. 상담개입 공식화의 요소는 [그림 2-2]와 같다.

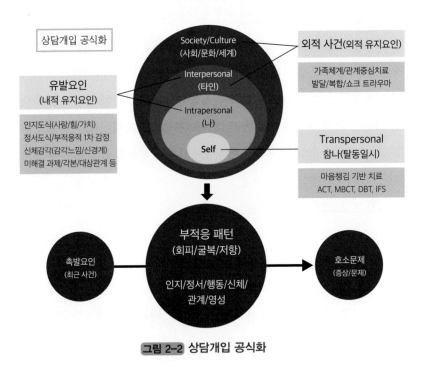

그림 2-2 상담개입 공식화

[그림 2-2]에서 한 개인의 부적응 패턴(증상)에 영향을 미치는 유발 요인과 유지요인을 영역별로 구분해 보면, 사회/문화적 배경과 세계를 포함해 가족과 중요한 타인에 초점을 두는 **대인관계 영역**, 자기 내부의 심리적 특성에 초점을 두는 **개인내적 영역**, 그리고 개인의 본성과 참나에 초점을 두는 **초월영성 영역**으로 구분될 수 있다.

이전 경험으로 형성된 **개인내적 특성에 초점을 두는 상담 영역**은 정신역동치료, 심리도식치료, 정서중심치료, 인지행동치료, 게슈탈트치료, 신체적 경험치료 등을 예로 들 수 있다. **외적 상황과 관계에 초점을 두는 상담 영역**은 가족치료와 관계중심치료 등을 포함할 수 있다. 그리고 개인의 **초월영성에 초점을 두는 상담 영역**은 마음챙김 기반 인지치료(MBCT), 수용전념치료(ACT), 변증법적 행동치료(DBT), 마음챙김 기반 스트레스 감소(MBSR) 등 마음챙김을 기반으로 한 상담과 내면가족체계치료(IFS), Assagioli의 정신통합, Ken Wilber의 통합심리학 등이 포함될 수 있다.

(1) 상담목표

상담목표는 내담자가 상담에서 성취하기를 기대하는 명확한 결과다. 임상적으로 유용한 상담목표는 측정 가능하고 달성 가능하며 현실적이어야 한다. 또한 상담자와 내담자의 상호 합의가 확장되도록 효과적이어야 하며 내담자는 그것을 이해하고 전념을 다하며 성취 가능하다고 믿어야 한다. 상담목표는 일종의 목적지를 의미한다.

단기목표와 장기목표로 구분할 때, 단기목표는 증상의 감소, 관계기능의 향상, 기준선까지의 기능 회복 및 업무 복귀가 있고, 장기목표는 성격 변화를 포함한 패턴의 변화이다. 이명우(2017)가 제시한 임상목표와 합의목표로 구분할 때, 임상목표는 상담자가 선택한 상담이론의 관점에서 지향하는 상담의 방향으로, 상담자의 이론에서 본 상담의 지향점이다. 합의목표는 상담자의 능력과 내담자의 준비도를 고려하여 함께 도출하는 것이다. 즉, 합의목표는 상담자와 내담자가 서로 합의하여 상담을 통해 기대하는 긍정적인 성과로, 구체적이고 측정이 가능해야 하며, 내담자의 문제 해결에 기여한다.

(2) 상담의 초점

상담의 초점은 핵심적인 상담의 강조점으로 상담의 방향성을 제시하고, 부적응 패턴을 보다 적응적인 패턴으로 교체하는 데 목적이 있다. 상담의 초점을 지속적으로 유지하는 상담자의 능력이 긍정적인 상담 성과와 관련 있다는 설득력 있는 실증적 증거가 있다. 여행에 비유하자면 상담의 초점은 가장 좋은 길이나 행로에 대한 지도이며 GPS 지침서이다. 상담의 초점을 수립한다는 것은 길 위에 오르는 것을 상징하고, 상담의 초점을 유지한다는 것은 길 위에 계속 머물러 있는 것을 의미한다.

상담의 목표를 설정하게 되면 목표에 도달하기 위해 가장 적절한 길이 무엇인지를 결정하는 것이다. 그 길은 다음과 같이 다양하다.

- 인지적 처리, 평가와 판단을 중시하는 **생각**이 우선인가?
- 무의식적 처리나 생존에 필요한 **감정**이 우선인가?
- 개인의 문제가 체계의 문제, 즉 **관계**의 문제인가?
- **행동**이 바뀌면 모든 게 다 바뀔 수 있는가?
- 편도체의 안정화와 전전두피질의 활성화 등 **신체**를 다루는 것이 더 우선인가?
- 탈동일시와 마음챙김을 통해 **실존과 영성**을 회복하면 진정 행복할 수 있는가?

(3) 상담전략

상담전략은 보다 적응적인 패턴을 형성하기 위해 특정한 개입에 초점을 맞춘 실행계획이다. 이는 안전하게 제때에 목적지에 도착할 수 있는 적합한 길과 이동수단을 선택하는 것을 의미한다. 가장 일반적인 상담전략은 해석, 인지적 재구성, 노출, 사회기술훈련과 심리교육, 지지, 약물, 교정적 체험 등이다. 단기역동접근은 통찰과 교정적 정서체험을, 인지행동접근은 인지적 재구성, 노출, 기술훈련을 실시할 수 있다. 예컨대, 상담의 초점이 인지행동접근이라면 거기에 적합한 상담전략을 적용하는 것이다. 내담자의 왜곡된 인지를 수정하기 위해 자동적 사고, 중간신념, 핵심신념을 다루게 되고, 행동실험을 위해 노출치료나 인지적 시연, 과제를 제시할 수 있다.

(4) 상담개입

상담개입은 내담자의 문제에 긍정적으로 영향을 주기 위해 계획된 치료적 행동이다. 상담개입은 상담의 목표와 상담개입에 함께하는 내담자의 자발성과 능력에 따라 선택된다. 여행에 비유하자면, 상담개입은 적합한 등급의 연료, 지형에 맞는 타이어, 충분한 음식, 물, 돈과 같은 여행준비에 해당된다. 즉, 상담전략에 맞는 매우 세부적인 방법을 말한다.

(5) 상담의 장애와 도전

효과적인 사례개념화 여부는 사례개념화가 상담단계의 진행에 따라 장애와 도전, 그중에서도 저항, 양가감정, 전이 재연 그리고 상담의 성과 유지와 종결 준비에 복잡하게 얽힌 이슈들을 어떻게 예상하느냐에 달려 있다. 여행에 비유하면 노선의 폐쇄, 우회도로, 사고, 날씨, 지형에 해당된다.

(6) 상담의 예후

상담의 예후는 상담을 하거나 하지 않을 경우에 있을 수 있는 경과, 지속기간, 심각성, 문제의 결과를 예측하는 것이다. 여행에 비유하면, 예후는 예상한 시간 내에 목적지에 안전하게 도착할 가능성이다.

Sperry와 Sperry(2020/2022)가 제시한 사례개념화의 네 가지 요소 중에서 문화적 공식화를 뺀 진단적 공식화, 임상적 공식화, 상담개입 공식화의 세부 요소를 요약하면 〈표 2-1〉과 같다.

〈표 2-1〉 사례개념화의 요소

진단적 공식화	호소문제	호소하는 문제 그리고 촉발요인에 대한 특징적인 반응
	촉발요인	패턴을 활성화하여 호소문제를 일으키는 자극
	부적응 패턴	지각, 사고, 행동의 경직되고 효과가 없는 방식
임상적 공식화	유발요인	적응 또는 부적응 기능을 촉진하는 요인
	보호요인	임상적 문제의 발병 가능성을 감소시키는 요인
	유지요인	내담자의 패턴을 지속적으로 활성화하여 호소문제를 경험하게 하는 자극
상담개입 공식화	적응 패턴	지각, 사고, 행동의 유연하고 효과적인 방식
	상담목표	단기상담과 장기상담의 효과
	상담의 초점	적응 패턴의 핵심이 되는 상담의 방향성을 제공하는 중요한 치료적 강조점
	상담전략	보다 적응적인 패턴을 달성하기 위한 실행 계획 및 방법
	상담개입	상담목표와 패턴 변화를 달성하기 위한 상담전략과 관련된 세부 변화 기법과 책략
	상담의 장애	부적응 패턴으로 인해 상담과정에서 예상되는 도전
	상담의 예후	상담을 하거나 하지 않을 경우, 정신건강 문제의 경과, 기간, 결과에 대한 예측

3. 사례개념화의 추론과정

사례개념화를 할 때 핵심이 되는 추론과정은 연역적 추론과 귀납적 추론(Sperry & Sperry, 2020), 그리고 가설적 추론으로 구분할 수 있다.

1) 연역적 추론

연역적 추론은 보편적인 것에서 특정한 것을 추론하는 것이다. 이러한 추론과정은 진단적 평가와 사례개념화의 진단적 공식화의 구성요소를 수행할 때 필수적이다. DSM-V의 진단을 내리는 것은 연역적 추론의 한 예다. DSM-V 진단은 증상과 기능 저하에 관한 자료를 모으고, 이러한 자료를 기준에 따라 분류하고, 이러한 기준을 단일 진단범주와 연결 짓는 과정이다. 예컨대, 내담자가 우울이 높을 때 우울과 관련된 진단기준을 정해 놓고 이 진단범주와 연결하여 내담자의 심리적 증상이나 호소문제를 탐색해 간다. 이처럼 호소문제나 증상을 토대로 하여 진단을 내리는 것이다.

상담과정에서 대인관계가 어려운 내담자를 대상으로 상담을 진행할 때 연역적 추론의 예를 들어 보자. 정신역동적 상담을 진행하는 상담자는 '어린 시절 부모로부터 불안정 애착이나 유기경험을 한 사람들은 (경험) 대인관계가 취약할 수 있다(결과)'는 전제를 갖는다. 그런데 상담자가 내담자의 어린 시절 부모로부터 정서적 학대와 유기경험이 있다는 것을 확인하게 되면(경험), 상담자는 이 내담자가 대인관계가 매우 어렵

고 낮은 자존감과 사람들에 대한 불신을 갖고 있을 가능성이 높다(결과)
고 추론하게 된다. 이처럼 정신역동 상담자가 내담자의 유아기 혹은 아
동기의 경험을 토대로 내담자가 어떤 증상이나 후유증을 갖고 있을 것
으로 추론하는 것을 연역적 추론이라고 할 수 있다.

2) 귀납적 추론

귀납적 추론은 특정한 것에서 보편적인 것으로 추론하는 것이다. 이
러한 추론과정은 패턴을 인식하고 사례개념화의 임상적 공식화와 상담
개입 공식화를 수행하는 과정에 필수적이다. 예컨대, 증상, 사회적 배경,
발달사 등 활용가능한 정보가 많을수록 임상적 공식화는 점점 더 복잡
해지고 자신감을 갖고 임상적 공식화를 진행하는 것이 어려워진다. 이
는 임상적 공식화의 도출이 귀납적 추론을 필요로 하기 때문이다. 귀납
적 추론과정은 증상, 기능, 병력, 관련이 없어 보이는 자료의 조각들을
종합해서 추론하는 것으로, 별개인 모든 자료를 엮어 내담자가 왜 이 특
정한 시기에 이런 특정한 맥락에서 이런 특정 문제를 경험하는지를 설
명하게 된다.

예컨대, 한 내담자가 대인관계가 어렵고, 사람들과 관계를 맺을 때
매우 피상적이며, 혼자 고립되어 있는 것을 선호한다고 하자. 그런데 이
런 성향을 보이는 사람들이 대체로 우울이 높다고 한다면, '대인관계가
어렵고, 피상적인 관계를 맺고, 혼자 있는 것을 선호하는 사람들은 우울
이 높다'라고 일반화할 수 있다.

3) 가설적 추론

　가설적 추론은 결과, 즉 증상이나 호소문제로부터 그 원인과 이전의 경험을 도출하는 방법이다. 가설적 추론이 결과로부터 이전 경험을 추론하는 것이라면, 연역적 추론은 경험으로부터 결과에 도달한다.

　앞에서 언급한 정신역동적 상담을 진행하는 상담자가 '어린 시절 부모로부터 불안정 애착이나 유기경험을 한 사람들은(경험) 대인관계가 취약할 수 있다(결과)'는 전제를 갖는다고 하자. 그런데 상담 초기에 내담자가 대인관계가 어렵고 사람들을 믿지 못하고 우울감이 높다는 증상을 호소한다면, 그가 어린 시절에 어떤 삶의 어려움이 있었을 거라고 추론하는 것이 가능하다. 다시 말해, 연역적 추론이 이전 경험을 토대로 하여 호소문제나 증상과 같은 결과가 도출된 것으로 추론한다면, 가설적 추론은 증상이나 호소문제와 같은 결과를 토대로 이전의 경험을 추론하는 것이다.

　예컨대, 공황증상을 보이고 있는 내담자를 만나는 상담자는 '이 내담자가 공황장애 증상을 보이는 것으로 보아 아마 과거에 심한 트라우마를 겪었을 가능성이 있다'라고 가설적 추론을 할 수 있다. 이 진술문은 내담자가 공황장애를 갖고 있다는 추론을 에서 공황을 일으킬 만한 이전의 심한 트라우마 사건을 찾아가는 특성이 있다.

　이처럼 진단적 공식화와 임상적 공식화를 잘하려면 이론적 구조가 매우 중요하다. 이론적 구조는 수집한 정보를 종합하여 의미 있게 연결하는 방법을 제공하고, 다른 정보는 무시하고 정보에서 선택된 조각들을 찾아내고 집중할 수 있는 지도를 제공한다. 이렇게 되려면 교육과 실습, 지속적인 연습이 필요하다. 사례개념화에서 진단적 공식화와 임상적 공식화는 효과적인 상담계획을 세우는 데 필수적인 기술이다.

4. 사례개념화를 위한 이상심리 모델

1) 의학/생물학 모델

의학/생물학 모델은 인간의 심리적인 증상에 대해 생물학적 측면에서 그 원인을 찾으려 한다. 이 입장에서 인간의 모든 심리적 문제는 신체질환과 마찬가지로 신체적 원인에 의해 발생하는 일종의 질병이라는 것이다. 이 모델에서는 유전적 요인, 뇌의 구조적 결함, 신경전달물질이나 내분비계통의 신경화학적 이상 등에 초점을 맞춘다. 심리적 스트레스가 지나칠 때 스트레스 호르몬의 증가로 면역력 장애, 당뇨, 고지혈증, 갑상선 기능장애, 각종 궤양 등 내분비계 질병 그리고 우울과 불안, 공황장애 등 각종 심리적 증상이 생길 수 있다. 따라서 인간의 심리적 증상은 신체와 밀접하게 관련되어 있기 때문에 약물치료, 전기충격치료, 뇌절제술 등 의학적 개입으로 치료가 가능하다고 보고 있다.

최근에는 뇌과학의 발달로 이전에 설명하지 못했던 심리적 증상을 뇌와 신경계 등 신체(somatic)와 연결하여 다루고 있다. 특히, 트라우마의 증상을 갖고 있는 내담자들에게 심리적 안정을 위하여 편도체의 안정화와 전전두엽의 활성화를 강조하는 등 인간의 심리적 문제를 신체적으로 접근하는 추세가 강하다.

2) 정신역동 모델

정신역동 모델은 인간의 심리적 증상의 근원적인 원인을 어린 시절의 경험에 뿌리를 두고 있다. 특히, Freud의 정신분석에서 인간의 심리적 증상은 어린 시절의 좌절경험으로 인한 무의식적 갈등을 원인으로 보고 있다. Freud의 정신분석은 이후 자아심리학, 대상관계, 자기심리학, 관계적/상호주관성 이론을 비롯한 모든 정신역동 접근의 뿌리가 된다(Gehart, 2016). 정신역동 접근은 크게 두 가지 유형으로 나누어지는데, 한 가지 유형은 자아심리학, 대상관계, 자기심리학과 같이 정신분석의 기본적인 주장을 고수한 이론이다. 다른 한 가지 유형은 정신분석을 비판하고 독자적인 이론으로 발전된 분석심리학, 개인심리학, 신프로이트학파 이론이다.

그럼에도 불구하고 대부분의 정신역동 이론가는 다음과 같이 몇 가지 기본가정을 공유한다. ① 한 개인의 역사는 현재 행동과 관계에 영향을 미친다. ② 무의식은 현재 행동에 중대한 영향을 미친다. ③ 성격은 자아, 원초아, 초자아와 같이 다양한 하위 구조로 이루어져 있다. ④ 개인의 성격은 생애 초기 관계, 특히 어머니와의 관계에 의해 큰 영향을 받는다. ⑤ 한 개인의 성격과 내부 역동에 대한 이해는 다양한 정신병리를 해결하는 데 도움을 준다. ⑥ 내담자는 상담자에게 어린 시절의 미해결 과제로부터의 상호관계 패턴을 투사하는데, 주로 내담자의 부모를 투사한다. 치료과정에서 전이와 저항 분석, 무의식적 통찰 등은 상담관계에 변화를 촉진하기 위해 사용될 수 있다.

3) 행동 및 학습 모델

행동주의 이론에서 인간의 모든 행동은 환경과의 상호작용 속에서 학습된 것으로 본다. 인간의 심리적 증상 역시 고전적 조건형성과 조작적 조건형성 그리고 사회적 학습을 통해 형성된다고 본다. 고전적 조건형성은 무조건 반응(공포)을 유발하는 무조건 자극과 조건 자극의 연합으로 인해 조건 자극이 무조건 반응(공포)을 일으키는 것으로 학습과정을 설명하며, 조작적 조건형성은 강화와 처벌을 통한 행동의 학습을 강조한다. 학습 모델은 자극-반응이론으로 행동의 형성은 어떤 자극을 제공하느냐에 따라 반응이 달라질 수 있다. 인간이 새로운 행동을 학습하는 세 번째 방법은 모방과 관찰을 통한 학습이다. 사회적 상황에서 다른 사람의 행동에 대한 관찰과 모방을 통해 새로운 행동을 학습하는 것을 사회적 학습이라고 한다.

4) 인지 모델

인지 모델은 행동주의가 자극-반응 사이에 일어나는 내적 현상과 과정을 무시함으로써 지나치게 기계적인 설명을 하고 있고, 정신분석은 치료기간이 너무 길고 모호한 측면이 있어 이에 대한 반발로 등장하였다. 인간의 심리적 증상에 대한 인지 모델은 인간이 인지활동을 통해 객관적인 세계를 능동적으로 구성하며, 이러한 인지 활동이 심리적 문제를 유발하고 지속하게 하는 주요 요인이라는 가정에서 출발한다(권석만, 2015).

최근 인지 모델은 심리도식치료와 마음챙김을 기초로 한 3세대 인지행동치료 접근으로 확장되고 있다. 과거 수십 년에 걸쳐 제3세대 인지

행동치료는 다음과 같이 다섯 가지 핵심 주제를 중심으로 발전하였다. ① 정신건강에 대한 확장된 견해, ② 치료에서 수용할 만한 결과에 대한 폭넓은 관점, ③ 수용, ④ 마음챙김, ⑤ 가치 있는 삶의 창조 등이다. 제 3세대 인지행동치료는 수많은 장애를 치료하는 데 효과가 있고 인기 있는 다수의 새로운 개입을 포함한다. 마음챙김은 지금 이 순간의 내적·외적 자극을 관찰하고 지각하며, 현재 상황을 판단하지 않고 수용하는 개방적인 태도를 갖는 과정이다(Kabat-Zinn, 1994; Segal, Williams, & Teasdale, 2002). 수용은 판단이나 선호 없이 호기심과 온화함을 갖고 현재를 완전히 자각하려고 노력하면서 지금 이 순간을 받아들이는 과정이다. 수용은 방어하지 않고 부정적인 생각이나 감정을 기꺼이 경험하고자 하는 것으로 볼 수 있다(박희석 외, 2023 재인용).

5) 실존 및 인본주의 모델

현상학적 철학에 근거한 실존주의 및 인본주의 모델은 상담영역에서 매우 영향력 있는 모델이다. 실존주의 입장에서 인간이 겪고 있는 증상과 고통은 타인으로부터의 궁극적인 분리, 죽음, 상실, 실존적 불안과 같은 실존적인 문제를 회피하려고 할 때 나타난다. 인본주의 입장은 인간이 겪고 있는 심리적 증상이 나타나는 이유를 자기실현적 성향이 차단되거나 봉쇄되었기 때문으로 본다. 부모가 아이의 유기체적 욕구나 성향을 충분히 수용하지 못했을 경우, 아이는 자신의 유기체적 경험을 왜곡하거나 부인하게 된다. 이런 과정을 통해 자기개념과 유기체적 경험의 괴리가 점점 확대되면 우리는 점점 더 심한 불안을 경험하게 되며 부적응 상태를 나타내게 된다(권석만, 2015).

6) 스트레스 및 트라우마 모델

스트레스 및 트라우마 모델은 인간의 심리적 증상이 어린 시절에 나타나는 발달 트라우마나 성장과정에서 충격적인 사건으로 인한 복합 트라우마로 인해 발생한다고 보고 있다. 다시 말해, 발달상 가장 중요한 애착 단계에서 양육자로부터 안전한 보호를 받지 못해 발달상의 위기를 경험했을 때 발달 트라우마를 겪게 된다. 또한 발달 트라우마 상태에서 아주 위협적인 스트레스를 경험했거나 소중한 사람에 대한 상실과 이별을 경험했을 때 복합 트라우마를 겪게 된다. 이러한 발달 트라우마나 복합 트라우마가 작동될 때 심각한 증상을 보이기도 하고 이후 쇼크 트라우마를 초래하기도 한다. 물론 사소한 스트레스도 반복될 경우 이후에 심각한 심리적 문제를 초래하는 작은(tiny) 트라우마가 될 수 있다.

7) 가족체계 모델

체계론적 모델은 본래 부부 혹은 가족 중심 상담접근 방식으로 개발되었다. 이 방식은 어떤 면에서 가족역동성의 균형을 유지하도록 돕고 가족과 관계적 역동성 내에서 발생하는 개인의 증상을 개념화하는 독특한 이론이다. 체계론적 사고는 개인이나 부부, 가족과 함께 작업을 할 때 영향을 주게 되는 체계론적 역동을 찾는 상담자들에게 매우 유용한 전략이다. 예컨대, 한 개인이 우울 증상을 호소할 때 체계론적 접근은 배우자나 가족과 같이 그 사람의 삶에서 중요한 사람들의 영향을 점검하고 이들과 함께 작업한다. 이처럼 한 개인의 심리적 증상은 개인의 문제가 아니라 가족체계, 사회체계, 국가체계 등 더 넓은 관계 체계에 의해 야기된다고 본다. 그러므로 가족에 개입하는 상담자의 역할은 가족구성원이 이전의 낡은 균형상태나 항상성으로 되돌아가서 다시 체계가 안정되는 것을 돕는 것이 아니라 재조직화와 변화를 통하여 새로운 수준의 안정상태와 항상성에 도달하는 해결책을 찾도록 노력하는 것이다.

8) 초월영성 모델

초월영성상담은 깨달음, 초월, 우주적 일체감과 같은 인간의 궁극적 상태에 대한 인식, 수용, 실현에 직접 또는 간접적으로 관심을 지니는 다양한 상담을 포함한다(Suitch, 1980). 다시 말해, 초월영성상담은 전통적으로 인정된 정신건강의 수준을 넘어서 영적 성장과 자각을 촉진하고 의식의 변화를 강조하는 데 관심을 갖는다(Walsh & Vaughan, 1980). 초월의 경험은 자아 경계를 초월할 뿐만 아니라 시간과 공간의 일상적 한계를 넘어서는 의식의 확장 경험을 의미한다. 초월영성상담은 일상적인 개인적 의식 수준을 넘어 자아를 초월하는 초개인적 의식 수준으로의 성장을 촉진함으로써 생활 적응뿐만 아니라 영적 성장을 돕는 다양한 치료적 개입을 의미한다(권석만, 2015 재인용).

인간의 발달과 성장을 연구하는 심리학자들은 심리적 발달을 크게 세 가지 수준, 즉 전개인적 · 개인적 · 초개인적 수준으로 구분하고 있다. Walsh(2000)에 따르면, 전개인적이며 전인습적인 발달 수준은 병리적인 것이다. 이러한 발달 수준은 성인의 경우에 부적응적인 것으로서 퇴행으로 간주된다. 전개인적/전인습적 발달 수준은 출생 초기에 모호한 의식만을 지니고 있을 뿐 분명한 자기 의식이 없을 뿐만 아니라 사회적 인습에 대한 인식 또한 없는 상태이다.

Wilber(2008)는 자신의 통합적 심리학 이론에 근거하여 영적인 성장을 위한 체계적 수련 방식 또는 치료적 개입 방식을 제시하면서 이를 통합적 삶을 위한 수련(Integral Life Practice: ILP)이라고 명명했다. 이는 AQAL 모델[1]에 근거하여 살펴볼 때 개인의 핵심적 영역을 함양하는 다양한 수련모듈로 구성되어 있다. 핵심 모듈은 몸, 마음, 영, 그림자의 네 가지 영역을 지원하는 것으로 구분된다. 몸(body) 모듈은 육체의 다양한 측면을 함양할 수 있는 방법들로 구성되어 있고, 마음(mind) 모듈은 복잡한 세상을 이해하고 타인을 사랑하기 위한 이성과 합리적 사고능력을 함양하기 위한 것으로 구성되어 있다. 영성(spirit) 모듈은 높은 발달 수준의 의식 상태이자 삶을 바라보는 태도로서 마음챙김 명상을 포함한 여러 수련이 포함된다. 그림자(shadow) 모듈은 정신의 어두운 부분인 억압된 무의식을 의식적 자각으로 통합시키기 위한 것으로 여러 심리치료 이론이 포함되어 있다.

9) 통합 모델

앞에서 살펴본 바와 같이 인간의 심리적 증상을 설명하는 모델은 다양하다. 인간의 문제를 통합적으로 설명하려는 시도에는 취약성-스트레스 모델과 생물심리사회적 모델이 있다. 취약성-스트레스 모델은 인간의 심리적 증상이 신체적·심리적·사회적 측면의 다양한 요인에 의해 유발될 수 있고 이러한 요인들이 심리적 문제를 유발하는 인과적 경로가 다양할 수 있음을 인정한다. 이 모델은 환경으로부터 주어지는 심리사회적 스트레스와 그에 대응하는 개인의 특성을 고려해야 한다는 입

---

1 AQAL(All Quadrants, All Levels): '온상한'과 '온수준'을 의미하는 것으로, 모든 것의 이론, 즉, 매우 광범위하지만 엄밀한 용어로 생명과 실재를 온전하게 이해하는 하나의 방식이다. AQAL은 스스로 제시하는 모든 수준과 모든 차원에서의 의식, 즉 '온우주(the Kosmos)'와 인간 발달의 지도이다. 이는 수백 가지 다른 이론들로부터 핵심 진리들을 내포하는 지도들의 지도와 같은 메타 이론이다.

장이다. 여기서 취약성은 특정한 문제가 야기되는 개인적 특성으로, 생물학적 취약성(유전적 이상, 뇌신경 이상)과 심리적 취약성(부모의 양육방식, 개인적 성격특성)이 있다.

생물심리사회적 모델은 인간의 심리적 증상에 영향을 미치는 생물학적·심리적·사회적 요인을 종합적으로 고려한다. 이 모델은 인간의 심리적 문제의 이해와 치료를 위해서는 다요인적·다차원적·상호작용적 접근이 필요하다고 주장한다. 이 모델은 기본적으로 체계이론에 근거하고 있다. 체계이론은 인간의 심리적 증상이나 문제를 유발하는 요인의 다양성과 그 인과적 경로의 다양성을 인정한다. 즉, 증상은 신체적·심리적·사회적 측면의 다양한 요인에 의해 유발될 수 있으며, 이러한 요인들이 증상을 유발하는 인과적 경로도 다양할 수 있다.

5. 사례개념화 예시

다음의 수미(가명) 씨 사례를 통해 각각의 영역에서 사례개념화를 어떻게 하는지 살펴보기로 하자.

1) 사례 예시

(1) 내담자/아내
내담자는 현재 37세인 여성으로, 5세와 3세인 두 자녀를 두고 있다.

결혼 전에는 대도시에서 꽤 괜찮은 중소기업을 다니고 있었다. 결혼을 하고 2년 정도 있다 아이가 출생하고 시부모님이 운영하는 사업을 남편이 물려받으면서 내담자는 직장을 그만두고 중소도시로 이사를 오게 되었다. 이때 내담자가 시댁과 가까운 곳에 살게 되면서 시부모는 내담자의 부부에 대해 간섭과 통제를 심하게 하였다. 결혼 전 내담자는 남편이 책임감이 강하고 부드러운 성격이어서 만났으나 결혼해서 살다 보니 남편이 내담자와 시부모 사이에서 내담자의 편을 들기보다 시부모의 편을 들고 내담자에게 화를 내는 일이 잦아졌다. 내담자는 두 자녀를 키우는 게 힘들어 시부모가 자녀 양육에 도움을 주고 있지만 시부모가 간섭과 통제가 심하면서 우울 증상이 나타나기 시작했다고 한다. 그러나 내담자는 이미 이전부터 우울 성향을 갖고 있는 것으로 보고되고 있다.

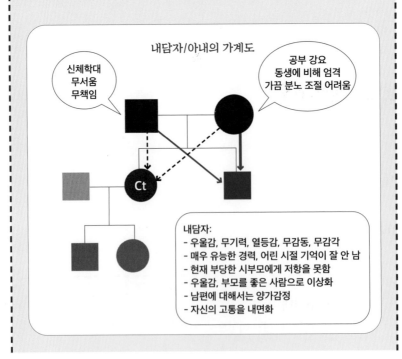

내담자는 두 자녀를 양육하는 것도 힘들지만 무엇보다 힘든 것은 무심한 남편과 지나치게 간섭하는 시부모 때문이라고 호소하고 있다. 내담자가 보이는 증상이나 호소문제는 우울감 외에도 무기력감, 열등감, 무감동, 무감각을 보이고 있다. 결혼 전 내담자는 매우 유능한 회사원이었지만 지금은 남편이 하고 있는 사업을 조금 도와주는 것도 힘들어하고 있다. 내담자는 시댁에서 벗어나고 싶지만 남편의 사업과 연결되어 있고, 남편이 자신을 외면하고 있어 답답해하고 있다. 남편에 대해서 내담자는 의존하고 싶은 마음과 거절하고 싶은 양가감정을 드러내고 있다.

내담자는 어려서 1남 1녀의 첫째로 태어났다. **원가족**에 대한 이야기를 할 때 어린 시절 기억이 잘 나지 않는다고 보고하고 있다. 그럼에도 아버지는 아주 엄격하고 무서운 분이었고, 어릴 때부터 화를 자주 냈고 자신의 감정을 조절하지 못할 때는 신체적 학대도 있었다. 또한 아버지는 무책임한 분으로 안전한 직장을 갖지 못해 어머니가 늘 힘들어하는 모습을 자주 보았다. 어머니는 어려서부터 공부를 강요하였고, 남동생에 비해 내담자에게 더 엄격하였다. 특히, 어머니는 아버지와 싸우고 나면 예민해져 내담자에게 화를 내는 등 안전하지 못하였고, 가끔 분노조절이 어려울 정도로 무서웠다. 그럼에도 내담자는 자신의 부모를 좋은 사람으로 이상화하고 있으며, 어려서부터 자신이 겪고 있는 삶의 어려움을 내면화하여 억압하고 있는 양상이다.

(2) 내담자의 남편
남편은 현재 40세의 나이로, 성실하고 엄격하지만 자신이 운영하던 사업이 잘 되지 않아 아버지가 해 오던 사업을 물려받아 하고 있다. 남편은 3남매 중 둘째인 장남으로서, 부모의 기대에 부응하지 못하였고 오히려 동생이 더 똑똑하여 장남으로 인정을 받지 못해 왔다. 어려서부터 어머니와 융합되어 있고 부모님에게 매우 순종적인 아들이었다. 지금도 부모님의 눈치를 많이 보고 있고 아내보다는 부모님을 더 살피

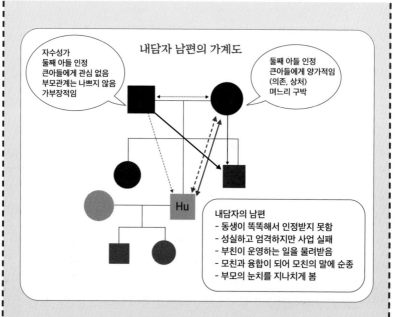

내담자 남편의 가계도

자수성가
둘째 아들 인정
큰아들에게 관심 없음
부모관계는 나쁘지 않음
가부장적임

둘째 아들 인정
큰아들에게 양가적임
(의존, 상처)
며느리 구박

Hu

내담자의 남편
- 동생이 똑똑해서 인정받지 못함
- 성실하고 엄격하지만 사업 실패
- 부친이 운영하는 일을 물려받음
- 모친과 융합이 되어 모친의 말에 순종
- 부모의 눈치를 지나치게 봄

는 모습을 보이고 있다. 아내가 우울증이 심하여 무기력함에도 불구하고 남편은 자신의 사업을 제대로 도와주지 않고 살림을 제대로 하지 않는다고 아내를 비난하거나 불평을 자주 하는 편이다.

남편의 아버지는 자수성가하였고, 큰아들보다 사회적으로 성공한 둘째 아들을 더 인정하고 있다. 어려서 아버지와 어머니의 관계가 나쁘지 않으나 전반적으로 아버지는 일에 집중하다 보니 가정에 소홀한 편이었다. 어릴 때 어머니는 아버지의 일을 돕고 가정을 돌보면서 가사는 남편의 누나에게 의존을 많이 했고, 정서적으로는 큰아들인 남편에게 의존을 많이 했던 것으로 보인다. 그럼에도 둘째 아들이 더 똑똑하고 공부도 잘하자 부모님은 둘째 아들을 좀 더 챙기는 모습을 자주 보였다고 한다. 지금은 아내가 우울증이 심하여 두 손주를 어머니가 돌보고 있지만 여전히 어머니는 아내를 자주 구박하고 있고 둘 사이에 갈등이 심한 편이다. 남편은 어머니와 아내 사이의 갈등을 외면하고 있다.

2) 사례개념화

앞의 사례에 대해 **인지행동치료(CBT)**를 기반으로 실시한 사례개념화를 안내하면 다음과 같다. 우선, 앞에서 언급한 진단적 공식화, 임상적 공식화, 상담개입 공식화의 영역으로 구분하여 살펴보고자 한다.

첫째, **진단적 공식화**를 호소문제, 촉발요인, 부적응 패턴의 영역으로 구분하여 살펴보면 다음과 같다.

내담자의 **호소문제**는 자녀를 양육하는 것이 힘들고, 무심한 남편과 지나치게 간섭하는 시부모 때문에 우울하고 힘들다는 것이다. **촉발요인**은 내담자 부부가 사업 때문에 시댁 가까운 곳에 살게 되면서 시부모의 간섭과 통제가 심해진 것, 남편이 내담자와 시부모 사이에서 내담자 편을 들기보다 시부모의 편을 들고 내담자에게 화를 내는 일이 잦아진 것, 비록 시모가 두 자녀의 양육에 도움을 주고 있지만 자녀 양육이 힘이 든 것 등으로 볼 수 있다.

이어서 **부적응 패턴**을 인지, 정서, 신체, 행동, 대인관계 및 영성 측면에서 살펴보자. **인지적 측면에서** 내담자는 자책적 사고, 부정적 자기인식, 현실 상황을 위협적으로 인식하고 있다. 또한 '나는 사랑받을 수 없다' '나는 무능하다' '나는 무가치하다' 등의 핵심신념을 갖고 있는 것으로 추정된다. 특히, 심리도식치료의 심리도식(스키마)으로 설명하면, 무서운 아버지와 엄격한 어머니로부터 성장한 내담자는 '타당한 욕구와 감정표현의 자유'가 박탈되었을 것으로 예상한다. 이런 경우 내담자는 '복종' '자기희생' '인정추구'라는 심리도식을 갖게 된다. 따라서 내담자는 무섭고 엄격한 부모에게, 그리고 결혼해서 부당한 시부모에게도 저항하지 못하고 '내 탓이다'라는 자기비난과 '잘해야 한다'는 인정을 추구해 왔을 것으로 보인다. **정서적 측면**에서 우울감, 무기력감, 무가치감 등을 보이고 있고, 전반적으로 감정 표현이 서툴고 감정인식에 어려움이 있어 무감동한 측면도 드러내고 있다. **신체적 측면**에서 외부 자극에 대해서 다소 둔감한 신체감각을 드러내고 있다. **행동적 측면**에서 느리고 위축된 행동을 보이고 있으며 자녀들의 돌봄과 가사를 힘들어 하고 있다. **대인관계 측면**에서 현재는 친정부모와 큰 어려움이 없다고 하지만 시부모와 잠재적으로 갈등관계에 있고, 무심한 남편과도 소통이 잘 안 되고 있으며, 오래전부터 타인의 눈치를 많이 보고 있는 모습이다. 특히, 남편과의 관계에서 보면 남편 역시 부모의 눈치를 지나치게 많이 보고 있고 시모와 융합되어 있어 시모의 말에 순종하다 보니 아내의 편을 들어 주지 못하고 갈등관계에 있는 것 같다. **초월영성적 측면**에서 내담자는 어려서 자기 존재를 부정당하면서 수치심과 죄책감이 심하여 자기를 있는 그대로 보지 못하고 삶의 의미와 방향을 상실한 것으로 보인다.

둘째, **임상적 공식화**를 살펴보자.

우선, **유발요인**을 보면 내담자는 어릴 때부터 아버지로부터 신체적·정서적 학대를 받아 왔다. 어머니 역시 엄격한 분으로 아버지와 싸우고 나면 딸인 내담자에게 화를 내는 등 내담자에게 안전하지 못한 분이었다. 따라서 내담자는 삶의 어려움이 생기면 이를 자기 탓으로 돌리고 감정을 심하게 억압하는 양상을 보이고 있다.

유지요인으로 내담자는 남편이 책임감이 강하고 부드러운 성격이어서 결혼했으나 결혼 이후 남편이 내담자와 시부모 사이에서 자신을 옹호하고 이해하기보다 시부모의 편을 들고 내담자에게 화를 내는 일이 잦은 것으로 나타났다. 결혼 이전에는 직장에서 유능하고 독립적인 삶을 살아왔는데, 결혼 이후 점점 무기력하고 무능력한 삶을 살고 있는 모습이다.

　　보호요인에서, 내담자의 **내적 보호요인**은 결혼 이후 매우 무기력하고 우울한 모습이지만 결혼 이전에는 자기관리를 잘하고 직업적으로 유능성을 발휘하고 있었다. **외적 보호요인**으로는 비록 시댁과 갈등이 있지만 자녀를 안전하게 돌볼 수 없을 정도로 우울이 높은 상황에서 시모가 자녀를 양육하고 있는 것은 다행스러운 측면이다.

　　셋째, **상담개입 공식화**를 살펴보자.

　　상담개입 공식화를 상담목표와 상담전략으로 나누어 살펴보면 다음과 같다.

　　인지행동치료에서의 상담목표는, ① 나는 사랑받을 수 없는 무가치한 존재라는 비합리적 사고에서 벗어나기, ② 자신과 세상과 미래를 부정적으로 바라보는 생각을 바꾸어 우울을 극복하기, ③ 부당한 상황에서 생각과 감정을 분명하게 표현하기 등으로 정할 수 있다.

　　인지행동치료의 상담전략은 우선 내담자가 겪고 있는 부정적 감정을 알아차리고, 이 감정이 비합리적 사고, 즉 자동적 사고에 의한 것임을 심리교육을 통해 인식시킨다. 비합리적인 자동적 사고에 대해 논박을 통해 합리적 사고로 바꾸어 감정을 조절하는 시도를 한다. 이어서 중간신념과 핵심신념, 즉 심리도식을 바꾸기 위하여 논박과 과제, 행동실험 등 다양한 인지적·행동적 전략들을 활용한다.

　　물론 이 사례를 정서중심치료(EFT), 속성경험적 역동심리치료(AEDP), 트라우마를 다루는 신체적 경험치료, 내면가족체계치료, 심리극, 게슈탈트치료, 수용전념치료 등 다양한 상담이론에 근거한 상담전략을 적용해 볼 수 있을 것이다.

참고문헌

권석만(2015). 현대 심리치료와 상담이론. 학지사.

박희석, 강영신, 김경은, 김천수, 권해수, 이선화, 임수진, 정민(2023). 집단상담
　　의 이해와 실제. 북앤정.

이명우(2017). 효과적인 상담을 위한 사례개념화의 실제. 학지사.

한국청소년상담원(1999). 청소년상담의 기초. 한국청소년상담원.

Gehart, D. R. (2016). *Case documentation in counseling and psycho-therapy:*
　　A theory-informed, competency-based approach. 이동훈 역(2020). 상
　　담 및 심리치료 사례개념화: 이론 기반의 사례개념화 훈련. 학지사.

Sperry, L., & Sperry, J. (2020). *Case conceptualization: Mastering this*
　　competency with ease and confidence (2nd ed.). 이명우 역(2022). 상담
　　실무자를 위한 사례개념화 이해와 실제. 학지사.

Walsh, R. N. (2000). Asian psychotherapies. In R. J. Corsini & D. Wedding
　　(Eds.), *Current psychotherapies* (6th ed.). Peacock Publishers.

Wilber, K. (2008). *Integral life practice: A 21st-century blueprint for physical*
　　health, emotional balance, mental clarity, and spiritual awakening. 안희
　　영, 조효남 공역(2014). 건강, 웰라이프, 그리고 영적 성장을 위한 켄 윌바의
　　ILP. 학지사.

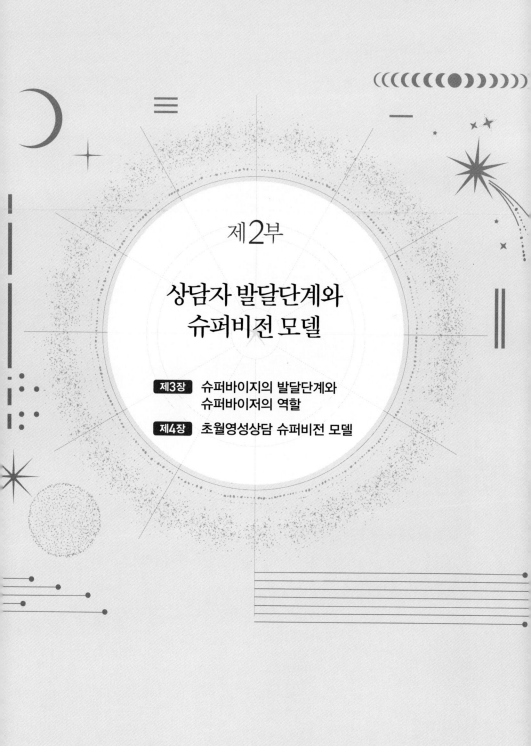

제2부

상담자 발달단계와
슈퍼비전 모델

제3장

슈퍼바이지의 발달단계와
슈퍼바이저의 역할

개요

● 　상담자는 유능한 상담자로 성장하기 위해 인간적 자질과 함께 상담이론에 대한 지식, 상담자 및 수련과정에 대한 슈퍼비전(supervision) 경험 등의 전문적 자질을 갖추어야 한다. 슈퍼비전은 상담수련생이 전문가로서 잘 발달할 수 있도록 촉진하기 위한 활동이며, 내담자의 복지보장을 목적으로 한다. 특히, 슈퍼비전은 상담에 대한 이론적인 지식과 실천적인 경험의 통합 및 상담 분야의 전문성을 유지시키는 중핵적인 위치에 있다.

　슈퍼비전에서 슈퍼바이지(supervisee)는 슈퍼비전의 대상, 즉 전문 상담자가 되고자 슈퍼비전 지도를 받는 초심 상담자 또는 숙련이 더 요구되는 상담자를 언급한다. 슈퍼바이저(supervisior)는 슈퍼바이지인 상담자의 상담활동을 지도 슈퍼비전하는 역할을 수행하는 위치에 있다. 슈퍼바이지들은 초심 상담자 단계를 거쳐 보다 숙련된 상담자로서 발달하며 성장한다. 이를 통해 슈퍼바이지의 발달단계별 슈퍼비전에 대한 요구 수준에도 차이가 있음을 예상해 볼 수 있다.

　효과적인 슈퍼비전 제공은 슈퍼비전 모델에 근거할 때 가능하다. 슈퍼비전 모델은 크게 상담이론에 근거한 모델과 각 상담이론 간의 통합적인 시도에 따른, 즉 상담이론으로부터 독립적인 슈퍼비전 고유의 이론적 모델로 구분된다.

　이 장에서는 슈퍼비전 과정을 심리치료 과정과 구분되는 차별적 과정으로 이해하기 시작하면서 슈퍼비전 고유의 목적과 구체적인 개입 전략들을 제안한 모델에 초점을 두고 접근하고자 한다. 특히, 슈퍼비전 고유의 이론적 모델 중 슈퍼바이지의 발달단계 관점에서 접근한 상담자 발달 모델인 통합발달 모델과 전 생애 발달 모델을 통해 살펴볼 것이다. 다음으로, 슈퍼바이저가 갖추어야 할 역할과 관련하여 변별 모델과 체계적 슈퍼비전 모델에 대해 고찰할 것이다.

1. 슈퍼바이지의 발달단계

슈퍼비전에 대한 이론 모델들이 등장하면서 점차 심리상담의 과정과 슈퍼비전의 과정이 구별되고 슈퍼바이지에 대한 슈퍼비전 교육의 중요성이 부각되었다. 슈퍼비전 모델 중 발달 모델은 슈퍼바이지가 상담전문가로 성장하는 과정을 발달적 관점으로 보는 데서 출발한다. 발달 모델은 상담자의 수준이 다양하게 나누어져 있고, 일정한 계열과 단계에 따라 발달과정이 진행된다고 본다. 이 모델은 슈퍼바이지들의 경험 수준에 따라 슈퍼비전 제공 내용에 차이가 있다. 이러한 맥락에서 발달 모델은 슈퍼바이지로 하여금 슈퍼바이지의 수준에 적합한 모방학습, 교정학습, 창의적 학습을 제안한다.

다음에 대표적인 슈퍼바이지의 발달 모델인 통합발달 모델과 전 생애 발달 모델에 대하여 제시하였다.

1) 통합발달 모델

통합발달 모델(Integrated-Development Model: IDM)은 Stoltenberg와 Delworth(1987)가 제안한 발달 모델이다. 이 모델은 Stoltenberg(1981)가 수련생의 발달단계를 4단계로 제시한 상담자 복합 모델(Counselor Complexity Model: CCM)에 상담자 발달단계별 슈퍼비전 교육내용을 추가 수정한 모델이다. 이 장에서는 기존의 IDM에서 제시한 수준 1, 수준 2, 수준 3, 수준 3i의 네 가지 발달 수준 중 수준 3i를 수준 4로 표기하였다.

특히 수준 4(3i)의 경우 초월영성상담 슈퍼바이지의 발달적 측면과 그 특성이 일치한다. 이에 수준 4에서는 초월영성적 측면에서 기술하였음을 밝힌다.

IDM의 강점은 슈퍼바이지의 발달과정을 설명하면서 슈퍼바이저 개입과 관련된 지침을 제공한다. IDM은 슈퍼바이지의 인지적 발달 정도에 기초하여 상담자 발달단계를 네 가지 수준으로 나눈다. 또한 네 가지 상담자 발달 수준은 각 수준별 슈퍼바이지의 '동기' '자율성' '자기와 타인 알아차림'이라는 세 가지 구조적 측면의 발달적 내용들이 기술되어 있다. 즉, 슈퍼바이지의 네 가지 각 수준별 발달의 정도는 각 수준이 이 세 가지 구조적 기능을 어느 정도 충족하는지와 관련된다.

다음은 전문가로서 슈퍼바이지의 성장을 평가하는 이정표인 세 가지 구조별 주요 내용들이다.

첫째, '**동기**'는 슈퍼바이지가 상담 훈련과 실제에 투여하는 관심, 투자 및 노력 정도가 어느 발달 수준에 있는가를 반영한다.

둘째, '**자율성**'은 슈퍼바이지가 슈퍼바이저로부터의 독립의 정도가 어느 발달 수준에 있는가를 반영한다.

셋째, '**자기와 타인 알아차림**'은 슈퍼바이지가 자기 자신에의 몰입도, 내담자 세계에 대한 인식 및 자기 자신에 대한 인식 수준이 어느 발달단계에 있는가를 반영한다.

특히, 이 세 가지 구조별 특징은 서로 독립적일 수 있으며, 또한 슈퍼바이지에 따라서 수준별 차이를 보일 수도 있다.

다음은 IDM에서 제시한 슈퍼바이지의 발달단계별 특징과 발달단계에 따른 여덟 가지 영역들이다(방기연, 2011; 유영권 외, 2019).

(1) 슈퍼바이지의 발달단계별 특징

① 수준 1: 초급 상담자

수준 1의 슈퍼바이지는 상담수련에 입문한 초급 상담자로서 훈련과 경험이 제한적인 상태이다. 수준 1에 해당하는 슈퍼바이지의 세 가지 구조적 특징들을 제시하면 다음과 같다.

첫째, '동기'의 경우 슈퍼바이지가 상담을 본격적으로 수행해야 하기에 상담훈련과 실제에 투여하는 관심, 투자 및 노력하려는 동기가 높은 편이다. 대체로 상담 관련 학부 고학년이거나 석사 과정 중인 슈퍼바이지들이 대상이다. 이들은 상담실습이 상담경험의 첫 경험인 경우가 많아 열정적인 자세로 상담 관련 학습과 수행에 임한다. 특히, 수준 1은 상담기술 습득에 관심이 많다. 또한 이 수준은 내담자 조력에 필요한 최상의 올바른 접근 방식을 배우고 싶어 한다. 이러한 상담학습에 대한 높은 동기는 슈퍼바이지로 하여금 치료적 상담개입 기술을 배우도록 촉진 시킨다. 반면에 이 수준의 초급 상담자들은 동기 수준도 높지만 불안 수준 또한 높아 상담 수행 중 좌절감을 경험할 수 있다. 이로 인해 이 수준의 슈퍼바이지들은 상담수련 후반부로 들어서면서부터 불안이 높아지는 경향이 있다. 이는 상담에 대한 높은 동기에는 상담 수행 시 불안하지 않고 잘하고 싶은 마음과 그 불안이 자신감으로 이어지길 바라는 마음도 함께 내재되었음을 반영하고 있다.

둘째, '자율성'의 경우 아직은 자율적인 상담자로서의 역할 수행이 부족하기에 슈퍼바이저에게 의존하는 경향이 있다. 이에 슈퍼바이지로부터 심리적 지지와 상담 수행에 필요한 직접적인 정보와 조언, 내담자와의 촉진적 관계 구축 방법들에 대해서 지도받고 싶어 한다. 반면에 슈퍼바이저의 직접적인 직면은 아직 자신감이 부족하고 심리적으로 불편하기에 선호하지는 않는다. 슈퍼바이지의 성장에 있어서 역할 모델은 슈퍼바이저이다. 특히, 이 시기 슈퍼비전은 부족한 상담기술, 낮은 자신감, 높은 불안을 극복하는 데 있어서 모델이 되는 중요한 역할 모델을 만나는 장이기도 하다.

셋째, '자기와 타인 알아차림'의 경우 많은 에너지를 자기 자신에게 투여하는 경향이 있다. 그러나 자기인식의 수준은 대체로 낮은 편이다. 자기 자신과 타인에 대한 알아차림 정도가 약하다. 즉, 자신의 장점과 약점에 대한 인식이 낮은 편이다. 대체로 수준 1의 상담자는 상담 회기 중 내담자에게 주의 집중하여 적극적 경청의 자세를 유지하기가 어렵다. 반면에 내담자에게 상담자 자신이 지금까지 학습했던 상담기술을 어떻게 활용하여 반응할지와 관련하여 더 많은 에너지를 투여한다. 이 수준의 슈퍼바이지는 내담자가 말하고자 하는 것을 자신이 사례개념화한 내담자의 모습과 일치하는 방향으로 해석하고자 몰입한다. 이처럼 슈퍼바이지가 자기 자신의 상담 수행에만 주의를 기울고 있음은 상담자의 불안 정도가 높음을 반영한다. 이 수준에 속하는 슈퍼바이지는 상담자로서 무엇을 해야 할지 다소 막연하고 자신감이 부족한 편이다. 뿐만 아니라 내담자나 슈퍼바이저가 부정적인 평가를 할까 더 염려하는 편이다. 이 수준의 슈퍼바이지가 초기에 경험하는 이러한 혼란과 불안은 수련 경험을 지속하면서 점차 감소되지만, 자기 자신에 대한 초점은 어느 정도 지속되는 경향이 있다. 이러한 면에서 초급 상담자인 슈퍼바이지들은 슈퍼바이저로부터 구조화된 슈퍼비전 제공과 긍정적인 피드백을 추구하는 경향이 있다.

② 수준 2: 중급 상담자

수준 2의 슈퍼바이지는 매우 구조화되고 지지적인 슈퍼비전을 선호한다. 특히, 슈퍼바이저를 모방하고 의존하는 경향이 있다. 한편, 이 수준의 슈퍼바이지들은 자신의 낮은 인식 수준에서 벗어나고자 노력한다. 주로 수준 2의 구조적 특징들은 슈퍼비전 수련 코스의 2, 3학기에 해당하는 슈퍼바이저들에게서 나타난다. 수준 2에 해당하는 슈퍼바이지의 세 가지 구조적 특성들을 제시하면 다음과 같다.

첫째, '동기'의 경우 슈퍼바이지의 상담활동에 대한 동기 정도가 기복이 많은 등 불안정한 상태이다. 이 수준에 속하는 슈퍼바이지들은 상담자로서 자율적이고 독립적인 역량을 발휘하고자 한다. 그러나 내담자 유형별로 내담자의 주호소문제와 진단명들이 과거 상담사례와 달리, 다소 힘들게 인식될 경우 효과적인 상담 수행에 어려움을 경험할 수 있다. 즉, 상담에 대한 자신감이 아직은 약하기에 어느 순간은 자신감 있게 임하다가 다소 복잡한 상담사례를 접하면 자신감을 상실하는 경향이 있다. 이로 인해 상담활동에 대해서 혼란, 절망, 우유부단한 모습 등 불안감과 자신감 사이를 오가며 동요가 일어나기도 한다. 슈퍼바이지의 이러한 정서적 혼란과 좌절은 상담에 대한 동기를 낮출 수 있다. 불안정하고 낮은 동기는 어떤 특정 내담자의 포기나 의뢰뿐만 아니라 심지어 병가나 휴가를 더 많이 쓰는 등의 양상에 그대로 반영되기도 한다. 또한 슈퍼바이지의 상담 회기별 상담기록지나 축어록을 살펴보면 회기별 상담 수행 정도에 차이가 있는 등 상담 동기에 기복이 심함을 엿볼 수 있다. 특히, 이 시기 슈퍼바이지들 중 상담자가 되는 것에 대한 회의나 진로 고민을 호소한다면 자신의 상담 동기 정도를 탐색해 볼 필요가 있다.

둘째, '자율성'의 경우 수준 1보다 점차 자신의 의견을 소신껏 표현하고 슈퍼바이저로부터 독립적인 자세를 유지한다. 단, 청소년 시기처럼 자율성과 의존성 사이의 갈등을 경험한다. 즉, 슈퍼바이저로부터 독립하려는 마음과 슈퍼바이저에게 의존하려는 마음이 왔다 갔다 한다. 이 수준에 접어들면 상담 관련 대학원 수업, 공개 사례보고회, 개인 슈퍼비전, 집단 슈퍼비전, 워크숍, 학술대회 등 다양한 상담 관련 경험의 장이 확장되어 슈퍼바이저를 모방하는 행동들은 점차 줄어든다. 또한 성공적인 상담 수행 경험을 통한 자신감이 높아지고 상담 수행 시 슈퍼바이저로부터 독립하고자 하는 의지도 높다. 이에 슈퍼바이저가 자신이 수행한 상담 사례개념화나 상담계획에 적용한 이론적 접근 방식에 대해서 반론할 것으로 의심되면 상담사례 공개를 주저할 수도 있다. 이외 슈퍼바이저의 제안에 대해서 거부, 무시, 저항을 보이며, 슈퍼바이저에 대한 의존을 약점으로 인식하는 경향이 있다.

셋째, '자기와 타인 알아차림'의 경우 자기 자신보다는 내담자에게 더 주의를 집중한다. 이 수준의 슈퍼바이지는 그 동안의 상담수련 과정을 거치면서 상담에 대한 불안이 다소 완화됨에 따라 내담자의 언어적 메시지들뿐만 아니라 비언어적 메시지의 단서들도 더 민감하게 인식하는 편이다. 또한 상담 장면에서 내담자의 삶을 있는 그대로 이해하고 수용하려는 공감 능력을 발휘할 수 있다. 즉, 슈퍼바이지와 내담자 간 정서적 교류가 활성화된다. 반면에 내담자의 삶을 공감하려는 자세가 지나쳐서 내담자의 시각으로 내담자의 문제를 바라보는 동일시 현상도 유발될 수 있다. 슈퍼바이지가 내담자의 주관적 보고에 대해서 강하게 믿고, 다른 타인에 대해서 내담자 입장을 취하거나 지나친 옹호를 하는 등의 위험도 함께 내재된 단계이다. 이와 관련하여 슈퍼비전에서 슈퍼바이저는 내담자의 동일시 대상에 대한 슈퍼바이지의 평가가 타당한지 의문을 제기할 수 있을 것이다. 이때 슈퍼바이지가 내담자의 입장이 되어 내담자를 옹호하고 객관적 탐색을 거부할 수도 있을 것이다. 이러한 현상은 슈퍼바이지가 잠재적인 역전이 상태에 놓여 있기 때문이다. 이와 관련하여 슈퍼바이지는 반드시 슈퍼바이저에게 교육분석을 받아야 한다. 따

제3장 슈퍼바이지의 발달단계와 슈퍼바이저의 역할

라서 이 수준의 슈퍼비전은 상당한 수준의 상담기술, 유연성과 유머 감각이 요구된다.

③ 수준 3: 고급 상담자

수준 3의 슈퍼바이지는 상담에서 상담자 '자신'을 상담도구로 사용하고 초점을 맞추는 개인화된 상담 진행이 가능하다. 수준 3에 해당하는 슈퍼바이지의 세 가지 구조적 특성들을 제시하면 다음과 같다.

첫째, '동기'의 경우 상담훈련과 실제에 투여하는 관심, 투자 및 노력 정도는 지속적이고 안정적으로 유지되고 있다. 이 수준의 슈퍼바이지는 상담과정에서 수준 2보다 내담자에 대한 이해 수준이 높다. 따라서 수준 3의 슈퍼바이지는 내담자에 대한 상담 방향 설정에 있어서 잠정적으로 한시적인 혼란을 경험할지라도 충분히 인내할 수 있다. 이미 성공적으로 수행한 상담경험을 통해 자신감이 증진되어 있고 자신의 장점과 한계점을 인식하고 있다. 따라서 자신의 상담 수행 정도가 다소 만족스럽지 않다고 할지라도 두려워하거나 불안해하지 않는 등 상담 관련 동기 수준이 높은 편이다. 이 수준은 새로 상담에 입문한 수준 1의 슈퍼바이지와 달리 지금까지 자신의 광범위한 상담경험에 기반하여 상담 관련 지속적인 교육과 최신 상담기법을 적용하고자 하는 등 전문적 역량 개발에 적극적이다. 한 영역이나 그 이상의 영역에서 수준 3에 도달한 슈퍼바이지는 다른 영역에 있어서도 자신의 발달단계 수준을 정확히 측정할 수 있다. 예를 들면, 내담자 진단 관련은 수준 3에 있으나 상담사례개념화나 개입 기술에 있어서는 수준 2에 있음을 안다. 이에 이 수준의 슈퍼바이지는 언제든 더 나은 수준으로 발달하기 위해 정진한다. 한편, 자기 자신의 전문가로서의 정체성과 상담자 역할과 지속 정진 여부에 대하여 다소 염려하는 편이다. 그러나 자신의 상담전문가로서 나아갈 방

117

향이 확고하게 수립되면 많은 시간과 에너지를 전문적 역량 개발을 위해 집중 투여한다.

둘째, '자율성'의 경우 자신의 전문성을 신뢰하고 슈퍼바이저로부터 벗어나 독립적인 전문가로 발달하고자 하는 기본적인 욕구가 있다. 이 수준의 슈퍼바이지는 자신의 상담 이론과 기술들을 통합하고 상담경험을 확장해 나가는 과정에서 상담자로서 자율적으로 충분히 기능할 수 있음을 인식한다. 특히, 상담전문가로서 발달하기 위해서 알아차림, 평가, 정보가 제공되는 슈퍼비전 경험을 지속해야 함을 안다. 또한 슈퍼비전은 슈퍼바이지의 상담자 역량 발달 정도를 탐색할 수 있는 의미 있는 장이기 때문에 상위 자격의 전문가로부터 슈퍼비전을 받고자 한다. 특히, 자신의 장점 영역을 알고 그 영역에서 더 성장하기 위해 정진한다. 수준 3에 속하는 슈퍼바이지의 경우 점차 슈퍼바이저와의 전문적인 지식 수준의 차이가 감소됨에 따라 상호 간 대화를 나누며 성장을 도모한다. 이 수준에 속하는 슈퍼바이지들은 언제 슈퍼비전을 받아야 할 시기인지 잘 알고 있으며, 부족한 발달 영역이나 영역 간에 통합을 이룰 수 있는 슈퍼비전을 추구한다.

셋째, '자기와 타인 알아차림'의 경우 수준 1에서와는 질적으로 다른 수준에서 자신을 인식한다. 이 수준에 속하는 슈퍼바이지는 상담과정 중 내담자에 대한 자신의 반응 정도를 인식한다. 특히, 슈퍼바이지가 내담자에게 초점을 맞추고 높은 수준의 공감 능력을 발휘할 수 있다. 내담자가 슈퍼바이지에게 무조건적 긍정적 존중과 공감적 이해를 받을 경우 자신의 문제를 보다 자유롭게 탐색할 수 있다. 또한 슈퍼바이지 자신이 상담 장면에서 치유적 도구로서의 역할을 할 수 있음을 충분히 인식하고 있다. 특히, 수준 3의 슈퍼바이지는 상담 초기 단계에 적극적 경청 기법을 활용한 호소문제 듣기, 다양한 정보 수집 및 수집된 정보를 바탕으로 주요 상담이론에 기반하여 사례개념화를 할 수 있다. 이 수준의 슈퍼바이지는 상담과정 시 내담자에 대한 자신의 인지적·정서적·행동적 반응과 내담자 정보를 객관적 시각에서 관찰하고 평가한다. 무엇보다 슈퍼바이지 자신이 내담자에게 미치는 영향과 내담자가 자신에게 미치는 영향을 인식할 수 있다. 또한 슈퍼바이지의 인생 경험과 성격 특성에 기반하여 내담자의 반응을 이해하는 경향이 있다. 수준 3의 슈퍼바이지는 내담자에 대한 슈퍼바이지 자신의 반응을 탐색하여 역전이 및 내담자의 대인관계 경향성도 알아차림 할 수 있다.

④ 수준 4: 통합된 상담자/초월영성상담자

수준 4는 슈퍼바이지가 전문가로서 통합된 수준에 이르렀음을 의미한다. 이 수준은 슈퍼바이지가 상담, 평가, 사례개념화라는 다중 영역에서 모두 수준 3에 도달할 때 발생한다. 슈퍼바이지의 역할은 여러 영역을 넘어 상담역량을 통합하는 데 있다. 이 수준에 속하는 슈퍼바이지는 상담전문가로서의 정체성이 확고히 수립되어 있다. 또한 자기 자신의 강점과 약점에 대해서도 잘 알고 있다. 수준 4는 대체로 초월영성적 특성들과 일치하며, 이를 제시하면 다음과 같다.

첫째, 이 수준은 전통적인 상담 이론 및 기법에 대한 전문적 역량 기반을 안정적으로 유지하고 있다. 또한 이 수준의 슈퍼바이지는 최신 상담이론 및 기법의 학습에도 늘 정진한다. 특히, 영성적 상담훈련과 실제에 투여하는 관심, 투자 및 노력 정도가 일관되고 안정되어 있다. 새로운 영성 상담 이론 및 기법을 연구하고, 이를 상담의 실제에 적용하고자 많은 시간을 집중 투여한다.

둘째, 통합된 상담자 발달 상태에 속하는 슈퍼바이지는 슈퍼바이저로부터 벗어나 초월영성적 자기 영역의 독립적인 전문가로 발달하고자 한다. 이 수준의 슈퍼바이지는 초월영성 상담 이론 및 기법들을 통합할 수 있다. 또한 자신의 상담자 경험을 보다 깊이 확장시켜 나감으로써 영성상담 슈퍼바이저부터 벗어나고자 한다. 특히, 이 수준의 슈퍼바이지는 독립적인 자기 고유의 자율성을 획득하고 있다. 뿐만 아니라 통합적인 자기 정체성이 확고히 수립되어 있다.

셋째, 이 수준의 슈퍼바이지는 내담자를 병리적 관점뿐만 아니라 영적 발달의 관점에서 통합적으로 충분히 이해할 수 있다. 따라서 전통적인 상담이론 및 기법과 함께 초월영성적 상담 이론 및 기법을 활용하여 통합적인 상담역량을 발휘할 수 있다.

또한 IDM에서는 슈퍼바이지의 수준이 이전 수준에서 다음 수준의 발달단계로 바로 이행이 되기보다는 발달의 과도기적인 이슈들이 있다고 언급하였다. 다음 〈표 3-1〉에는 지금까지 언급한 IDM의 발달단계별 슈퍼바이지의 특징, 과도기적 이슈들과 함께 이 책의 저자진이 제안한 수준 4의 초월영성적 특징들이 제시되어 있다.

〈표 3-1〉 통합발달 모델 기반 슈퍼바이지의 특징

수준	동기	자율성	자기와 타인 알아차림
수준 1	• 높은 동기 수준 • 높은 불안 수준 • 기술 획득에 초점	• 슈퍼바이저에게 의존 • 구조화된 슈퍼비전과 피드백 필요 • 최소한의 직접적인 도전	• 자기 알아차림의 정도 제한 • 자신에게 초점을 둠: 수행 정도 불안 • 객관적 자기 알아차림 • 외부 자원을 통한 학습 • 장점과 약점을 파악하는 역량이 낮음
과도기 이슈	• 새로운 접근과 개입 기술 학습 감소	• 점차 슈퍼바이저로부터의 의존 상태에서 벗어나려는 의지가 높아짐	• 자신에 대한 생각에서 내담자에 대한 생각으로 초점 전환

수준 2	• 대체로 자신감 가짐 • 복잡한 상담의 경우 자신감 동요 • 혼란, 절망, 우유부단	• 의존-자율 갈등 • 점차 자신 의견을 가짐 • 독립적으로 기능하는 데 있어 구체적 도움 원함	• 내담자에게 집중: 공감, 내담자의 세계 이해 • 가끔 비효과적인 과도한 밀착
과도기 이슈	• 개인화된 접근에 대한 기대 증가	• 조건적 자율성 획득	• 자신의 반응에서 내담자에게로 초점 이동
수준 3	• 안정됨 • 전문가로서의 정체감과 상담자로서의 역할 염려	• 쉽게 동요되지 않는 자율성에 대한 강한 신념 • 자문을 구할 시기를 앎	• 자신의 장점과 약점 수용 • 높은 공감과 이해 • 자신의 반응, 내담자, 상담과정에 집중 • 상담자 자신을 치유 도구로 활용
과도기 이슈	• 전통적 상담과 영적 수행 통합 적용 혼란	• 영적 지도자와의 관계에서 자율성 추구	• 상담자-영성가로서 통합적 정체성 형성 노력 • 내담자를 심리적-영적 맥락에서 이해하고자 시도
수준 4	앞의 동기, 자율성, 자기와 타인 알아차림이라는 세 가지 구조적 특성에서 모두 수준 3에 도달할 때 발생함. 또한 다음의 초월영성적 특성들과 대체로 일치함 전통 상담기법과 영적 수련 기법이 슈퍼바이지 자신의 방식대로 안정화 슈퍼바이저와 영적 지도자로부터 독립적 자기 고유의 자율성 획득 상담자-영성가로서의 안정적 · 통합적 자기 정체성 확립 내담자를 병리적 관점뿐만 아니라 영적 발달의 관점에서 이해		

(2) 슈퍼바이지의 발달단계별 여덟 가지 영역

통합발달 모델(IDM)은 각 단계에서 슈퍼바이지의 전문가로서의 발달을 평가하는 이정표로서 여덟 가지 구체적인 영역(유영권 외, 2019)도 함께 제시하였다. 이들 영역은 다음과 같다.

첫째, 개입기술 영역에는 슈퍼바이지의 발달단계 수준별 각 상담과정에 적용할 수 있는 상담기술의 학습 및 훈련 정도가 제시되어 있다. 슈퍼바이지는 상담전략에 따른 효과적인 상담기법 등을 익혀 이를 필요시 적용할 수 있어야 한다.

둘째, 평가기술 영역에는 슈퍼바이지의 발달단계 수준별 심리평가에 대한 관심의 정도 및 진단범주에 따른 내담자에 대한 평가역량 정도가 제시되어 있다. 슈퍼바이지는 평가의 의미를 분명히 알고 내담자의 요구에 기초하여 내담자를 평가할 수 있어야 한다.

셋째, 상호작용적 평가 영역에는 슈퍼바이지의 발달단계 수준별 고정관념, 역전이 및 슈퍼바이저 의존 여부 등 상호작용 정도가 제시되어 있다. 슈퍼바이지는 내담자의 관점에 기초하여 내담자를 깊이 있게 이해할 수 있어야 한다.

넷째, 사례개념화 영역에는 슈퍼바이지의 발달단계 수준별 내담자의 주요 호소문제 및 수집된 다양한 정보를 주요 상담이론에 기반하여 내담자를 이해하는 정도가 제시되어 있다. 슈퍼바이지는 사례개념화 구성요소, 즉 인적사항, 촉발요인, 유발요인, 유지요인, 목표 및 전략 등의 치료계획 순으로 사례개념화를 할 수 있는 전문적인 역량을 갖추어야 한다.

다섯째, 개인차 영역에는 슈퍼바이지의 발달단계 수준별 내담자에게 미칠 수 있는 민족적 · 인종적 · 문화적 측면의 인식 정도가 제시되어 있다. 슈퍼바이지는 선입견이나 고정관념 없이 개방적 태도를 유지하고 내담자를 하나의 개인적인 존재로서 상황 속에서 바라볼 수 있어야 한다.

여섯째, 이론적 성향 영역에는 슈퍼바이지의 발달단계 수준별 상담이론들을 이해하는 복잡성과 정교함의 정도가 제시되어 있다. 슈퍼바이지는 자신이 오직 하나의 이론적 접근에만 초점화되어 있는지를 인식하고 있어야 한다. 또한 이론별 강점과 약점을 잘 인식하고 유연성 있게 접근해야 하며, 적용에 필요한 전문적 역량을 잘 갖추어야 한다.

일곱째, 치료계획 영역에는 슈퍼바이지의 발달단계 수준별 목표 및 전략의 수립 정도가 제시되어 있다. 슈퍼바이지는 상담목표가 효과적으로 성취될 수 있도록 타당하고 실현 가능한 목표를 설정하고 이에 따른 전략을 수립하는 등 효과적인 치료계획의 역량을 갖추어야 한다.

여덟째, 전문가적 윤리 영역에는 슈퍼바이지의 발달단계 수준별 윤리적 이슈를 이해하고 윤리적 딜레마 발생 시 이를 해결할 수 있는 정도가 제시되어 있다. 슈퍼바이지는 슈퍼바이저에 대한 의존성 정도를 잘 인식하고 있어야 한다. 또한 윤리적 결정에 따른 결과를 이해하고, 복잡한 윤리적인 문제에 대해서는 전문적인 조정 능력 및 통합할 수 있는 역량을 갖추어야 한다.

앞에서 제시한 여덟 가지 슈퍼바이지의 전문가로서의 발달평가 영역 중 상담개입 기술, 평가기술, 사례개념화는 슈퍼비전 시 슈퍼바이저가 가장 슈퍼비전을 받고 싶은 항목들이다. 이에 다음에서는 이 세 가지 주요 영역들(방기연, 2011)에 대해서 보다 구체적으로 네 가지 발달 수준별 주요 내용을 제시하였다.

① 개입 기술

상담개입 기술 항목은 슈퍼바이지의 주요 상담이론에 따라 차이가 있을 수 있다. 이에 슈퍼비전 시 슈퍼바이지의 상담이론적 입장이 충분히 고려될 필요가 있다. 예를 들어, 슈퍼바이지가 주요 상담이론 중 교류분석 이론에 기반한 상담을 했다면, 이에 따른 관점에서 슈퍼바이지의 사례지도가 이루어져야 한다.

첫째, '수준 1'에 해당하는 초급 상담자인 슈퍼바이지의 경우 자신의 상담개입 기술의 발달을 도모하기 위해서 내담자의 유형, 내담자의 호소문제 등 상담사례 보고서에 제시된 문맥을 고려하는 것이 좋다. 이 수준에 속하는 슈퍼바이지의 경우 가이드라인을 갖춘 구조화된 슈퍼비전을 선호하는 경향이 있다. 예를 들어, 기본적인 질문 기술 훈련이 슈퍼비전의 초점인 슈퍼바이지는 상담 회기 중 자신이 내담자에게 질문 기술을 잘 적용했는지와 관련하여 질문 기술에 대한 수행 정도에 대해서 슈퍼비전을 받고 싶을 것이다. 이와 같이 슈퍼바이지의 상담기술 습득 관련 구조화된 슈퍼비전 제공은 '수준 1'의 초급 상담자에게 대체로 적합하다고 본다. 이를 통해 슈퍼바이지는 상담이론적 접근 방안이나 기술에도 관심을 갖게 된다. '수준 1'의 초급 상담자들은 슈퍼비전 시 슈퍼바이저가 상담개입 기술을 어떻게 적용하는지를 보여 주는 것을 선호한다. 새로운 상담개입 기술을 익힐 수 있는 훈련의 장이었으면 하는 바람이 있다.

둘째, '수준 2'에 해당하는 중급 상담자인 슈퍼바이지의 경우 아직은 상담기술이 통합되지 않았다. 그러나 좀 더 발달된 다양한 상담기술을 익히고 내담자에게 초점을 둠으로써 상담과정을 촉진시키고자 한다. '수준 1'과 달리 슈퍼바이저가 지니고 있지 않거나 강조하지 않은 상담개입 기술이나 접근법을 의도적으로 배우고 싶어 한다. 또한 선호하는 최신 상담기법을 익혀서 이를 상담 장면에 적용하고자 한다. 특히, 이 수준의 슈퍼바이지들은 내담자의 다양한 경험에 대해 인지적·정서적 측면에 초점을 두고 주의 집중하는 경향이 있다. 이러한 점은 '수준 1'에서 '수준 2'로 슈퍼바이지의 발달 수준이 한 단계 발전했음을 반영한다. 대체로 '수준 2'의 경우 직면보다 공감적 반응 기술을 자주 사용하는 경향이 있다. 그러나 이로 인해 슈퍼바이지가 내담자와 지나치게 동일시될 수 있는 위험도 있으니 유의할 필요가 있다.

셋째, '수준 3'에 해당하는 고급 상담자인 슈퍼바이지의 경우 내담자 및 자기 자신에 대한 이해 정도를 반영한 상담개입 기술을 상담과정에 익숙하게 적용하는 편이다. 이 수준의 슈퍼바이지에게 내담자의 인지적·대인관계적·정서적 정보들은 효과적인 상담개입 기술 결정을 위해서 적절히 활용된다. 특히, '수준 3'의 슈퍼바이지는 상담이론에 근거하여 사례개념화를 실시하고 치료계획을 수립할 수 있는 수준에 속한다. 이는 슈퍼바이지가 사례개념화에 부합된 치료목표를 설정하고 이에 따른 치료전략과 기법을 적용할 수 있는 통합적인 상담역량을 갖추고 있음을 말해 준다. 무엇보다 슈퍼바이지가 내담자와 치료적 동맹을 구축할 수 있는 상담 개입 기술의 정도는 슈퍼바이지의 내재된 성격특성과 관련된다. 슈퍼바이지가 내담자를 있는 그대로 이해하고 공감하며, 존중의 자세로 상담기술을 적용한다면 훨씬 더 진실되게 내담자와 접촉될 수 있다.

넷째, '수준 4'에 해당하는 통합된 상담자/초월영성상담자인 슈퍼바이지의 경우 내담자의 영적인 수련 정도를 반영한 상담개입 기술을 상담과정에 익숙하게 적용하는 편이다. 이 수준에 속하는 통합된 초월영성 슈퍼바이지는 내담자와의 상담과정에 비일상적인 변성의식 상태를 상담개입 기술로 활용한다.

② 평가기술

평가기술의 항목은 슈퍼바이지가 상담현장에 활용 가능한 심리검사 도구의 사용 자격이 있을 때를 전제하고자 한다. 만일 평가 도구 활용 관련 해당 워크숍 이수나 자격증을 미취득하였다면 관련한 도구 분야 전문가의 도움을 받아야 한다. 상담 평가기술은 슈퍼바이지의 심리검사 실시 및 해석 역량 정도에 따라 차이가 있다.

첫째, '수준 1'에 해당하는 초급 상담자인 슈퍼바이지의 경우 심리검사에서 나타난 평가 정보가 내담자의 성격유형, 흥미, 적성, 가치관, 지능, 대인관계, 의사소통 양상 등을 정확히 제시해 줄 것으로 인식하는 경향이 있다. 이로 인해 심리검사 결과, 즉 진단명으로 제시된 유형에 기초하여 내담자를 이해하려는 측면이 있다. 대체로 이 수준에 속하는 슈퍼바이지들은 상담 회기 면담을 통한 정보수집에 어려움이 있다. 반면에 평가를 통해 알게 된 정보들이 더 구체적이고 명확하게 들어온다. 이로 인해 상담 회기 중 평가 도구를 활용하고 싶은 동기가 높다. 이에 '수준 1'의 초급 상담자인 슈퍼바이지들은 심리검사 평가 및 진단 등 수업을 통해 익힌 내용이나 평가 관련 도서들에서 제시한 평가 절차에 따라 내담자를 평가하는 경향이 있다. 또한 상담 진행 중 내담자에 대한 자신의 반응을 정확하게 인식하지 못하여 내담자의 대인관계 패턴 파악을 놓치기도 한다. 따라서 이 수준의 슈퍼바이지는 올바른 평가 방향 수립과 평가결과의 채점 및 해석을 위한 슈퍼비전이 필수적으로 요구된다. 또한 내담자의 주요 호소문제와 치료계획에 따른 적합한 심리검사 도구 선정 역량도 필요하다.

둘째, '수준 2'에 해당하는 중급 상담자인 슈퍼바이지는 '수준 1'의 슈퍼바이지에 비해 평가 및 심리검사 도구들에 대해 다양한 지식을 습득했다. 반면에 이 수준의 슈퍼바이지는 상담과정에 대한 통찰이 약하고 투사적 동일시 현상을 보이는 경향이 있다. 이로 인해 진단 정보의 수집 및 수집된 정보의 통합에 어려움을 경험할 수 있다. 특히, 내담자 평가 면접이나 정보수집 시 슈퍼바이지 자신의 관점이 반영되어 편향된 질문을 의도적으로 하거나 내담자의 세계관이나 인식과 일치된 정보만을 선택적으로 수집할 가능성이 있다. 또한 '수준 2'의 슈퍼바이지는 내담자가 인식하는 측면과 자신의 가설에 부합되는 특정 정보에 더 초점화되어 있다. 이로 인해 이 수준의 중급 상담자는 내담자의 대인관계 특성 평가

시 내담자나 상담자 자신을 향한 인지적·정서적 반응에 대한 알아차림을 놓칠 수 있다.

셋째, '수준 3'에 해당하는 고급 상담자인 슈퍼바이지는 다양한 평가 도구들에 대한 장점 및 제한점과 평가결과에서 파악된 정보들을 상담과정에 적용하는 방법을 알고 있다. 또한 평가 도구에서 파악된 내담자 정보의 확인이나 수정·보완을 위해서 평가 과정 중 관찰된 내담자의 행동 특성들이나 인상을 활용한다. 특히, 이 수준에 속하는 슈퍼바이지들은 평가 도구를 통해 나타난 결과와 함께 슈퍼바이지 자신이 직접 관찰을 통해 파악된 정보들을 종합적 관점에서 내담자 이해에 활용한다. '수준 3'의 슈퍼바이지는 내담자의 대인관계 특성을 파악하기 위해서 내담자에게 더욱 주의 집중한다. 이를 통해 이 수준에 속하는 고급 상담자들은 내담자 평가 시 전형적인 틀로 접근하지 않으면서, 혼란스러운 감정이나 역전이에서 벗어나 보다 효과적으로 내담자의 대인관계를 평가한다. 실제 내담자는 자신의 대인관계 패턴과 상담자 반응에 기초하여 특정 방향으로 상담자를 끌어당겨서 자신의 욕구를 충족시킨다. 이 수준의 슈퍼바이지는 이러한 내담자의 끌어당김을 정확히 포착하고 어떻게 이 끌어당김이 내담자의 요구 또는 성격적인 스타일로 드러나는지 평가할 수 있다. 뿐만 아니라 이 수준의 슈퍼바이지는 자신의 역전이가 상담의 방향에 어떻게 영향을 미치는지 알고 있다.

넷째, '수준 4'에 해당하는 통합된 상담자/초월영성상담자인 슈퍼바이지는 내담자의 평가와 관련하여 병리적 부분에 대한 평가를 할 수 있다. 또한 내담자의 심리-영적인 발달적 맥락 수준을 알고 이에 초점을 맞추어 내담자의 문제를 평가한다. 특히, 내담자가 영적인 우회나 영적인 위기 상태에 놓여 있는지와 같은 이류 변별 평가에 초점을 둔다.

③ 사례개념화

사례개념화의 항목은 슈퍼바이지의 발달단계별 영역 중 진단보다 넓은 개념에 속한다. 사례개념화는 내담자 이해를 위하여 내담자의 주호소문제와 의미 있게 관련된 어린 시절의 주요 사건들을 탐색하고, 수집된 정보를 바탕으로 내담자에 대한 상담의 목표와 전략을 수립해 가는 과정이다. 사례개념화 역량은 슈퍼바이지의 발달단계별 내담자의 주호소에 대한 구체화 정도, 현재의 심리적인 특성에 대한 파악 정도, 주호소와 관련한 내담자 문제의 원인분석 정도에 차이가 있다.

첫째, '수준 1'에 해당하는 초급 상담자인 슈퍼바이지의 경우 지나치게 상세한 정보에 초점을 두고 사례개념화하는 경향이 있다. 즉, 내담자의 교육 정도, 발달사, 현재 상태, 평가 도구 결과 등의 세부 정보에 많은 에너지를 투여한다. 이로 인해 내담자가 호소하는 고통이나 증상에 관련된 초기 어린 시절에 발달한 애착유형, 스트레스 대처 양상, 대인관계 패턴 등의 주요 정보들을 놓칠 수 있다. 또한 슈퍼바이지 자신이 선호하는 이론적 배경과 일치하는 내담자 정보만을 주로 수집하기도 한다. 특히, 내담자 문제의 원인 분석에 대한 사례개념화 정도가 너무 간략하다. 뿐만 아니라 내담자가 호소한 다양한 정보들을 종합적으로 고려하지 않은 다소 비현실적인 사례개념화 가능성도 있다.

둘째, '수준 2'에 해당하는 중급 상담자인 슈퍼바이지의 경우 상담전문가로서 자신의 인식에 초점을 두기보다는 내담자의 입장과 인식에 초점을 두어 사례개념화하는 경향이 있다. 이로 인해 내담자가 인식한 나머지 정보들을 통합하지 못할 수 있다. 이에 내담자의 정서, 심리, 신체, 진로 등 호소문제 관련 그 정보들이 비일관되게 수집될 수도 있다. 특히, 이 수준에 속하는 슈퍼바이지는 내담자가 지닌 세계관에 기초하여 내담자의 진단 정보를 예외적으로 인식하는 경향이 있다. 뿐만 아니라 '수준

2'의 슈퍼바이지는 초기 단계 수집된 다양한 정보들을 지나치게 일반화하여 사례개념화할 수 있다. 무엇보다 내담자가 상담자로부터 자신이 원하는 것을 끌어내기 위한 교묘한 심리게임을 펼쳤음에도 이를 제대로 추론하지 못하는 등 정확하지 않은 사례개념화로 이어질 수 있다.

셋째, '수준 3'에 해당하는 고급 상담자인 슈퍼바이지의 경우 내담자를 특정한 진단명에 맞추는 '수준 1'과 '수준 2'에 속하는 슈퍼바이지와 다소 차이가 있다. 이 수준에 속하는 슈퍼바이지는 내담자의 호소문제와 관련된 다양한 정보들이 어떻게 상호작용하는지에 초점을 두고 내담자의 호소문제에 대한 본질과 그 문제의 핵심을 전체적으로 이해하고자 노력한다. '수준 3'의 슈퍼바이지는 내담자의 진단명, 성격특성, 정서패턴, 인지패턴, 행동패턴이나 대인관계 패턴들에 부합되는 가장 적절한 사례개념화를 하고자 한다. 이를 위해 사례개념화의 구성요소들, 즉 호소문제, 문제 촉발의 특정 사건이나 계기가 된 촉발요인, 문제 유발의 경로 및 문제 발생의 유발요인, 문제가 지속된 심리내적 역동이나 문제 행동이나 증상이 지속 및 강화된 외적 환경 등의 유지요인, 개입계획, 상담 예후 등의 측면들이 반영된 포괄성과 체계성 및 논리성에 근거하여 내담자를 구조적으로 타당성 있게 이해하고자 한다.

넷째, '수준 4'에 해당하는 통합된 상담자/초월영성상담자인 슈퍼바이지의 경우 내담자 호소문제 관련 수집된 다양한 정보들을 자신의 이론적 관점뿐만 아니라 이론적 관점 및 진단을 넘어선 초진단적 관점에서 다양한 요인이 복합적으로 상호작용하고 있음에 기초한다. 이를 통해 이 수준에 속하는 슈퍼바이지는 내담자를 보다 생생하고 잔잔하게 그려 낸다. 특히, 내담자의 변화 가능성을 내담자가 동의한 목표하에 상호 협력적으로 어떻게 이끌어 갈 것인지와 함께 호소한 본질적인 문제를 놓치지 않고 이를 신체-심리-영성의 발달적 맥락까지 연결하여 통

합적으로 사례개념화한다. 즉, 이 수준의 슈퍼바이지는 내담자의 심리
적 고통이 인간의 본질적 고통과 어떻게 연결되는지와 그 본질적 고통
을 치유하는 영성적 측면의 발달 정도를 치료계획에 반영한 보다 통합
된 사례개념화를 할 수 있다.

다음 〈표 3-2〉에는 통합발달 모델(IDM)에서 제시한 슈퍼바이지의
발달을 평가하는 여덟 가지 구체적인 영역(유영권 외, 2019)에 이 책의
저자진이 초월영성적 관점에서 영적 수준까지 확장하여 제안한 내용을
기존 3i에 추가하여 수준 4 항목으로 제시해 두었다.

〈표 3-2〉 통합발달 모델 기반 슈퍼바이지의 발달평가 영역

	수준 1	수준 2	수준 3	수준 4
개입 기술	• 기본적 개입 기술 적용 • 학습과 훈련에 대한 욕구 • 내담자에게 개입 기술 적용	• 보다 더 발달된 상담 기법 사용 • 통합되지 않은 개입 기술 사용 • 내담자에 초점을 둔 개입 기술 사용	• 잘 발달된 개입 기술 사용 • 창의적이고 통합된 개입 기술 적용	• 영적 수련 • 비일상적 변성의식 상태 상담에 활용
평가 기술	• 진단범주에 내담자를 맞춤 • 책에 있는 것에 구조화됨 • 평가 결과의 일관성에 초점	• 평가에 대한 관심 감소 • 내담자 진단 의미에 대한 이해 부족	• 평가의 역할에 대해 정확히 이해 • 개별 내담자 요구에 기초해 평가	• 병리적 평가뿐만 아니라 심리-영적 발달 수준과 맥락적 관점에서 내담자 문제 평가 • 영적 우회 또는 영적 위기와 같은 이류 변별 평가
상호 작용적 평가	• 정상적 반응에 대한 병리적 이해 혹은 무시 • 예상 밖의 반응을 어려워함 • 대안적 개념화를 위해 슈퍼바이저에게 의존	• 내담자가 지닌 관점 측면을 더 인식 • 역전이 상태의 정확한 분리의 어려움	• 고정관념적 사고 탈피 • 내담자와 자신의 반응에 집중 • 때로 슈퍼바이저보다 더 높은 이해 수준 보임	• 현존의 자세로 보다 완전하게 내담자를 공감하고 수용 • 영적 역전이 문제를 이해하고 대응

사례 개념화	• 수집된 상세한 정보에 초점 • 자신의 이론적 배경과 일치하는 내담자 정보만 수집	• 내담자를 좀 더 정확하게 이해 • 내담자에 대한 지나친 일반화의 위험	• 내담자를 전체적 인간으로 개념화	• 내담자 문제를 신체-심리-영성의 발달적 맥락에서 개념화
개인차	• 선입견에 의한 판단 • 한 가지 경험에 지나치게 의존	• 자각 증진 • 고정관념 여전히 지속 • 내담자의 다양성에 대한 개방적 자세 유지	• 내담자를 한 개인적인 존재로서 상황과 연관해서 바라봄	• 내담자를 영적 성장의 잠재력을 가진 한 존재로 이해
이론적 배경	• 하나의 이론적 접근에 치중 • 유연성 부족	• 더 개별적이고 선택적으로 이론에 접근 • 적합한 이론적인 접근의 어려움	• 이론에 대한 유연한 자세 유지 및 전문적 접근 • 이론에 대한 강점과 약점을 알고 있음	• 전통적 상담이론과 초월영성상담이론에 대해서 종합적 이해
치료 계획과 목표	• 치료과정에 대한 목표 설정의 어려움 • 목표와 전략 연결의 어려움	• 치료계획 구체화의 어려움 • 정확한 치료계획 개발의 혼란	• 현실적이고 종합적인 목표 설정	• 전인적 맥락들(신체·정서·사고·관계·실존·영성 차원)을 고려한 통합적 치료 목표 및 전략 수립
전문가 윤리	• 윤리적 딜레마 해결에 있어 슈퍼바이저에게 의존	• 윤리적 결정에 따른 결과 이해	• 복잡한 윤리적 문제 조정 가능	• 초월영성적 개입과정에서 발생할 수 있는 윤리적 이슈들 이해

(3) 통합발달 모델 적용의 장점과 한계점

① 통합발달 모델의 장점

슈퍼비전 고유의 이론적 모델 중 발달 모델에 속하는 통합발달 모델 (IDM)은 다음과 같은 점에서 슈퍼바이지의 성장 및 발달에 효과적이다.

첫째, 이 모델은 슈퍼바이지가 전문가로서 발달하기 위해 요구되는 여덟 가지 구체적인 영역을 안내해 준다. 둘째, 이 모델은 슈퍼바이지의 네 가지 발달단계 수준에 따른 세 가지 구조적인 기능의 수준을 제시하였다는 점이다. 이에 따라 슈퍼바이지 스스로 전문가로서의 성장 정도를 자율적으로 평가해 볼 수 있다. 셋째, 이 모델이 상담이론에 기반하지 않은 슈퍼비전 고유의 이론적 모델 중 하나라는 점이다. 이에 따라 슈퍼바이지 자신과 이론적 지향이 다른 슈퍼바이저에게도 상담자 역량 발달에 필요한 슈퍼비전을 제공받을 수 있다.

② 통합발달 모델의 한계점

앞에서 살펴본 장점에도 불구하고 통합발달 모델은 다음과 같은 측면에서 슈퍼바이지의 발달 도모에 다소 한계가 있는 것으로 언급되었다.

첫째, 이 모델은 슈퍼바이지의 발달단계별 수준과 구조적 특성에서 슈퍼바이지의 개인적 특성들이 제외되었다. 슈퍼바이지의 발달적 측면은 슈퍼바이지 자신의 성격, 정서적·지적 능력, 미해결된 개인의 문제, 연령, 개인적 삶의 경험, 현재 삶의 여건 등 다양한 개인적 특성 또한 영향을 미칠 수 있음에도 불구하고 이를 반영하지 않았다는 점이다.

둘째. 슈퍼바이지의 발달단계별 수준과 구조적 특성에서 개인차가 전혀 고려되지 않았다는 점이다.

셋째, 슈퍼바이지가 진행한 개인상담과 개인 슈퍼비전의 맥락에서 나타나는 슈퍼바이지의 특징과 변화에만 초점을 두고 있다. 슈퍼바이지가 진행한 개인상담과 달리, 이외의 다양한 상담에 요구되는 발달적 특징들은 단계별 구조적 기능에 있어서 다소 차이가 있다. 또한 슈퍼비전의 한 형태인 집단 내에서 진행되는 집단 슈퍼비전은 슈퍼바이지의 내담자와의 상호작용이나 심리적 역동이 내담자의 핵심감정을 건드리고 문제를 효과적으로 다룰 수 있는지 등도 다룬다.

넷째, 이 모델은 슈퍼바이지의 발달적 특징을 대학원 과정이나 인턴 과정이라는 공식적인 훈련 과정에만 국한하여 설명하였다. 공식적인 훈련 기간을 마친 이후 또는 상담현장 실무경험을 통해서도 슈퍼바이지는 성장을 지속한다. 즉, 슈퍼바이지의 발달은 단일 시점에서 완성되지 않는 평생 지속되는 계속적인 과정임을 간과하였다는 점이다.

2) 전 생애 발달 모델

앞에서 살펴본 통합발달 모델(IDM)을 비롯해 지금까지의 슈퍼바이지의 발달 모델은 대학원 과정, 학위 취득 후 2∼3년 정도의 인턴 기간에 초점을 맞춘 모델들이었다. 그러나 인간의 발달이 각 단계를 걸쳐서 이루어지듯 슈퍼바이지의 발달 또한 대학원 과정이나 인턴 기간으로 끝나지 않는다. 이에 슈퍼바이지의 발달적 특성에 대해 인간의 전 생애 발달과 같은 맥락하에, 즉 슈퍼바이지가 계속적인 교육과 지지적인 환경이 필요하다는 측면에서 접근할 필요가 있다.

Skovholt와 Ronnestad(1992)는 슈퍼바이지가 일생 동안 발달하는 과정을 슈퍼바이지의 전문성 수준이 높아지는 정도에 따라 전 생애 관점에서 개념화하여 전 생애 발달 모델을 제안하였다. 이 모델은 슈퍼바이지가 고차원적인 지식을 습득하는 것 이상의 전인적인 발달을 통해 전문성을 발달시킨다는 입장을 취한다.

전 생애 발달 모델은 대학원 첫 학기 수련생부터 40년 이상의 경력을 가진 상담전문가 100명을 면접한 질적 연구에 기반한 모델이다. 이러한 질적 연구에 기반하여 슈퍼바이지의 여덟 가지 발달단계를 확인하였다. 또한 그들은 각 단계별 특징들의 주제를, 예를 들어 영향의 유력한 원천, 유발되는 정서, 역할과 작업 양식, 학습 양식 및 능률과 만족 결정 요인의 범주하에 20가지로 제시하였다.

이후 Skovholt와 Ronnestad(2003)는 일부 상담전문가들을 재면담하고, 지난 십여 년간의 피드백과 연구자료 재분석을 통해 더 공고화하여 슈퍼바이지의 발달단계를 여섯 가지로 확인하였다. 이와 함께 슈퍼바이지, 즉 상담자의 발달주제들 또한 14가지 주제로 최종 수정하여 제시하였다.

다음에는 전 생애 발달 모델 모델의 주요 강조점, 여섯 가지 발달단계별 특징, 14가지 슈퍼바이지 발달의 주제, 장점과 한계점들(유영권 외, 2019)을 순서대로 제시해 두었다.

(1) 전 생애 발달 모델의 주요 강조점

Skovholt와 Ronnestad(1992)가 제안한 전 생애 발달 모델은 슈퍼바이지의 상담전문가로서의 발달 수준이 높아짐에 따라 다음과 같은 측면들을 강조하였다.

첫째, 슈퍼바이지인 상담자의 전문적 개별화가 이루어진다.

둘째, 슈퍼바이지의 상담 양식과 개념화 방식이 내부지향적으로 변화한다. 이로 인해 슈퍼바이지의 융통성과 창의성이 발휘된다.

셋째, 슈퍼바이지의 전문적인 자기성찰 정도가 발달 수준 향상의 핵심적 역할을 하게 된다. 따라서 이를 위한 지지적이고 개방적인 환경을 필요로 한다.

넷째, 슈퍼바이지는 받아들여 습득된, 즉 인수된 지식보다 자기 구성적인 지식을 더 많이 사용하게 된다.

다섯째, 슈퍼바이지 자신의 상담에 대한 전문성과 능력을 확신하고 불안감이 감소한다.

(2) 슈퍼바이지의 발달단계별 특징

① 단계 1: 도우미 상태

이 단계의 슈퍼바이지는 아직은 상담 분야에 훈련되지 않은 단계에 해당한다. 단계 1의 도우미 상태의 초보 상담자들은, 예를 들어 부모, 친구, 동료 등 다른 누군가를 이미 도와준 경험이 있을 것이다. 전문가가 아닌 도우미는 문제를 빨리 확인하고 강한 정서적 지지를 제공하는 경향이 있다. 또한 자신이 도움을 준 경험에 기초하여 충고를 한다. 특히, 전문가가 아닌 도우미 상태에서는 경계를 넘어서는 경향이 있으며, 지나치게 혼란을 경험하고 공감보다는 동정을 표현한다(Ronnestad & Skovholt, 1993).

뿐만 아니라 단계 1의 슈퍼바이지는 상담자로서의 기본적인 역량을 익히고자 한다. 도우미 상태 슈퍼바이지의 주요 발달 과업은 자신이 이미 알고 있는 상담 면접기술과 세계관을 사용한다. 즉, 지극히 상식적인 수준에서 상담하는 경향이 있다.

② 단계 2: 초기 대학원생 상태

이 단계의 슈퍼바이지는 주로 대학원 석사 과정을 밟고 있는 상태다. 단계 2의 대학원 석사 과정은 흥미로운 시간이다. 한편, 이 시기는 의존적이고, 쉽게 상처 입고, 불안감을 느끼며 자존감이 낮아져 있는 시기이기도 하다. 이로 인해 그 어느 단계보다 슈퍼바이저의 격려와 지지가 필요하고, 슈퍼바이지도 이 부분에 특별한 가치를 부여한다. 만일 슈퍼바이저나 내담자로부터 비판을 받았다고 인식할 경우 자신감과 사기에 심각한 손상을 입을 수도 있다.

초기 대학원생 상태의 주요 발달 과업은 여러 가지 자원으로부터 습득한 상담 관련 정보를 이해하고, 이해한 정보를 상담의 실제 장면에 적용하는 것이다. 따라서 이 시기에 해당하는 슈퍼바이지의 개념 체계는 아직 복잡하고 상세하지는 않으나 상담과 관련된 올바른 방법을 추구하기 위해 개방적 자세를 취하려는 경향이 있다. 이에 새로운 상담의 개념과 개입 기술을 익히고 모방할 수 있는 상담 모델과 상담전문가를 찾기 위해 노력한다.

③ 단계 3: 후기 대학원생 상태

이 단계의 슈퍼바이지는 일반적으로 2학기 이상 혹은 인턴십 단계의 대학원생 상태이다. 단계 3의 대학원 후기 상태는 기초적으로 확립된 전문가 수준에서 중심적인 기능을 수행해야 하는 발달 과제를 가진다. 즉, 이 단계의 주요 발달 과업은 전문 직업적 상담자로 기능하는 것이다. 단계 3에 해당하는 슈퍼바이지는 올바르게 수행해야 한다는 압력을 느끼는 경향이 있다. 이로 인해 주어진 역할을 보수적이고, 조심성이 있으며, 자발성이나 위험을 감수하려 하기보다 철저한 양식에 따라 수행한다.

이 수준의 발달단계에 해당하는 슈퍼바이지는 훈련으로부터 이익을 얻고, 더 편안함을 느낀다고 인식한다. 그러나 여전히 자신의 수행에 대해 불안감을 느끼고 취약하다고 인식하는 경향이 있다. 특히, 대학원 후기 상태는 슈퍼비전에서 제공받은 슈퍼바이저로부터의 지지와 확인이 더 중요해지는 단계이기도 하다. 또한 이 단계의 수련생이 후배들에게 슈퍼비전을 제공하는 기회는 수련생 자신의 학습 결과를 볼 수 있는, 즉 자신의 상담자로서의 강력한 자원을 볼 수 있는 장이 되기 때문에 자신감 증진을 가져올 수 있다. 또한 슈퍼바이지는 이러한 슈퍼비전 제공 경험을 통해 자신의 학습역량을 강화할 수 있다.

④ 단계 4: 초보 전문가 상태

이 단계는 대학원 졸업과 거의 비슷한 시기에 시작되며 대체로 2~5년 정도 계속되는 상태이다. 단계 4의 초보 전문가 상태는 대학원의 요구와 슈퍼비전에서 자유롭기 때문에 졸업 후 몇 해는 다소 무모한 시기가 될 수 있다. 그렇지만 초보 전문가 상태에 해당하는 슈퍼바이지는 자기 자신이 상담전문가로서 아직은 잘 준비가 되지 않음을 발견하고 당혹감을 느끼게 된다. 이에 점차 초보 전문가는 심리상담에 자신의 성격을 통합해 나가게 되고, 편안한 자세를 유지하며, 작업 역할과 환경의 조화를 추구한다.

단계 4의 주요 발달 과업은 슈퍼바이지 자신이 이미 알고 있는 전문적 수준을 넘어서서 새로운 탐색을 시도하는 것이다. 따라서 이미 습득된 이론적 상담 모델이나 개념에 다소 회의를 느끼는 경향이 있다.

⑤ 단계 5: 숙련된 전문가 상태

이 단계는 보통 2년에서 5년 정도 계속되는 발달 상태이다. 단계 5의 숙련된 전문가 상태에 해당하는 슈퍼바이지는 내담자에게 충분히 주의 집중할 수 있다. 특히, 상담에 있어서 치료적인 상담관계가 내담자 변화에 중요한 변인임을 인식한다. 또한 상담자 발달과정에 내담자 및 후배 상담전문가들을 멘토링해 주는 일련의 과정들이 매우 귀중한 학습의 원천임을 알고 있다. 숙련된 전문가들은 상담기법들을 보다 융통성 있고 개인화된 방법으로 사용하는 경향이 있다. 이 단계의 슈퍼바이지들은 인간 이해의 폭을 보다 확장하기 위해 저술 출간, 작품 창작이나 영화 등 문화예술 활동에도 참여하기 시작한다. 특히, 숙련된 전문가 상태에 속하는 슈퍼바이지일수록 상담에서 직면하는 여러 상황에 대한 명확한 해답을 갖는 것이 불가능하다는 것을 이해하게 된다.

단계 5의 주요 발달 과업은 슈퍼바이지 자신의 상담자로서의 고유성을 발전시키는 것이다. 숙련된 전문가 상태에 속하는 슈퍼바이지들은 자신의 상담체계와 상담 스타일에 자신의 성격 특성을 생산적인 방식으로 자연스럽게 통합할 수 있다.

⑥ 단계 6: 원로 전문가 상태

이 단계는 대체로 20년 이상의 경험을 가진 매우 개인화되고 진정성 있는 접근법들을 발달시킨 상태이다. 특히, 단계 6의 원로 전문가 상태는 높은 자신감에도 불구하고 내담자들에게 미치는 자신의 영향에 대해 겸손하다. 뿐만 아니라 상담 영역의 새로운 시도에 회의적이기 쉽다. 따라서 상실은 이 단계에 속하는 슈퍼바이지의 주요한 주제이다. 은퇴를 앞두고 있기 때문에 상실은 예상되며, 많은 선배가 돌아가셨고 같은 나이의 전문가 동료들도 더 이상 강한 영향의 원천이 아니기 때문일 수 있다.

이 단계 6의 주요 발달 과업은 고도의 개인화된 발달로 보다 높은 수준의 고유성을 추구하는 것이다. 따라서 이 수준에 해당하는 원로 전문가들의 상담자 개념 체계는 고도로 개인화되고 성품화된다. 다음 〈표 3-3〉에는 슈퍼바이지의 여섯 가지 발달단계별 발달상태와 주요 내용들 (유영권 외, 2019)이 제시되어 있다.

〈표 3-3〉 슈퍼바이지의 여섯 가지 발달단계별 특징

단계	발달 상태	주요 내용
단계 1	도우미 상태	• 다른 사람을 도와준 경험들이 있음 • 강한 정서적인 지지와 충고를 받고자 함 • 경계를 넘어서고, 공감보다 동정을 표현하는 경향이 있음

단계 2	초기 대학원생 상태	• 의존적이고, 상처 입기 쉬우며, 불안이 높음 • 슈퍼바이저의 격려와 지지에 가치를 둠 • 슈퍼바이저나 내담자의 비판이 자신감과 사기에 영향을 줌
단계 3	후기 대학원생 상태	• 올바르게 행해야 한다는 압력을 느낌 • 보수적이고, 조심성 있으며, 철저한 양식에 따라 상담을 수행함 • 슈퍼비전 시 확신과 지지가 중요하며, 학습이 강화됨
단계 4	초보 전문가 상태	• 대학원 졸업 후 몇 해는 무모한 시기를 보냄 • 심리상담 과정에 자신의 성격을 통합함 • 상담활동 수행 시 자신의 역할과 환경의 조화를 추구함
단계 5	숙련된 전문가 상태	• 상담자와 내담자 간의 관계를 중요시함 • 융통성 있고, 개인화된 개입 기법을 사용함 • 내담자와 후배 멘토링 등은 학습의 원천이 됨
단계 6	원로 전문가 상태	• 경력이 20년 이상인 슈퍼바이지들이 해당됨 • 개인화되고 진정성 있는 접근방법을 발달시킴 • 높은 자신감에도 겸손한 자세를 유지함 • 현재의 상실에 대한 과제를 지님

(3) 슈퍼바이지의 14가지 발달주제

Skovholt와 Ronnestad(1992)는 앞의 6가지 발달단계별 설명과 함께 슈퍼바이지의 발달주제를 14가지로 구분하여 제안하였다(유영권, 방기연, 2008; 유영권 외, 2019). 이들이 제안한 슈퍼바이지의 발달주제 14가지는 〈표 3-4〉와 같다.

〈표 3-4〉 슈퍼바이지 발달의 14가지 주제

🌸 **발달주제 1**

전문가로서의 발달은 전문가로서의 자기 자신과 한 개인으로서의 자신이 통합되는 과정이다. 즉, 전문가의 이론적인 견해 및 전문가로서의 역할은 한 개인의 삶의 경험, 믿음 및 가치와 일관된다.

🌸 발달주제 2
전문가로서 기능하는 동안 초점은 내부에서 외부로, 그리고 다시 내부로 이동한다. 즉, 공식적 수련 과정 동안 슈퍼바이지는 전문적 지식과 실제의 지침을 제공하는 상담 지식과 기술에 의존한다. 그러나 경력이 쌓여 가면서 전문가들은 점차 자기 자신에게로 내적 집중을 회복하여 상담자로서 보다 유연하고 자신감 있는 자신의 상담 양식을 발전시킨다.

🌸 발달주제 3
상담자 발달에서 지속적인 자기성찰은 모든 경험 수준에서 상담전문가로 발달하기 위한 필요조건이다. 슈퍼바이지는 점차 자기성찰과 셀프 슈퍼비전(self-supervision)을 배우게 된다.

🌸 발달주제 4
상담전문가로서의 성장을 위한 헌신은 발달과정을 촉진시킨다. 무엇보다 전문가로서의 열정은 시간이 흘러도 줄어들지 않는다.

🌸 발달주제 5
상담전문가로서 발달함에 따라 상담자의 인지도식(cognitive map)은 변화한다. 초보 상담자들일수록 전문가가 제공하는 지식을 추구하므로 슈퍼비전보다는 교수적인 지식에 의존하는 경향이 있다. 반면에 숙련된 상담자일수록 자신의 경험과 성찰에 기초하여 스스로 전문적인 지식을 구성한다.

🌸 발달주제 6
상담전문가로의 발달은 길고, 느리고, 계속적인 과정이다. 그 과정은 결코 순탄하지 않다.

🌸 발달주제 7
상담전문가로서의 발달은 전 생애를 통해 이루어진다.

🌸 발달주제 8
초보 상담자들은 높은 수준의 불안을 경험한다. 그러나 시간이 지나가면서 그 불안의 정도는 줄어든다.

⚙ 발달주제 9

상담전문가로의 발달에서 내담자는 큰 영향을 미친다. 내담자는 때론 상담전문가로의 성장에 있어서 중요한 교사이기도 하다.

⚙ 발달주제 10

전 생애에 걸친 개인적인 삶은 상담전문가로서의 기능과 발달에 중요한 영향을 미친다.

⚙ 발달주제 11

상담자의 대인관계에서의 경험과 자원은 상담자로서의 전문적 발달을 촉진시킨다.

⚙ 발달주제 12

상담전문가 집단에 처음으로 진입한 상담자는 선배 상담전문가와 대학원 과정에서 강한 정서적인 반응을 보인다.

⚙ 발달주제 13

상담자의 고난을 포함한 인생에서의 광범위한 경험은 인간의 변화 가능성에 대한 이해와 수용을 고양시킨다. 상담자는 이 과정을 통해 지혜와 전인성을 발달시킨다.

⚙ 발달주제 14

시간이 흐름에 따라 내담자는 상담과정에 더욱 중요한 기여자로 평가된다. 이와 함께 상담자는 실제 변화과정을 더욱 현실적으로 인식하게 된다.

(4) 전 생애 발달 모델 적용의 장점과 한계점

① 전 생애 발달 모델의 장점

슈퍼비전 고유의 이론적 모델 중 발달 모델에 속하는 전 생애 발달 모델은 다음과 같은 점에서 슈퍼바이지의 성장 및 발달에 효과적이다.

첫째, 이 모델은 슈퍼바이지의 발달단계별 특성에 대해 상담자를 여러 차례 재면접하여 수집한 연구 결과에 근거한 모델이라는 점이다. 즉, 이 모델은 상담자들의 다양한 경험과 시각을 충분히 반영한 모델이다.

둘째, 이 모델은 다양한 경험 수준의 상담자들을 발달단계별 특성 확인을 위해 참여시킨 모델이다. 이를 통해 기존의 발달 모델과 달리 슈퍼바이지의 발달범위를 상담자의 생애 전체로까지 확장하였다.

셋째, 이 모델은 슈퍼바이지의 발달단계를 여섯 단계로 구분하고 슈퍼바이저가 슈퍼바이지를 이해할 수 있는 중요한 인지적 지도를 제공했다는 점이다. 이는 슈퍼비전 제공 시 슈퍼바이지가 발달단계별 경험하게 되는 발달과정을 이해하는 데 도움이 된다. 특히, 슈퍼비전 제공 시 슈퍼바이지의 발달적 특성에 맞추어 슈퍼바이지의 요구에 적합한 슈퍼비전 제공이 가능하다.

넷째, 이 모델은 대학원 졸업 전에 선배 수련생이 슈퍼바이저로서 후배들을 위한 슈퍼비전을 제공할 기회를 가지도록 제안하였다는 점이다. 즉, 슈퍼비전 제공 경험을 통해 슈퍼바이지 발달을 도모하고자 하였다.

② 전 생애 발달 모델의 한계점

앞에서 살펴본 장점에도 불구하고 전 생애 발달 모델은 다음과 같은 측면에서 슈퍼바이지의 발달 도모에 다소 한계가 있는 것으로 언급되었다.

첫째, 이 모델은 슈퍼바이지의 개인적 삶이 상담자로서의 발달에 미친 영향이 부각되어 있다. 반면에 슈퍼비전이 구체적으로 어떻게 슈퍼바이지의 발달을 촉진시켰는지에 대해서 다소 간과한 측면이 있다.

둘째, 이 모델은 다른 모델과 달리 슈퍼비전에 직접적으로 적용되지는 않는다. 이러한 점에서 볼 때 이 모델이 계속적으로 발전할지는 다소 의문이다.

셋째, 이 모델은 슈퍼바이지 발달의 조사 연구를 통해 발전되었기 때문에 여전히 슈퍼바이지 발달을 위한 처방적 측면보다는 기술적 측면에 머물고 있다.

2. 슈퍼바이저의 역할

앞에서 언급했듯이 슈퍼바이저는 심리상담 과정과는 차별성을 갖는 슈퍼비전 과정을 고려한 슈퍼바이저 역할 모델들이 무엇인지를 알고 슈퍼바이지의 학습과 전문적 발달이 일어날 수 있도록 구체적인 개입과 전략을 갖추고 있어야 한다. 슈퍼바이저의 역할 모델(social role supervision)에서는 슈퍼바이저의 역할적 측면과 슈퍼비전에서 수행해야 하는 활동적 측면의 두 가지 차원을 강조한다. 또한 슈퍼바이저 역할 모델은 슈퍼비전의 초점과 슈퍼비전의 목적을 달성할 기본적인 틀을 제시하고 있다.

다음에 슈퍼바이저 역할과 관련하여 대표적으로 활용되고 있는 변별 모델과 체계적 슈퍼비전 모델을 제시하였다.

1) 변별 모델 기반 슈퍼바이저의 역할

변별 모델(discrimination model)은 Bernard(1979)가 슈퍼비전에서 슈퍼바이저가 어떠한 역할을 해야 하는가에 기초하여 예비 슈퍼바이저에게 슈퍼비전을 가르치기 위해 제시된 모델이다. 특별히 이 모델은 개별 슈퍼바이지에 맞추어 슈퍼바이저의 역할과 초점을 결정하기 때문에 변별 모델이라 불리고 있다. 변별 모델은 다음의 두 가지 전제로부터 출발한다.

첫째, 슈퍼바이저의 개인적인 경험에 의해 습득된 역할은 슈퍼비전 관계와 역할에 영향을 미친다.

둘째, 슈퍼바이저는 이미 배운 역할 외에 상담전문가로서의 역할도 필요하다.

또한 이 모델은 슈퍼비전의 내용을 슈퍼바이지의 상담개입 기술, 사례개념화 기술, 개인화 기술이라는 세 영역으로 구분하여 슈퍼바이지의 수준을 평가하였다. 이를 바탕으로 슈퍼바이저는 세 가지 영역에서 슈퍼바이지의 수준을 평가한 후 효과적인 슈퍼비전 개입을 위해 교사 역할, 상담자 역할, 자문가 역할을 선택하게 된다. 따라서 이 모델에서는 효율적인 슈퍼바이저는 모든 역할을 채용하고, 어떤 수준의 슈퍼바이지가 슈퍼비전을 요청하더라도 모든 초점을 다룰 수 있어야 한다고 본다.

다음은 Bernard(1979)가 제시한 세 가지 영역의 슈퍼비전의 초점이 되는 내용과 각 내용별 슈퍼바이저의 세 가지 역할(방기연, 2011; 유영권 외, 2019)에 대해 제시하였다.

(1) 변별 모델 슈퍼비전 내용의 초점

① 개입 기술

개입 기술(intervention skill)은 상담 회기 진행 중 관찰 가능한 슈퍼바이지의 행동을 말한다. 즉, 슈퍼바이지가 상담과정에서 가장 일반적으로 사용하는 기술들이다. 개입 기술 영역의 슈퍼비전은 다음과 같은 내용에 초점을 둔다.

첫째, 슈퍼바이지가 초기 면접을 공감적 이해, 무조건적 존중과 진실성의 자세, 언어적·비언어적 적극적 경청 등을 사용하여 자연스럽게 진행할 수 있는지에 초점을 둔다.

둘째, 슈퍼바이지가 상담의 주요 단계별 반영, 질문, 재진술, 직면, 요약, 해석 등의 치료적인 개입 기술들을 사용할 수 있는지에 초점을 둔다.

셋째, 슈퍼바이지가 내담자로 하여금 심리적인 어려움을 효과적으로 표출할 수 있도록 돕는 능력을 갖추고 있는지, 언어적 의사소통을 원활하게 하고 비언어적 의사소통을 구사하도록 돕는 능력을 갖추고 있는지, 상담 종결 단계의 주요 개입 기술인 상담관계 종결 능력 등을 효과적으로 사용하고 있는지에 초점을 둔다.

② 개념화 기술

개념화 기술(conceptualization skill)은 슈퍼바이지가 상담 회기에서 나누어지는 경험을 통해 내담자를 이해하고 상담개입을 선택하는 기술이다. 이 기술은 슈퍼바이지가 상담사례를 분석하고 사고하는 인지적 기술에 해당한다. 즉, 내담자가 직면한 문제에 대한 개념화 능력과 문제에 대한 통합적인 이해 능력을 말한다. 이는 슈퍼바이지가 상담과정에서 무엇이 중요하고 무엇이 중요하지 않은 정보인지를 구분하고 내담자를 위한 적절한 반응을 선별하여 개입을 선택하는 능력이기도 하다. 개념화 기술 영역은 다음의 슈퍼비전 내용에 초점을 둔다.

첫째, 슈퍼바이지가 내담자가 표현하는 언어적·비언어적 단서에 담긴 메시지를 이해하는 기술이 있는지에 초점을 둔다.

둘째, 슈퍼바이지가 내담자의 진술에서 드러난 상담의 주제를 명료하게 파악할 수 있는 능력을 갖추고 있는지에 초점을 둔다.

셋째, 슈퍼바이지가 내담자의 호소문제에 부합된 적절한 상담목표를 설정했는지 혹은 도움이 되지 않는 비효과적인 상담목표를 설정했는지를 가려내는 기술에 초점을 둔다.

넷째, 슈퍼바이지가 내담자의 표현된 상담목표에 적절한 전략을 선택할 수 있는 기술을 갖추고 있는지에 초점을 둔다.

다섯째, 슈퍼바이지가 내담자의 향상과 변화를 발견할 수 있는 기술을 갖추고 있는지에 초점을 둔다.

③ 개인화 기술

개인화 기술(personalization skill)은 슈퍼바이지의 개인적 스타일과 상담 진행 과정에서의 상담자 역할을 통합하는 기술이다. 이 기술은 슈퍼바이지가 자신의 개인적 특성에 대한 이해를 바탕으로 역전이 반응에 영향을 받지 않는 능력과 관련된다. 또한 이 기술은 슈퍼바이지가 자신의 개인적인 스타일을 상담과정에서 효과적으로 활용할 수 있는 능력을 의미한다. 특히, 개인화 기술은 슈퍼바이지의 문화적 배경, 타인에 대한 민감성, 유머 등의 개인적 스타일에 따라 독특한 상담 양식으로 발전될 수 있다. 다음은 개인화 기술 영역의 슈퍼비전 초점 내용들이다.

첫째, 슈퍼바이지가 내담자와의 관계에서 권위를 유지하고 자신의 특화된 지식과 기술에 대한 책임의식을 갖추고 있는지에 초점을 둔다.

둘째, 슈퍼바이지가 방어적이지 않고 내담자와 슈퍼바이저로부터 도전과 피드백을 받을 수 있는 역량을 갖추고 있는지에 초점을 둔다.

셋째, 슈퍼바이지가 내담자와 슈퍼바이저의 느낌, 가치, 태도와 마찬가지로 자신의 느낌, 가치, 태도에 대해서도 편안할 수 있는 역량을 갖추고 있는지에 초점을 둔다.

넷째, 슈퍼바이지가 내담자에 대한 기본적인 존중의 자세를 갖추고 있는지에 초점을 둔다.

(2) 변별 모델 슈퍼바이저의 역할

변별 모델에서는 슈퍼바이저의 역할을 교사, 상담자, 자문가로서의 역할로 구분하였다. 이를 통해 개별 슈퍼바이지의 특정 요구에 맞추어 슈퍼바이저의 역할과 초점을 결정할 수 있다.

다음은 이 모델이 제안한 세 가지 역할별 의미와 각 역할별 Stenack 과 Dye(1982)가 제안한 슈퍼바이저의 다섯 가지 행동 지침들이다(유영권 외, 2019).

① 교사 역할

슈퍼바이지의 역량을 증가시키기 위해 학습에 필요한 것을 파악하고 평가하는 역할이다. 또한 슈퍼바이지가 개입 기술 역량을 증진할 수 있도록 모델자 역할도 수행한다.

- ☑ 슈퍼바이지가 상담 회기 내에서 드러낸 상호작용을 관찰하고 평가한다.
- ☑ 슈퍼바이지가 적절한 개입 기술을 사용했는지 그 여부를 확인한다.
- ☑ 슈퍼바이지가 적합한 개입 기술을 사용할 수 있도록 해당 기술을 가르치고 시범을 보인다.
- ☑ 슈퍼바이지가 왜 특정 전략과 개입을 사용해야 하는지 그 이유를 설명한다.
- ☑ 슈퍼바이지가 상담 회기 내의 주요 사건을 이해할 수 있도록 해석한다.

② 상담자 역할

슈퍼바이지의 심리내적·대인관계적 특성에 관심을 가지며, 슈퍼비전 과정에서 발생하는 사건의 의미를 반영하는 역할을 한다. 무엇보다 슈퍼바이지의 개인적 발달을 도모하는 데 초점을 둔다.

- ✓ 슈퍼바이지가 상담 회기나 슈퍼비전 회기에서 경험한 느낌을 탐색할 수 있도록 한다.
- ✓ 슈퍼바이지가 특정 기법과 개입한 부분에 대한 느낌을 탐색하도록 한다.
- ✓ 슈퍼바이지가 상담 회기에서 느끼는 자신감과 걱정을 스스로 탐색하도록 촉진한다.
- ✓ 슈퍼바이지가 자신의 개인적 역량과 성장 영역을 이해하도록 돕는다.
- ✓ 슈퍼바이지가 자신의 정서와 방어기제를 탐색하도록 기회를 제공한다.

③ 자문가 역할

슈퍼바이저는 슈퍼바이지와 학습에 대한 책임을 공유하고 슈퍼바이지의 생각, 통찰, 느낌을 지지하고 대안을 제시하는 역할을 한다. 또한 슈퍼바이지가 스스로 문제를 해결할 수 있도록 격려하는 데 초점을 둔다.

- ✓ 슈퍼바이지가 활용할 수 있는 개념화와 대안적 개입 방안을 제공한다.
- ✓ 슈퍼바이지가 효과적인 상담전략과 개입 방안에 대해 브레인스토밍하도록 격려한다.

- ☑ 슈퍼바이지가 내담자 문제와 동기 등에 대해 충분히 논의하도록 격려한다.
- ☑ 슈퍼비전 회기에서 슈퍼바이지기 슈퍼비전을 받고 싶은 요구 사항들을 충족시키도록 노력한다.
- ☑ 슈퍼바이지가 슈퍼비전 회기를 구조화하도록 격려한다.

(3) 변별 모델 슈퍼비전 적용의 장점 및 한계점

① 변별 모델의 장점

슈퍼바이저가 변별 모델을 슈퍼비전의 실제에 적용할 경우 다음과 같은 측면에서 도움이 된다.

첫째, 이 모델은 슈퍼바이저의 세 가지 역할과 슈퍼비전에서 초점이 되는 세 가지 영역을 구체적으로 제시하여 간결하면서도 융통성 있게 슈퍼비전의 개입에 적용될 수 있다. 즉, 슈퍼바이저가 각 영역에서 슈퍼바이지의 역량을 판단한 후 슈퍼비전의 목표를 달성하기 위해 가장 적합한 역할을 선택할 수 있다는 점이다.

둘째, 이 모델에 기초한 슈퍼비전은 슈퍼바이지의 개입, 개념화, 개인화의 세 기술 역량 정도에 초점을 두고 슈퍼바이저는 교사, 상담자, 자문가의 세 가지 역할에 따라 아홉 가지의 개입 방향을 선택할 수 있다는 점이다. 이에 따라 슈퍼바이저는 상담 회기 간뿐만 아니라 회기 안에서도 얼마든지 슈퍼바이지의 요구에 따라 슈퍼비전 내용의 초점을 변경할 수 있다.

셋째, 이 모델은 슈퍼바이저의 구체적인 개입 기술을 제시하고 있다는 점이다. 이에 이 모델은 슈퍼바이저의 훈련에 유용하게 활용될 수 있으며, 슈퍼바이저가 슈퍼비전 회기에서 슈퍼바이지에게 보다 유연하게 반응할 수 있도록 돕는다.

넷째, 이 모델은 슈퍼비전의 과정을 쉽게 설명해 놓았다. 이에 슈퍼비전의 방향에 대해서 슈퍼바이저와 슈퍼바이지가 합의를 이룰 수 있다는 점이다.

② 변별 모델의 한계점

앞의 장점에도 불구하고 변별 모델은 다음과 같은 측면에서 슈퍼바이저 역할 수행에 다소 한계가 있다.

첫째, 이 모델은 슈퍼바이저가 슈퍼바이지의 필요 영역을 구체적으로 관찰하고 평가하기 위한 지침이 제시되어 있지 않다.

둘째, 이 모델은 슈퍼바이저가 슈퍼바이지의 역량을 평가하고 그에 맞게 자신의 역할과 슈퍼비전 내용을 선정한다는 점이다. 이에 만일 슈퍼바이저가 슈퍼바이지의 역량을 정확히 평가하지 못한다면 오히려 비효과적인 슈퍼비전을 제공할 수도 있다는 점이다.

셋째, 이 모델의 경우 슈퍼바이저가 교사 역할, 상담자 역할, 자문가 역할 중 자신이 선호하는 특정 슈퍼바이저 역할에만 국한하여 슈퍼비전을 제공할 수 있는 위험도 내재되어 있다.

〈표 3-5〉에는 변별 모델에서 제안한 슈퍼비전의 초점과 슈퍼바이저의 역할 아홉 가지(유영권 외, 2019)에 이 책의 저자진이 제안한 초월영성적 관점에서의 영적 역할을 추가한 총 12가지의 슈퍼바이저 역할들이 제시되어 있다.

〈표 3-5〉 변별 모델 기반 슈퍼비전의 초점과 슈퍼바이저의 역할

슈퍼비전의 초점		슈퍼바이저의 역할			
		교사	상담자	자문가	영적 교사
개입 기술	상황	슈퍼바이지는 내담자와 함께 체계적 둔감화 기법을 사용하고 싶어 하지만 이 기법을 배운 적이 없다.	슈퍼바이지는 다양한 개입 기술을 사용할 수 있는 능력이 있음에도 불구하고 특정 내담자에게는 주로 질문만을 사용한다.	슈퍼바이지는 은유 사용에 대한 내담자 반응을 확인하여 상담에서 은유를 사용하는 방법을 더 알고 싶어 한다.	슈퍼바이지는 영적 수련 또는 변성의식 상태의 상담 활용에 대해서 더 알고 싶어 한다.
	슈퍼 비전 개입	슈퍼바이저는 슈퍼바이지에게 긴장 이완훈련, 위계표 구성, 역조건 형성 과정을 가르친다.	슈퍼바이저는 내담자가 슈퍼바이지에게 미치는 영향을 인식하도록 돕는다. 즉, 슈퍼바이지가 다양한 기술을 사용하지 못하는 이유를 탐색한다. 내담자가 미치는 영향이 상담 회기 중 슈퍼바이지가 특정 기술 사용을 제한시킨다는 점에 초점을 둔다.	슈퍼바이저는 상담에서 서로 다른 은유 사용을 확인하고 이것들을 연습하기 위해 슈퍼바이지와 함께 작업한다.	슈퍼바이저는 영적 수련 또는 변성의식 상태의 치유 잠재력과 위험성에 대해 교육하고, 안정적인 상담 환경 조성의 기술을 가르친다.
사례 개념화 기술	상황	슈퍼바이지는 회기 동안이나 회기 후에 내담자 사고의 주제와 유형을 인식하지 못한다.	슈퍼바이지는 주장 훈련을 요청하는 내담자를 위해 현실적인 목표를 설정할 수 없다.	슈퍼바이지는 사례 개념화를 위해 다른 모델을 사용하고 싶어 한다.	슈퍼바이지는 영적 맥락에서 내담자 문제를 개념화하는 것에 어려움을 갖는다.
	슈퍼 비전 개입	슈퍼바이저는 슈퍼바이지가 내담자의 진술에서 상담주제, 예를 들어 강박적 행동을 하게 된 이유와 이를 멈추기 위한 전략 등에 대해 요약기법을 사용하여 가르친다.	슈퍼바이저는 슈퍼바이지가 현실적인 목표를 설정하지 못하는 인지적 걸림돌에 대해 슈퍼바이지가 특정 인간관계 내에서 자기 주장을 못하는 특성과 관련 있다고 한다.	슈퍼바이저는 슈퍼바이지가 고려할 수 있는 몇 가지 모델을 논의한다.	슈퍼바이저는 내담자의 의식 발달 수준에 따른 개념화를 제안하며, 내담자의 영적 수준에서 다루어야 할 주제들을 가르친다.

		슈퍼바이지는 자신이 내담자와 가깝게 다가가 앉는 것이 자신의 문화적 배경을 반영하며 내담자를 위협한다는 사실을 인식하지 못한다.	슈퍼바이지는 여성 혹은 남성 내담자가 자신을 이성적으로 좋아하고 있다는 사실을 인식하지 못한다.	슈퍼바이지는 보다 나이가 많은 내담자들과 작업하면서 좀 더 편안함을 느끼길 원한다.	슈퍼바이지는 상담 관계에서 전통 상담자와 영적 안내자의 역할 간에 혼란을 느낀다.
개인화 기술	상황				
	슈퍼 비전 개입	슈퍼바이저는 슈퍼바이지가 자리 배치와 관련된 문헌을 읽도록 안내한다.	슈퍼바이저는 로맨틱한 관계를 바라는 내담자의 단서를 인식하지 못하는 슈퍼바이지의 인식이나 저항을 직면시킨다.	슈퍼바이저는 슈퍼바이지와 함께 보다 나이가 많은 사람들의 발달 주제들을 논의한다.	슈퍼바이저는 슈퍼바이지가 영적 역전이에 빠지지 않도록 지도한다.

2) 체계적 슈퍼비전 모델 기반 슈퍼바이저의 역할

체계적 슈퍼비전(Systems Approach to Supervision: SAS) 모델은 Holloway(1995)가 제안한 모델로서 슈퍼바이저의 교육과 실제에 대한 보다 구체적인 지침으로 활용 가능하다. 특히, 이 모델은 슈퍼바이지의 학습 요구와 슈퍼바이저의 교수 중재에 대한 체계적인 평가가 가능한 역동적 모델이다. 체계적 슈퍼비전 모델은 슈퍼바이저가 슈퍼비전 훈련이나 사례 자문에서 딜레마를 겪게 될 때 성찰적인 틀로 사용될 수 있다.

또한 이론적 관점이 다른 슈퍼바이저와 교육자들에게도 통용 가능한 언어를 활용하여 슈퍼비전에 대한 이해를 높인다. 체계적 슈퍼비전 모델은 슈퍼비전의 경험적·개념적·실제적 지식에 근거한 일곱 가지 차원을 슈퍼비전 관계라는 몸에 연결하여 제시하였다(유영권 외, 2019). Holloway가 제안한 7차원의 체계적 슈퍼비전 모델은 [그림 3-1]과 같다.

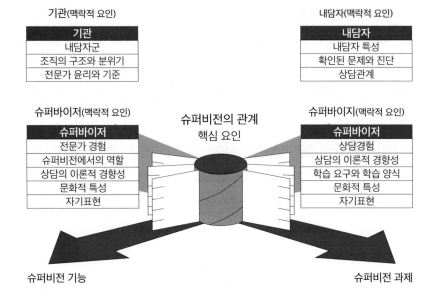

기관(맥락적 요인)

기관
내담자군
조직의 구조와 분위기
전문가 윤리와 기준

내담자(맥락적 요인)

내담자
내담자 특성
확인된 문제와 진단
상담관계

슈퍼비전의 관계
핵심 요인

슈퍼바이저(맥락적 요인)

슈퍼바이저
전문가 경험
슈퍼비전에서의 역할
상담의 이론적 경향성
문화적 특성
자기표현

슈퍼바이지(맥락적 요인)

슈퍼바이저
상담경험
상담의 이론적 경향성
학습 요구와 학습 양식
문화적 특성
자기표현

슈퍼비전 기능

슈퍼비전 과제

그림 3-1 Holloway가 제안한 7차원의 체계적 슈퍼비전 모델

[그림 3-1]에서 보여 주듯이 체계적 슈퍼비전 모델은 이 모델의 근간이 되는 슈퍼비전의 핵심 요인으로서 슈퍼비전에서 발생하는 상호작용의 과정이 포함된 슈퍼비전 관계를 중심으로 슈퍼비전에 영향을 미치는 맥락적 요인(슈퍼바이저·슈퍼바이지·내담자·기관 차원)과 이 맥락적 요인이 슈퍼비전의 다섯 가지 과제와 기능에 직접적으로 미치는 영향을 체계적으로 제시하였다.

다음에서는 이 모델에서 제시한 7차원 중에서 먼저 모델의 근간이 되는 슈퍼비전 관계를 살펴본 후 슈퍼비전 과제와 슈퍼비전 기능에 대해 살펴보았다.

(1) 슈퍼비전 관계

체계적 슈퍼비전 모델은 슈퍼비전 관계를 슈퍼바이저와 슈퍼바이지가 전문가로서 슈퍼바이지의 성장을 조율하는 힘과 참여 구조를 실행하는 역동적 과정을 담는 그릇으로 본다. 특히, 이 모델의 경우 슈퍼바이저와 슈퍼바이지 모두가 슈퍼바이지의 특별한 요구를 조정할 수 있는 유연한 관계 구조 형성 역량이 필요하다고 보았다. Holloway는 슈퍼비전 관계를 발달, 성숙, 종결이라는 단계로 설명하였다.

다음은 슈퍼비전 관계에 대한 단계별 특징들이다.

① 발달단계

발달단계는 슈퍼비전 관계의 특성을 명료화하고 슈퍼비전에 대한 계약을 체결하는 초기 단계에 속한다. 이 단계의 경우 슈퍼바이저는 교육적 개입을 사용하여 슈퍼바이지를 지지한다. 특별히, 이 단계에서는 슈퍼비전 계약의 중요성을 강조한다. 또한 슈퍼바이저는 슈퍼비전에 참여한 참여자 간의 기대를 확인하고, 슈퍼비전 관계의 성격에 대해 논의하며, 슈퍼비전에서 다루고 싶어 하는 요구를 파악한다. 이외 발달단계에서는 슈퍼비전의 목적과 슈퍼비전 관계에 대한 기대를 재정립한다.

② 성숙단계

성숙단계는 슈퍼비전 관계에서 개인적 성향이 증가하고 역할 중심의 관계 성향은 감소하는 단계에 속한다. 이 단계의 슈퍼비전 관계에서 슈퍼바이지의 사회적 유대감은 증가한다. 또한 슈퍼바이지는 보다 안정된 관계 속에서 상담에 대한 자신감과 효능감을 증가시킨다. 특히, 슈퍼비전 관계가 성숙단계에 이를수록 슈퍼바이지는 자신의 임상 실제와 관련된 개인적 이슈들도 함께 다룰 수 있다.

③ 종결단계

슈퍼비전 관계가 종결단계에 이르면 슈퍼바이지의 슈퍼바이저에 대한 의존성이 점차 감소한다. 반면에 슈퍼바이지 스스로 독립적인 수행이 가능하다. 이로 인해 슈퍼비전 관계에서의 슈퍼바이저와 슈퍼바이지의 힘의 구조가 변화한다. 즉, 슈퍼바이저와 슈퍼바이지들은 자신의 개인적 경험에서 축적되어 온 대인관계 양식을 가지고 슈퍼비전 과정에 참여한다. 이에 이 단계에서의 슈퍼비전 관계는 참여자에 따라 그 관계 양상의 정도가 달라질 수 있다.

(2) 슈퍼비전 과제와 기능

① 슈퍼비전의 과제

과제는 개인에게 부과되거나 기대되는 특정 업무이다. 특히, 슈퍼비전 과제(task of supervision)란 슈퍼바이지가 상담자 역할 수행을 위해 필요한 전문적인 지식을 뜻한다. 이와 관련하여 이 모델의 창시자인 Holloway(1995)는 슈퍼바이지가 갖추어야 할 전문적 지식으로 상담기술(counseling skill), 사례개념화(case conceptualization), 전문적 역할(professional role), 정서적 알아차림(emotional awareness), 자기평가(self-evaluation)의 다섯 가지 과제를 제시하였다. 이는 변별 모델에서 언급한 슈퍼비전의 초점이 되는 내용적 측면과 유사하다고 볼 수 있다.

체계적 슈퍼비전의 과제는 〈표 3-6〉과 같다.

〈표 3-6〉 체계적 슈퍼비전 모델의 다섯 가지 슈퍼비전 과제

> ✿ **과제 1: 상담기술**
> • 슈퍼바이지가 상담과정에서 나타내는 행동이나 상담기법적 측면의 역량을 갖

155

추었는지[상담기술(공감, 개인화, 의사소통 패턴 등) 및 특정 기법(둔감화, 강화, 증상 처방 등)]
- 슈퍼바이저가 중요하게 인식하는 기본적인 상담 지식 및 특정 슈퍼바이지에게 필요하다고 보는 기본적인 상담 지식

❀ 과제 2: 사례개념화
- 슈퍼바이지가 내담자의 심리사회적 발달사 및 호소문제 이해에 참여하는지
- 다양한 내담자에게 적용되는 사례개념화의 틀은 슈퍼바이지의 인간 발달과 변화에 대한 신념에 일치하는 방향으로 발달
- 슈퍼바이저의 슈퍼비전 내용 중 많은 부분들이 슈퍼바이지로 하여금 내담자의 행동을 이해하고, 내담자 행동을 이론적 지식으로 연결시킬 수 있도록 하는, 사례개념화에 쓰이게 됨

❀ 과제 3: 전문적 역할
- 슈퍼바이지가 내담자 외적 자원을 적절하게 활용하는지
- 슈퍼바이지가 윤리강령을 준수하는지
- 슈퍼바이지가 상담기록 관리나 상담 절차를 준수하는지
- 슈퍼바이지가 상담전문가 간 적절한 관계 맺기와 슈퍼비전 관계를 지속하는지

❀ 과제 4: 정서적 알아차림
- 슈퍼바이지가 내담자 및 슈퍼바이저와의 슈퍼비전 관계에 영향을 미치는 자신의 생각, 감정, 행동에 대해 스스로 알아차림하는지
- 슈퍼바이지가 심리내적 역동뿐만 아니라 대인관계적 역동 또한 알아차림하는지

❀ 과제 5: 자기평가
- 슈퍼바이지가 내담자와의 상담 및 슈퍼비전에서 기꺼이 자신의 능력의 한계를 인식하고 스스로를 평가하고자 하는 노력하는지
- 슈퍼바이지가 자신의 상담역량과 상담의 효과성에 대해 평가하는지

② 슈퍼비전의 기능

슈퍼비전 기능이란 슈퍼바이저가 슈퍼비전 현장에서 수행하는 역할이다. 이와 관련하여 이 모델의 창시자인 Holloway(1995)는 모니터링/평가, 교수/조언(instructing-advising), 모델링(modeling), 자문

(consulting), 지지/나눔(supporting-sharing)의 다섯 가지 기능을 제시하였다. 이는 변별 모델이 언급한 슈퍼바이저의 역할과 유사하다고 볼 수 있다.

체계적 슈퍼비전 모델의 다섯 가지 슈퍼비전 기능은 〈표 3-7〉과 같다.

〈표 3-7〉 체계적 슈퍼비전 모델의 다섯 가지 슈퍼비전 기능

> ✺ **기능 1: 모니터링/평가**
> * 슈퍼바이저가 슈퍼바이지의 상담 수행을 모니터링하고, 형성적 및 종합적 평가를 제공하는 것
> * 책임감 있는 슈퍼바이저는 보상적 권력(슈퍼바이지가 타인이 자신에게 보상을 줄 수 있는 능력이나 자원을 가지고 있다고 인식할 때 발생) 및 강압적 권력(슈퍼바이지가 타인이 자신에게 벌을 가할 수 있는 능력이나 자원을 가지고 있다고 인식할 때 발생)을 사용하는 입장에 놓임
> * 슈퍼바이저가 보상적 권력과 강압적 권력을 사용하기 때문에 슈퍼바이저와 슈퍼바이지의 위계적 관계가 강조되고, 슈퍼바이저가 주도적으로 대화를 이끌어 감
>
> ✺ **기능 2: 교수/조언**
> * 슈퍼바이저가 전문가로서의 지식과 기술에 기반하여 의견, 정보, 제안을 제공하는 것
> * 슈퍼바이저가 전문가 권력(슈퍼바이지 자신이 지식과 기술을 가지고 있을 때 발생) 및 적법적 권력(슈퍼바이지 자신이 제공하는 서비스가 전문적이고 사회적으로 가치 있는 것이라는 믿음이 있을 때 발생)을 사용해 제공하는 것
> * 슈퍼바이저는 가르치고 충고하고, 슈퍼바이지는 슈퍼바이저의 제안에 동의하는 형태로 상호작용
> * 슈퍼바이저와 슈퍼바이지의 관계는 교사와 학생 관계와 유사함
> * 슈퍼바이저에 의해 대화가 주도되고, 슈퍼비전 관계의 위계가 중요시되어 슈퍼바이저와 슈퍼바이지의 대인관계적 거리는 멀어질 수 있음
>
> ✺ **기능 3: 모델링(modeling)**
> * 슈퍼바이저가 직접적으로 슈퍼바이지인 상담자나 내담자의 역할을 보여 줄 수 있음
> * 슈퍼바이저가 간접적으로도 슈퍼비전 속에서 전문가적인 행동과 실천을 보여 줄 수 있음
> * 슈퍼바이저가 지니고 있는 전문가 권력(슈퍼바이저의 모델링에 사용되는 지식과

권력의 형태로 발생) 및 호감적 권력(슈퍼바이저가 모델링 과정에서 슈퍼바이지 자신과 비슷한 가치와 태도를 가지고 있다는 것을 인식할 때 발생)이 사용됨
- 모델링은 협력적 과정이고 의사소통은 양방향적인 과정이므로 슈퍼바이저와 슈퍼바이지의 대인관계적 거리는 가까워짐

☀ 기능 4: 자문
- 슈퍼바이저가 슈퍼바이지의 정보와 견해를 바탕으로 임상적 · 전문적 상황에서의 문제를 해결하도록 촉진하는 기능
- 자문의 의사소통 방향은 양방향적이고, 상호협력적 관계를 유지함
- 슈퍼바이저가 지니고 있는 전문가 권력 및 호감적 권력이 가장 두드러짐
- 슈퍼바이저와 슈퍼바이지는 권력 차이가 줄어들고, 슈퍼바이지는 자기평가 기술을 배우는 기회를 얻을 수 있음

☀ 기능 5: 지지/나눔
- 슈퍼바이저가 공감적인 주의 집중, 격려와 건설적인 직면을 통해 슈퍼바이지를 지지
- 슈퍼바이저가 깊은 대인관계적 수준에서 슈퍼바이지를 지지
- 슈퍼바이저와 슈퍼바이지 간 의사소통은 양방향적이고 상호적이며, 대인관계적 거리는 매우 가까워짐

(3) 체계적 슈퍼비전 모델의 슈퍼비전 과정 매트릭스

앞에서 살펴본 슈퍼비전의 과제와 기능은 특정 문제를 해결하기 위해 슈퍼바이저와 슈퍼바이지가 작업하는 과정을 결정한다. 슈퍼비전의 목표는 슈퍼비전의 과제에 따라 설정된다. 이 설정된 목표를 성취하기 위한 전략은 슈퍼비전의 기능에 따라 수립된다. 따라서 슈퍼비전 과정은 슈퍼바이저와 슈퍼바이지 간에 지속적으로 변화하는 과제와 기능에 따라 결정된다고 볼 수 있다.

이러한 맥락하에 Holloway(1995)는 7차원의 체계적 슈퍼비전 모델에서 제시된 슈퍼비전의 과제와 기능을 결합하여 슈퍼비전 과정에 대한 전체적인 그림인 슈퍼비전 과정 매트릭스를 제시하였다(유영권 외, 2019). 체계적 슈퍼비전 모델의 슈퍼비전 과정 매트릭스는 다섯 가지 슈

퍼비전의 과제와 다섯 가지 기능이 결합하여 총 25개의 슈퍼비전 과정의 특징들이 도출된다. 이 매트릭스는 슈퍼바이저로 하여금 이전 회기의 효과성 분석 및 다음 회기의 슈퍼비전의 초점과 전략을 계획하는 데 사용된다.

슈퍼바이저의 슈퍼비전 양식은 특정한 슈퍼비전 과제나 기능의 사용 혹은 특정한 결합을 사용하는 경향성 탐색을 통해 파악될 수 있다. 또한 슈퍼바이저의 수행 정도는 슈퍼바이저가 주로 선택하는 과제와 기능, 특정 슈퍼비전 단계에서 주로 사용하는 과제와 기능, 슈퍼바이저가 선택한 과제와 기능의 슈퍼바이지의 역량 강화 정도 등 관련된 일련의 질문들을 통해 평가된다.

체계적 슈퍼비전 모델에서 제안한 슈퍼비전 과정 매트릭스는 [그림 3-2]와 같다.

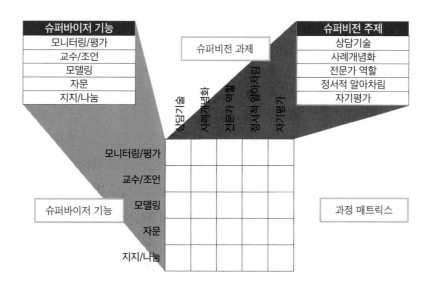

그림 3-2 체계적 슈퍼비전 모델의 슈퍼비전 과정 매트릭스

(4) 체계적 슈퍼비전 모델 적용의 강점 및 한계점

① 체계적 슈퍼비전 모델의 장점

슈퍼바이저가 체계적 슈퍼비전 모델을 슈퍼비전의 실제에 적용할 경우 다음과 같은 측면에서 도움이 된다.

첫째, 이 모델은 지금까지의 슈퍼비전 모델들에서 제시한 핵심적인 내용들을 통합하여 슈퍼비전에서 다루어져야 할 과제와 이 과제 달성을 위한 슈퍼바이저의 기능을 제시하였다는 점이다. 이에 슈퍼바이저가 슈퍼비전에서 무엇을 해야 하는지, 어떻게 해야 하는지, 어떠한 환경에서 개입해야 하는지와 관련한 슈퍼비전 제공 시 필요한 지식을 보다 구체적으로 안내해 줄 수 있다.

둘째, 이 모델은 다양한 슈퍼비전 상황에서 슈퍼바이저의 효율적인 개입을 돕는 구체적인 지침을 갖추고 있다는 점이다. 이에 다른 모델들과 달리 슈퍼바이저가 보다 체계적으로 슈퍼바이지를 교육시킬 수 있다.

셋째, 이 모델은 7차원의 요소들을 분석하고 슈퍼비전 관계를 핵심으로 하여 보다 체계적으로 슈퍼비전을 진행할 수 있도록 시각적인 도식을 제시하였다는 점이다. 이에 슈퍼비전의 과제와 기능이 적절하게 선택되었는지 여부, 슈퍼비전 과정의 핵심이 되는 슈퍼비전 관계의 특성은 어떠한지를 알 수 있다. 또한 이러한 슈퍼비전 관계의 특성이 슈퍼비전 과제와 기능을 선택하는 데 어떠한 영향을 미치는지와 이들 각 요소에 양방향적 영향을 미치는 맥락적 요인들까지를 고려하여 슈퍼비전을 제공할 수 있다.

넷째, 이 모델은 슈퍼바이저가 슈퍼비전 훈련이나 사례 자문에서 딜레마를 경험할 경우 성찰을 위한 틀로 사용될 수 있다. 이에 슈퍼비전에 대한 슈퍼비전 혹은 자문을 수행하는 데 유용한 도구로 본다.

다섯째, 이 모델은 슈퍼비전의 과제와 기능을 결합하여 슈퍼비전 과정 전체의 그림을 그릴 수 있다는 점이다. 이에 보다 포괄적 관점에서 슈퍼비전 제공이 가능하다.

② 체계적 슈퍼비전 모델의 한계점

앞의 장점에도 불구하고 체계적 슈퍼비전 모델은 다음과 같은 측면에서 슈퍼바이저 역할 수행에 다소 한계가 있다.

첫째, 이 모델이 그간의 슈퍼비전 모델들에서 제시한 핵심적인 내용들을 통합해 제시했음에도 불구하고 아직까지는 이 모델에 근거한 경험적 연구가 드물다는 점에서 다소 아쉬움이 있다.

둘째, 슈퍼비전 관계의 속성이 힘과 관여의 구조로 설명되는 독특한 특성이 포함되어 있다는 점이다. 이로 인해 슈퍼비전 과정에 참여하는 슈퍼바이저와 슈퍼바이지는 자신의 개인적 경험에 따른 대인관계 패턴을 슈퍼비전 과정에서도 드러내기 때문에 슈퍼비전 관계양상에 영향을 미칠 수도 있다.

참고문헌

김미례(2018). 에르스킨의 슈퍼바이지의 전문성 발달을 위한 교류분석 슈퍼비전 모델에 대한 고찰. 교류분석상담연구, 8(2), 1-17.

방기연(2011). 상담슈퍼비전의 이론과 실제. 양서원.

유영권, 김계현, 김미경, 문영주, 손은정, 손진희, 심홍섭, 연문희, 천성문, 최의헌, 최한나, 최해림(2019). 상담슈퍼비전의 이론과 실제(2판). 학지사.

Bernard, J. M. (1979). Supervisor training: A discrimination model. *Counselor Education and Supervision, 19,* 60–68.

Bernard, J. M., & Goodyear, R. K. (2004). *Fundamental of clinical supervision* (3rd ed.). Person Education, Inc.

Bernard, J. M., & Goodyear, R. K. (2004). *Fundamental of clinical supervision* (3rd ed.). Allyn & Balon. 유기연, 방기연 공역(2008). 상담 슈퍼비전의 기초(3판). 시그마프레스.

Bernard, J. M., & Goodyear, R. K. (2009). *Fundamental of clinical supervision* (4th ed.). Person Education, Inc.

Holloway, E. L. (1995). *Clinical supervision: A system approach.* Sage Publications.

Rønestad, M. H., & Skovholt, T. M. (2003). The journey of the counselor and therapist: Research findings and perspectives on professional development. *Journal of Carrer Development, 30*(1), 5–44.

Skovholt, T. M., & Ronnestad, M. H. (1992). *The evolving professional self: Stages and themes in therapist and counselor development.* John Wiley & Sons.

Skovholt, T. M., & Rønestad, M. H. (2003). Struggles of the novice counselor and therapist. *Journal of Carrer Development, 30,* 45–58.

Stenack, R. J., & Dye, H. A. (1982). Behavioral descriptions of counseling supervision roles. *Counselor Education and Supervision, 21,* 295–304.

Stoltenberg, C. D. (1981). Approaching supervision from a developmental perspective: The counselor complexity model. *Journal of Counseling Psychologists, 28,* 59–65.

Stoltenberg, C. D., & Delworth, U. (1987). *Supervising therapists.* Jossey-Bass.

제3장 슈퍼바이지의 발달단계와 슈퍼바이저의 역할

제4장

초월영성상담 슈퍼비전 모델

개요

슈퍼비전은 상담자의 역량을 향상시키고, 내담자에게 최선의 도움을 제공하기 위한 필수적인 과정이다. 초월영성상담에서 슈퍼비전은 상담자의 영적 성장과 전문성을 동시에 향상시키기 위하여 제공된다. 상담자가 어떤 이론적 기초에 근거하여 상담을 했더라도, 초월영성상담 슈퍼비전에서는 상담자가 통합적 시각으로 내담자를 바라보도록 전문성 향상을 도모하고자 한다.

초월영성상담 이론은 어떤 이론보다도 더 다양하고 포괄적인 범위를 가지고 있다. 그래서 초월영성상담 이론을 중심으로 상담 훈련이 되어 있는 슈퍼바이저가 슈퍼바이지를 안내할 때 그 방법이 초월영성상담 이론에 기반한 방법인지 어떤지 명확하게 분류하기 어려울 수 있다. 초월영성상담에서는 상담이 진행되는 과정이 중요하다. 즉, 어떤 이론적 기반과 기법을 상담에 적용하더라도, 상담자가 어떤 관점으로 내담자와 내담자의 주호소문제를 대하는지, 상담자가 상담의 과정을 어떻게 이해하고 있는지 살펴보고 그 상담이 초월영성상담 이론의 맥락을 따르고 있는지 여부를 확인할 수 있다.

초월영성상담 분야의 슈퍼바이저가 된다는 것은 이미 다양한 상담이론과 실제에 유능한 상담자이며, 상담사례를 바라보는 시선이 심리적 영적 차원을 이해하는 깊은 수용적 관점을 지녔다는 것을 의미한다. 초월영성상담 슈퍼바이저들의 깊은 수용적 관점에 섬세한 안내가 더해진다면 어려운 사례를 접하는 슈퍼바이지들의 막막한 어둠 속에 빛을 밝혀 줄 수 있을 것이다.

이 장에서는 초월영성상담 이론에 기반을 둔 슈퍼바이저가 슈퍼비전의 구조화, 사례개념화 점검, 상담과정 분석, 상담 성과 및 추후 과제, 슈퍼바이지의 참나, 슈퍼비전 평가 등의 영역을 이해함으로써 슈퍼비전을 잘 진행할 수 있도록 초월영성상담 슈퍼비전의 모델에 대해 알아보고자 한다.

1. 슈퍼비전의 구조화

상담의 과정에서 상담자와 내담자 간의 구조화 작업이 상담의 방향을 설정하는 데 필수요인이듯이, 슈퍼비전에서 구조화 작업은 슈퍼비전 전 과정이 안정적으로 진행되는 데 필요한 절차라고 할 수 있다. 초월영성상담 분야에서 일하는 상담자들이 상담하는 사례에 대해 상급 전문가인 슈퍼바이저와 자신의 사례를 논의할 때, 구조화된 절차가 있다면 슈퍼비전에 안정적으로 참여할 수 있을 것이다.

초월영성상담 전문가들이 진행하는 슈퍼비전에 대하여 Beier와 Young(1980)은 내담자가 자신의 일상을 변화시키고 불확실한 대인관계를 탐색하여 받아들일 수 있도록 슈퍼바이지에게 수용보다는 격려하는 자세로 탐색적 질문을 제공해 주어야 한다고 언급하였다. Page와 Wosket(1994)도 슈퍼비전이 탐색적으로 제공될 때 효과가 있다고 보았다. 이러한 탐색을 통하여 슈퍼바이저와 슈퍼바이지는 함께 성장하고 발전하는 경험을 할 수 있다. 즉, 교육적이거나 교정적이기보다는 자기인식이 향상되는 경험(Rioch, Coulter, & Wienberger, 1976)을 필요로 한다.

이처럼 자기탐색을 위한 과정에서 슈퍼바이저와 슈퍼바이지가 완전하게 참여하는 것이 중요하다. 슈퍼비전의 주요 초점은 내담자보다 슈퍼바이지에 있다. 슈퍼바이지가 슈퍼비전에 신뢰감을 가지고 참여하도록 하기 위하여 슈퍼비전을 시작할 때 다음과 같은 구조화 과정을 거치기를 권한다.

1) 슈퍼비전의 안내 및 계약

슈퍼비전이 시작될 때, 슈퍼바이지가 슈퍼비전 과정에 대해 잘 이해할 수 있도록 몇 가지 준비 작업이 필요하다. 우선, 슈퍼비전이 끝날 때까지 수행하는 방법에 대해 슈퍼바이저와 슈퍼바이지 사이의 계약이 있어야 한다. 일부 전문가들은 서면 계약을 권장한다(Osborn & Davis, 1996: Remley & Herlihy, 2001). 슈퍼비전 계약은 다음의 사항을 다루는 것이 이상적이다.

(1) 슈퍼비전 일시, 횟수와 빈도에 대한 약속

슈퍼비전은 슈퍼바이지와 슈퍼비전 일시에 대해 약속하는 것에서 시작된다. 언제, 어디에서 슈퍼비전이 진행될 것인지에 대한 합의와 일정을 정할 때 슈퍼바이저는 슈퍼바이지의 현실적 상황을 고려하여 가능한 일정, 횟수, 빈도를 조율한다.

부득이한 상황으로 인하여 결정된 일정을 조정해야 할 경우 서로 연락할 수 있는 방법에 대해 의논하고 연락처에 대한 정보를 나눈다. 슈퍼비전 일정을 조율하기 위하여 알게 된 슈퍼바이지의 개인정보를 슈퍼비전 이외의 목적에 사용되지 않도록 잘 관리해야 한다.

(2) 슈퍼비전 회기를 준비하는 방법

슈퍼바이저는 슈퍼바이지가 제출할 사례의 형식을 제공하는 것이 바람직하다. 슈퍼비전 형식은 학회 회원들에게 알려진 기본 양식을 사용하는 것을 권장하며, 완전 축어록을 통한 슈퍼비전은 슈퍼바이지의 상담 패턴을 알 수 있는 기회가 될 수 있으므로 수고로운 일이 되더라도 축어록을 제출하여 슈퍼비전을 받도록 권한다.

슈퍼비전 일시에 앞서 슈퍼바이지는 메일 혹은 문자의 첨부파일로 제출하며, 마감일을 명시하여 제출하도록 한다. 첨부파일의 자료들이 슈퍼바이저에게 안전하게 전달될 수 있도록 비밀번호를 사용하는 등의 보안대책을 가지는 것도 필요하다.

(3) 한 사례에 대한 슈퍼비전 총 회기

슈퍼바이지는 한 사례에 대하여 개인 혹은 집단 슈퍼비전을 몇 번 받을 수 있는지를 확인한다. 슈퍼바이지가 어떤 학회에서 자격 취득을 위한 수련을 하고 있는지에 따라 한 사례에 대한 슈퍼비전 횟수가 정해진다. 일반적으로 한 사례에 대해 슈퍼비전을 두 번 이상 받는 것이 권장되며, 공개 사례발표를 원하는 슈퍼바이지는 사례발표 전, 한 사례에 2회기 이상의 슈퍼비전을 받아야 한다. 공개 사례발표회에서는 2명의 슈퍼바이저로부터 슈퍼비전을 받는다.

(4) 슈퍼비전 환경에 대한 안내

슈퍼바이지가 참여하는 슈퍼비전의 형태는 크게 개인 슈퍼비전과 집단 슈퍼비전으로 구분된다. 특히, 집단 슈퍼비전은 슈퍼비전에 참여하는 인원과 참관사례의 인정 여부 등에 대해 슈퍼비전 구조화 단계에서 정확히 안내해 주어야 한다.

상담 기관의 수련생으로서 슈퍼바이지가 상담활동에 참여했다면, 접수면접, 상담자 경험 등 상담자 활동은 어떤 혼란도 없이 당연히 인정될 것이다. 상담 기관의 수련생이지만 슈퍼바이지가 학교, 회사 등 다른 곳에서 상담활동을 하고 있다면, 슈퍼바이저가 상담자 활동으로 인정해 줄 수 있다. 그러나 상담 기관의 수련생은 아니지만 슈퍼비전을 한 번만 받고자 한다면, 상담자 활동을 인정해 줄 수 있는지 확인하는 과정이 필요하다. 이 점에 대하여 슈퍼바이지와 정확히 소통하며 의논해야 한다.

(5) 슈퍼바이저의 전문적 조력이 제공되는 방식 안내

슈퍼바이저가 어떤 방식으로 슈퍼비전을 할 것인지에 대한 정보 없이 슈퍼비전이 시작된다면, 슈퍼바이지는 슈퍼비전에 대한 부담감을 가지고 시작할 수 있다. 슈퍼바이지가 슈퍼바이저로부터 상담을 잘했는지 반응이 적절했는지에 대한 평가를 받는다고 생각한다면, 긴장과 불안한 상태에서 슈퍼비전을 받게 된다. 긴장과 불안이 심해지면 슈퍼바이저의 조언이 잘 전달되기보다 지적이나 공격을 받는 것으로 느껴질 수 있다.

개인 슈퍼비전이든, 집단 슈퍼비전이든, 공개 사례발표회든 슈퍼바이지가 슈퍼비전의 경험을 깨어지는 경험으로 받아들이는 것에 대하여 슈퍼바이저들은 진지하게 고려해 보아야 할 것이다. 깨어지면서 성장하든지, 깨어지면서 좌절하든지 그것은 슈퍼바이지의 몫이라고 생각할 수도 있다. 그러나 슈퍼비전이 제공되는 방식이 얼마나 일반적이고 전문적이며, 슈퍼바이지가 받아들일 수 있는 범위에서 제공된 슈퍼비전이었는지 점검하는 것은 전문가로서 슈퍼바이저의 몫이다.

슈퍼바이저가 약속된 슈퍼비전 시간과 장소에 어떤 방식으로 참석할 것인지를 알려 주어야 한다. 또한 슈퍼바이저는 사례를 나누는 것에 대한 슈퍼바이저의 관심을 전달하고, 슈퍼바이지가 어떤 방식의 슈퍼비전을 선호하는지 알아보는 대화를 나누면서 슈퍼바이지의 긴장을 낮출 수 있다.

(6) 슈퍼바이저의 개입 방법과 이론적 언급

사례를 검토해 보고 슈퍼바이저가 어떤 방식으로 슈퍼비전을 할 것인지, 어떤 이론과 어떤 기법에 기반한 관점으로 보게 되는지 등 슈퍼바이저의 관점에 대한 정보를 제공하는 것이 슈퍼바이지가 슈퍼비전을 받아들이는 데 도움이 된다.

슈퍼바이저들은 오랜 시간 상담과 심리치료 영역에서 많은 지식과 경험을 쌓아 왔다. 그 경험들이 슈퍼바이지에게 잘 전달되려면 슈퍼바이지가 받아들이는 것이 가능한지 여부를 섬세하게 관찰하여야 한다. 특정 분야의 전문가에게 아주 쉬운 방법이라 해도 그 분야의 입문자에게는 어려울 수 있다. 슈퍼바이저는 깊은 이해의 시각으로 슈퍼바이지가 실행할 수 있는 방법을 제공하는 것이 적절하다.

(7) 슈퍼비전이 진행되는 동안의 기록과 녹음의 문제

슈퍼비전에서 소중한 정보가 슈퍼바이저로부터 전달되는 동안 슈퍼바이지는 그 정보를 모두 기억하지 못할 것에 대한 걱정이 있을 수 있다. 그러다 보면 슈퍼비전이 진행되는 중간에 슈퍼바이저에게 녹음을 해도 되겠는지 양해를 구하는 경우가 있다. 이때 슈퍼바이저는 갑작스러운 요청에 허락을 하기도, 거절하기도 난감한 상황에 처하게 된다. 그러므로 구조화 단계에서 슈퍼비전 녹음에 대한 논의를 거치는 것이 필요하다.

그리고 슈퍼바이지가 준비해 온 상담 장면의 녹음 파일을 들으면서 슈퍼비전이 진행되는 경우, 녹음 파일의 보관 방법과 삭제에 대한 약속, 내담자의 기밀이 유지되는 방법 등을 명시하는 절차도 필요하다.

(8) 슈퍼바이저의 피드백 제공 방법에 대한 안내

슈퍼바이저는 슈퍼바이지가 제출한 사례에 대하여 서면 피드백이 제공될 것인지 구두 피드백이 제공될 것인지에 대해 안내해 준다. 가끔 슈퍼비전을 마친 뒤 슈퍼바이지가 슈퍼비전 내용의 기록을 요구하는 경우도 있다. 즉, 슈퍼비전의 내용을 다 기억하기 어려우니 슈퍼비전 이후에 기록으로 전달받고 싶다고 요청하는 경우이다.

이러한 점에서 슈퍼비전이 진행되는 동안 슈퍼바이저의 의견을 어떤 식으로 전달할 것인지에 대한 사전 동의가 필요하다. 슈퍼바이저와 슈퍼바이지는 슈퍼비전이 시작되기 전 구조화 단계에서 슈퍼비전 내용의 녹음 혹은 기록에 대해 의논하고 조율하여 슈퍼비전이 원활하게 진행되도록 준비할 수 있다.

(9) 슈퍼바이지의 슈퍼비전 이수에 대한 인정 및 확인 방법에 대한 안내

슈퍼비전에 대한 인정과 관련하여 온라인 수련기록부에 인정하는 시기와 인정 범위에 대해 밝혀 주어야 한다. 일반적으로 슈퍼바이저는 개인상담 한 사례, 한 회기에 대하여 한 회기 동안 슈퍼비전을 진행한다. 이렇게 진행된 슈퍼비전에 대하여 슈퍼바이지가 수련기록부에 입력을 하고 슈퍼바이저가 확인하는 방식 혹은 슈퍼바이저가 슈퍼비전 기록 내용을 입력한 뒤에 슈퍼비전을 인정하는 방식으로 한 회기 슈퍼비전이 마무리된다. 이때 슈퍼바이지는 상담자 활동에 대해 인정할 것인지 여부를 명시한다.

슈퍼바이저가 슈퍼바이지의 상담자 활동에 대한 인정과 관련하여 슈퍼바이저의 역할과 책임이 어떻게 제공될 것인지를 안내한다. 즉, 상담자로서 활동하는 슈퍼바이지에 대한 지도가 상담활동 중에도 이어지고 있음을 명확히 한다.

(10) 비상시 슈퍼바이저가 해야 할 일에 대한 안내

슈퍼바이저는 슈퍼바이지의 사례가 진행되는 동안 내담자에게 위기 상황이 발생하였을 때, 절차에 따라 본인의 소속 기관에 알리고 슈퍼바이저에게 도움을 요청할 수 있다는 사실을 알려 준다. 슈퍼바이지들은 경험이 부족하여 내담자의 위기 상황에 어떻게 대처해야 할지 막연하고 상담자로서 무력감을 느끼거나 정서적 위기를 동반하는 어려움을 느낄 수 있다. 이런 위기 상황이 올 때 슈퍼비전 회기가 아니더라도 슈퍼바이저에게 조언을 구하는 것이 적절하다.

이런 요청이 있을 때 슈퍼바이저의 역할과 책임은 무엇인지 미리 안내함으로써 슈퍼비전 관계는 슈퍼바이지가 비상시 위기로부터 잘 대처할 수 있는 자원이 될 수 있다.

(11) 슈퍼비전 비용과 지불 방법에 대한 안내

슈퍼바이저는 슈퍼비전이 제공될 때, 한 회기 슈퍼비전 비용이 얼마이며, 총 지불 금액과 지불 방법 및 시기에 대한 안내를 한다.

2) 슈퍼바이저 역할에 대한 구조화

슈퍼비전이 진행되는 동안 슈퍼바이저는 이 사례에 대해 다양한 시선으로 바라보며 슈퍼바이지를 조력한다. 이 조력은 내담자에 초점을 두는 것과 상담자로서 슈퍼바이지의 성장에 초점을 두는 두 가지 방향에서 이루어질 수 있다. 이에 슈퍼바이저와 슈퍼바이지는 슈퍼비전이 시작되기 전, 서로의 역할을 명확하게 논의할 필요가 있다.

슈퍼바이지가 슈퍼비전을 신청하고 약속한 날 슈퍼바이저를 찾아올 때, 슈퍼바이지는 상담의 흐름을 멈추고 조언을 듣고 새로운 인식에 개방되는 경험을 할 수 있다. 슈퍼바이지는 슈퍼비전 시간이 자신을 점검하고 돌아보는 기회가 되며 깊이 있게 내면의 심리적 어려움을 만나게 되는 시간이 될 수 있다. 즉, 슈퍼바이지에게 슈퍼비전 시간은 일상을 떠나 깊은 내적 점검을 하는 기회가 될 수 있다. Whitmore(1999)는 슈퍼비전이 리트릿을 위한 공간, 리트릿을 위한 초월적 맥락을 제공한다고 말했다.

그러므로 슈퍼바이저는 의식의 확장을 위하여 섬세한 관심과 배려로 슈퍼바이지를 맞이할 필요가 있다. 슈퍼바이저는 이 역할에 대해 명시한 또 다른 계약서를 슈퍼바이지에게 제공하는 것도 가능하다. 이 계약서에는 다음과 같은 내용이 포함될 수 있다.

(1) 슈퍼비전에 대한 집중

슈퍼바이저는 이 슈퍼비전 과정 동안 사례를 집중하여 살펴보아야 한다. 그리고 내담자가 제기하는 문제 또는 슈퍼비전 중에 드러나는 문제들에 대하여 슈퍼바이지와 함께 작업해 나갈 것이라고 언급하는 것이 필요하다.

(2) 이중관계에 대한 설명

슈퍼바이저와 슈퍼바이지가 슈퍼비전 이전에 동료 전문가로서 같은 직장에서 근무하고 있을 때 슈퍼비전이 시작되었다면 이중관계로 인한 영향을 받을 수 있다. 슈퍼바이저와 슈퍼바이지가 어떤 관계에 있었든지 슈퍼비전 동안에 각자의 역할에 집중하여 전문적인 관계가 잘 유지될 수 있도록 협력해야 한다.

(3) 다양성 문제에 대한 논의

슈퍼바이저는 슈퍼비전이 진행되는 동안 슈퍼바이지의 성별, 성적지향, 사회경제적 지위, 종교적 신념, 지리적 영향 및 장애 문제 등에 대하여 존중의 자세로 임해야 한다. 슈퍼바이저는 자신의 개인적 지향이 슈퍼비전 과정에 개입되지 않도록 주의해야 한다. Duan과 Roehike(2001)는 슈퍼바이지들이 문화적 문제를 해결하고자 하는 노력이 슈퍼바이저들이 인식하는 것보다 더 크며, 문화적 이해에 대해 더 기꺼이 자신을 공개한다고 말한다. 그러나 다양성에 대한 공감대가 형성되지 않은 슈퍼비전의 초기에 이 문제를 다루는 것은 효과적이지 않다. 이 점은 슈퍼바이저로서 계속 이해하고 관심을 가지고 나아가야 할 문제라고 할 수 있다.

(4) 질문과 불만처리 절차

슈퍼비전이 진행되는 동안 일어나는 여러 질문에 대하여 기꺼이 문의할 수 있어야 할 것이며, 슈퍼바이지가 경험하는 불편한 문제가 발생한다면 이 또한 슈퍼비전 회기 중에 다루어야 한다.

3) 슈퍼비전의 목표 설정

슈퍼비전은 상담자가 특정 사례를 진행하면서 어떤 어려움을 경험할 때 이루어진다. 먼저, 슈퍼바이저는 이 사례를 만나고 있는 슈퍼바이지가 어떤 호소를 하는지 주의 깊게 들어야 한다. 그리고 슈퍼바이지가 호소하는 문제를 이해하고 슈퍼바이지 스스로 해결해 나갈 수 있는 방향으로 슈퍼비전의 목표를 세우는 것이 바람직하다. 슈퍼비전의 목표가 명확히 설정되었을 때, 슈퍼바이저와 슈퍼바이지는 슈퍼비전의 진행 방향을 확인하고 슈퍼비전의 종료 시기도 알아차릴 수 있게 된다. 슈퍼비전의 목표가 슈퍼바이저와 슈퍼바이지의 합의하에 현실적이고 타당하게 설정될 경우 슈퍼바이지에게 잘 받아들여지고 성장에 도움이 될 것이다.

슈퍼바이지는 슈퍼비전 초기 단계의 주요 과업들인 슈퍼비전 계약

체결, 슈퍼비전 목표 설정, 슈퍼비전에 대한 기대와 희망 논의 등을 수행하면서 슈퍼바이지를 탐색할 수 있다. 이때 슈퍼바이지의 발달 수준에 적합한 지도의 방향을 세워 나가야 한다. 여러 회기에 걸쳐 사례에 대해 의논하는 가운데 슈퍼바이지는 안정감을 느끼고 사례에 좀 더 집중하게 될 것이다.

2. 사례개념화 점검

내담자가 어떤 환경에서 성장했고, 어떤 어려움을 가지고 있었으며, 그 어려움이 현재 어떤 이유로 촉발되었는지 이해하는 과정이 상담의 주요 사항이다. 이렇듯 내담자에 대한 이해와 상담목표 및 전략을 설정하는 것이 사례개념화이다. 이러한 사례개념화 내용을 점검하는 것은 슈퍼비전의 핵심이 될 수 있다.

다음의 내용은 이 책의 제2장 초월영성상담 사례개념화에서 안내한 내용이며, 슈퍼비전에서 슈퍼바이지가 사례개념화를 통해 어떻게 내담자를 이해하고 있는지 점검하는 매뉴얼이 될 수 있다. 제2장에서 언급한 바와 같이 Sperry와 Sperry(2020)가 제시한 상담개입 공식화의 측면뿐만 아니라 초월영성상담의 관점에서 사례개념화가 어떻게 이루어졌는지 확인한다.

(1) 주호소문제
슈퍼바이저는 슈퍼바이지에게 내담자가 겪고 있는 다양한 어려움에 대하여 잘 들었는지 확인한다. 그리고 호소문제에 대해 마치 내담자가 말하는 것처럼 내담자가 표현하는 언어와 문장으로 기술하고 있는지 확인한다. 특히, 슈퍼바이지가 초월영성 관점에서 내담자가 자신의 존재에 대해 어떻게 인식하고 있는지를 살펴보고, 내담자가 진술하는 내용 가운데 반복적으로 나타나는 주제나 패턴을 찾을 수 있는지 살펴본다. 내담자의 주호소문제를 한 문장으로 적절하게 표현했는지 살펴본다. 예를 들면, "나는 내가 누구인지 모르겠어요." "나는 삶이 허무해서 의지를 낼 수 없어요."라는 방식으로 주호소문제를 정리하고 있는지 확인한다.

(2) 다양한 정보 수집하기

슈퍼바이저는 슈퍼바이지가 내담자의 호소문제를 탐색하면서 그 호소문제와 연결되어 있는 문제 행동이나 증상의 기능적인 면, 역기능적인 면을 파악했는지 확인한다. 슈퍼바이지가 내담자의 문제와 관련해서 내담자의 개인적 특성, 가족역동, 주변 사람들과의 관계의 특성, 환경적 특성에 이르기까지 포괄적으로 정보를 수집, 탐색하고 활용했는지 확인한다. 다음은 사례개념화를 위해 수집되어야 할 내용이다.

① **호소문제의 내력**: 호소문제가 발생한 시기 및 계기
② **임상적 관찰**: 표정, 말의 억양, 목소리 톤 등
③ **원하는 목표**: 상담을 통해 원하는 목표
④ **인생 사건들**: 내담자의 중요한 인생 사건들
⑤ **강점 및 자원**: 내담자의 강점이나 자원
⑥ **가계도**: 3대의 가계도, 내담자의 출생순위, 성별, 부모의 특성, 가족관계의 특징, 경제적 수준, 어린 시절 양육과정 등

⑦ **검사 및 평가 자료**: 내담자의 심리적 특성을 이해하기 위한 적절하고 다양한 검사의 선택과 실시 및 해석

⑧ **내담자가 겪고 있는 심리적 증상**: 내담자가 겪고 있는 인지 · 정서 · 행동 · 관계 · 신체 측면의 증상

⑨ **기존 상담의 효과**: 이전 상담의 경험에서 어떤 문제를 다루었으며 그 효과를 어떻게 경험했는지를 탐색

(3) 촉발요인 확인하기

슈퍼바이지가 내담자의 호소문제 발생에 영향을 미친 촉발 사건이나 스트레스를 탐색했는지 확인한다.

(4) 유발요인 확인하기

슈퍼바이지가 내담자의 증상이나 호소문제가 발생하게 된 발달사, 중대한 외상 사건, 사회적 배경, 기질적 요인 등을 살펴보았는지 확인한다. 그리고 가장 영향력이 있었던 사건이 무엇인지 이해하고, 이 유발요인이 잠재되어 내적 유지요인으로 작동하게 된 것을 알아차리고 있는지 확인한다.

(5) 유지요인 확인하기

슈퍼바이지가 유발요인에 이어 내담자의 문제 행동이나 증상을 강화하는 데 영향을 미친 가족 내 환경, 주변의 반응과 같은 유지요인 여부를 파악하고 있는지 확인한다.

(6) 가설들 접목시키기

슈퍼바이지가 내담자 호소문제나 증상을 이해하고 이 호소문제와

176

증상이 어떤 계기로, 어떻게 시작되었고, 외적 유지요인을 통해 그 증상
이 어떻게 강화되었는지 이해하고 가설을 세우고 있는지 확인한다. 그
리고 새로운 정보가 수집되는 과정에서 가설을 수정, 보완했는지 알아
본다.

(7) 상담의 목표를 구체화하기

슈퍼바이저는 슈퍼바이지가 내담자와 상담을 하면서 내담자가 어
떤 변화를 원하는지 탐색하고, 내담자와 합의하여 상담목표를 설정했는
지 확인한다. 이때 수립된 목표가 내담자의 목표, 합의목표 혹은 상담자
의 임상목표 등으로 구분되어 명시되었는지 살펴본다. 중요한 것은 내
담자와의 합의목표가 내담자가 호소하며 도움받고자 하는 그 문제와 관
련이 있는지 확인하는 것이다. 또한 상담이 진행되어 가면서 새로운 목
표가 등장했거나 목표의 수정이 필요한 상황이 일어났는지 탐색하는 것
도 중요하다.

(8) 상담의 전략 세우기

상담목표를 설정한 후 이에 적합한 상담전략을 수립하여 상담을 진
행하고 있는지 확인한다. 상담전략은 상담목표 성취를 위해 타당하고,
구체적이며, 실현이 가능하게 세워져야 한다. 이때 슈퍼바이지가 이론
적 기반과 훈련을 바탕으로 전략을 세웠는지 알아보고 적절하지 않은
전략은 수정한다.

3. 상담과정 분석

상담의 진행과정에 대하여 슈퍼바이지가 상담사례를 어떤 관점으로 바라보는지에 따라 슈퍼바이저의 조력 방향이 달라진다. 슈퍼바이지가 그 사례를 바라보는 관점이 어떠한가에 따라 전체적인 시야가 달라지기 때문이다. 초월영성상담의 전문가로서 사례를 바라볼 때, 초월영성 심리학의 이론적 관점이라는 안경을 쓰고 보게 된다. 그러므로 슈퍼바이지가 초월영성 관점에서 사례를 바라볼 수 있는 역량을 갖추고 있음을 가정하고 상담 진행과정을 살펴보고자 한다. 다음은 상담과정 분석에 대한 근거로서, 초월영성상담에 대한 슈퍼바이저의 관점, 슈퍼바이지의 관점, 내담자의 의식 발달 수준과 병리적 현상에 대한 몇 가지 모델을 소개한다.

1) 슈퍼바이저의 관점

(1) 기본 관점

초월영성상담의 접근법은 사람들이 건강해지고 인간의 잠재력을 키울 수 있도록 돕는 데 중점을 둔다. 이 목적에 따른 접근 방식은 절정 경험, 경이로움, 의미, 자아의 초월과 같은 것들에 관한 것이었다(Maslow, 1969). 1969년 『자아초월 심리학 저널(Journal of Transpersonal Psychology)』의 창간에 이어서 자아초월 영역에서의 연구는 인간의 잠재력을 탐구하는 데 도움이 되는 명상, 환각, 임사체험, 높은 수준의 의식 등에 대한 독자적인 연구 영역을 만들었다(Ruzek, 2007).

초월영성상담 분야에서 상담자들은 이러한 방법으로 상담을 진행했거나 내담자의 사례에 이러한 기법을 적용할 계획을 가질 수 있다. 슈퍼바이저는 슈퍼비전 사례에서 적용된 상담 이론 및 기법들이 초월영성상담 이론에 근거하여 적절했는지 확인하고 슈퍼바이지가 어떤 어려움을 가지고 있는지 관심 어린 시선으로 바라보는 것이 필요하다. 그러므로 슈퍼바이저는 초월영성상담의 관점에서 사례를 검토할 때, 다음의 핵심 요소(Cunningham, 2007)들을 이해하고 고려한다.

첫째, 모든 존재는 자신의 가장 큰 잠재력을 향해 나아가려 한다. 개인은 더 나은 건강을 위해 식습관을 바꾸거나, 정신적 깨달음을 위해 명상을 하거나, 영적 평화와 기쁨을 위해 기도할 수 있다. 자연적으로 사람들은 항상 자신을 개선하기 위해 노력하기 때문에 이 과정은 끝이 없다. 이것은 인간 존재의 모든 측면에 적용되며, 사람들은 모든 일에서 행복을 찾고자 한다.

둘째, 자아초월에 대한 욕구는 사람들이 인식하는지 여부에 관계없이 사람들 내부에서 작동한다. 자아초월 욕구는 결국 꿈과 폭발하는 자발적 영감에서 나타날 수 있다. 그러므로 슈퍼바이지의 내면에서 자아초월 욕구가 어떻게 나타나는지 살펴본다.

셋째, 자신의 이상에 몰두하고 내면의 힘을 신뢰하는 것과 관련이 있다. 개인이 자신의 신념을 인정하고 배우고 신뢰하면 이상적인 발달에 도달할 수 있다. 슈퍼바이지의 이상에 대한 열정이 어떻게 펼쳐지고 있는지 살펴보고 믿음에 대한 신뢰가 어떠한지 고려한다.

넷째, 자신에게 맞는 길을 가는 것이다. 깨달음과 자아실현으로 가는 길은 많다. 자신을 위해 설계된 경로를 발견하고 선택하는 것이 중요하다. 어떤 방법으로 어떻게 가게 되었든지 관계없이 결국 각자의 목적지에 도착하게 된다. 슈퍼바이지가 상담자로서의 길을 잘 선택하고 있는지 환경과 조화를 이루며 자신을 위한 경로를 발견하고 책임감 있게 수행하고 있는지 살펴본다.

초월영성상담은 신체적·심리적·영적인 면에서 인간의 잠재력에 초점을 맞춘 심리학이며, 개인의 삶에서 지적·정서적·영적·사회적·창의적 균형을 추구한다. 그러므로 슈퍼바이저의 관점은 슈퍼바이지의 가능성을 믿고, 슈퍼바이지가 자신의 신념을 확인하고 잠재력이 실현될 수 있도록 안내하는 것이 중요하다.

인간 발달에 대하여 Day(2008)는 변형된 의식 상태를 인간 성장에 필수적인 부분으로 간주할 수 있다고 한다. 초월영성 접근은 의식이 변형된 상태에서 다른 현실을 엿보는 것과 같은 현상으로 나타나기도 한다. 이러한 현상에 대하여 다른 이론들에서는 환각과 정신적인 문제로 간주하기도 했었다. 현실에 부적응적인 면을 가지고 있는 슈퍼바이지를 대할 때 이러한 면에 대하여 초월영성상담에 기반하여 근거 있는 관점을 가지고 슈퍼바이지를 바라볼 수 있어야 한다.

이와 같이 초월영성상담의 네 가지 핵심 요소와 인간 발달에 대한 이해의 시선으로 슈퍼바이지와 사례를 바라보며 사례가 어떻게 진행되었는지 살펴본다면 해당 사례에서 초월영성상담의 과정이 어떻게 일어났는지 이해하는 데 도움이 될 것이다

(2) 상담의 개입과 진행과정 및 그림자 탐색

상담의 과정에서 슈퍼바이지의 여러 개입 방법이 내담자에게 적절하였는지 확인하는 것은 슈퍼비전에서 중요한 사항이다.

내담자는 주호소문제를 통해 내면의 어려움을 표현한다. 내담자의 주호소문제는 상담의 목표 설정과 연결되며, 상담자는 내담자와 합의하

여 상담목표를 설정하고, 그 목표를 이룰 수 있는 다양한 상담전략을 가지고 상담을 준비하게 된다. 상담자가 설정한 상담전략을 통해 상담의 진행과정이 만들어지는데, 상담자는 내담자가 자신의 문제에 대한 새로운 시각을 가지도록 조력하기 위하여 선택한 상담전략이 적절했는지 슈퍼비전에서 확인하는 과정이 필요하다.

슈퍼바이저는 이 상담의 진행과정이 내담자의 주호소문제를 조력하기에 적절한 방법과 절차를 거치고 있는지 면밀히 살펴보아야 한다. 주호소문제와 상담목표의 설정 그리고 상담전략이 마치 하나의 선 위에 올라와 있는 것처럼 연결감이 있을 때, 내담자에게 적절하고 안정적인 상담이 제공되었다고 할 수 있다.

슈퍼바이지가 주로 사용하는 상담의 기법은 다양한 이론에 근거하여 적용되었을 것이다. 슈퍼바이저는 이 방법들이 어떤 이론에서 시작된 것이든지 그 방법을 사용하는 슈퍼바이지가 반영과 공감을 통하여 내담자와 잘 교류하고 있으며, 그 방법이 능숙하게 적용되었는지 살펴본다. 슈퍼바이저는 슈퍼바이지가 상담의 기법을 적용하는 것과 더불어 어떤 자세로 내담자를 바라보고 조력하는지 관찰하는 것도 중요하다.

초월영성상담의 관점은 상담자뿐만 아니라 내담자에게도 내면의 신성한 참 자기, Self가 있다고 본다. 슈퍼바이저는 상담의 진행과정 동안 슈퍼바이지가 참 자기 상태를 잘 유지하고 있는지 점검해 보는 것도 좋다. 또한 내담자를 나약하고 문제투성이의 도움을 받아야만 하는 무력한 존재로 인식하고 있는지, 내담자를 둘러싼 환경이 내담자가 감당할 수 없는 무게로 헤쳐 나올 방법이 없다고 믿는 것은 아닌지, 그런 생각으로 인해 슈퍼바이지가 압도되고 있는 것은 아닌지 점검한다.

슈퍼바이저는 상담자로서 슈퍼바이지가 개입에 어려움이 있었다면, 어떤 어려움을 가지고 있는지 확인한다. 슈퍼바이지는 초월영성상담자로서 이론과 기법을 익히고 상담 장면에서 적용하기까지 많은 시간의 수련을 필요로 한다. 이런 수련을 거쳐 상담에 임하더라도 슈퍼바이저가 내담자의 상황에 적절하게 배워 온 방법을 적용하기까지 시행착오를 경험할 수도 있다.

때로는 상담자가 내담자에게 이해하기 어려운 감정이 일어나서 혼란스러운 경우도 있다. 내담자의 선택이 이해되지 않고, 납득이 안 되어서 내담자를 바라보기 불편해지는 경험을 하기도 한다. 이런 상황에서 일반적으로 상담자들은 스스로 공감 능력이 부족한 탓을 하며 더 나은 상담을 위하여 다른 상담자에게 가도록 안내한다. 그런데, 이런 경험을 공감 능력의 부족으로 이해하기보다는 상담자 자신에 대한 내면 작업의 필요로 받아들이는 것도 좋을 것이다.

상담자가 자신의 삶에서 경험한 어떤 일이 미처 통합되지 못한 채로 남아있어서, 인정하기 어렵고 공개하기 힘들 때, 그러한 경험을 연상하게 하는 내담자에 대하여 강한 정서적 반응이 일어날 수 있다. 그것을 그림자(shadow)라고 한다.

융의 분석심리학에서 중요한 성장의 지표로 탐색하도록 권하는 그림자의 탐색은 초월영성상담자가 성장해 나가는 동안 거치게 되는 중요한 내적탐구 과정이라고 할 수 있다.

Cowley(1993)는 초월영성상담자가 일상생활에서 초월적 경험을 통합하는 기술을 배우도록 슈퍼바이저가 코치 역할을 하며 돕는다고 한다. 내담자가 자신의 문제와 자신을 동일시하며 무력감을 가지고 있다면 상담자는 내담자가 그 문제와의 동일시에서 벗어나 탈동일시, 탈융합이 일어나도록 안내하는 것이 필요하다. 이러한 과정을 통하여 내담자는 자신의 문제를 바라보는 시각이 달라질 수 있고 그 문제를 대하는데 힘을 가지고 다룰 수 있게 된다. 나아가, 내담자가 자신의 어려움에 빠져 있던 시각에서 벗어나 삶의 모든 것이 연결되어 있다는 것을 알아차리고 나 혼자만의 고통이라 생각했던 관점에서 벗어날 수 있다면 상담은 성과를 드러내게 된다.

하지만 슈퍼바이지가 내담자의 주호소문제에 대하여 적절한 조력을 하지 못했다면, 슈퍼바이저는 슈퍼바이지에게 어떤 어려움이 있었는지 탐색하여 그 문제를 다루어서 제대로 기능하도록 하는 것이 슈퍼비전 과정에 일어나야 할 작업이다.

2) 슈퍼바이지의 관점

상담자로서 슈퍼바이지는 내담자의 주호소문제를 듣고 내담자의 삶을 탐색하며 상담을 깊이 있게 진행한다. 내담자들은 일상생활 중 경험하는 어려움이 반복될 때 그 이유를 자신 내면에서 찾기 어렵다. 그런 일이 일어난 상황이나 대상에 원인이 있다고 생각하며 이런 일이 반복되는 것은 자신의 불운 탓으로 돌리기도 한다. 이런 일이 일어난 것에 대한 원인을 대상에 두는 동안 내담자들은 불행감을 느끼고 우울하며 불편감을 호소한다. 이러한 불편감이 표정, 외모, 말투 등으로 스며들어서 첫인상으로 나타날 수 있다.

그러므로 내담자가 상담실에 들어올 때, 상담자의 눈에 내담자가 어떻게 보이는지 기억하는 것은 내담자에 대해 많은 정보를 알 수 있는 것이므로 중요하다. 일반적으로 내담자는 세상에 보여 주는 모습을 상담자에게도 보여 준다. 첫인상은 내담자의 일상 모습을 그대로 비춰 주는 것이므로 이 점을 잘 기억하는 것이 내담자 이해에 도움이 될 수 있다.

상담자가 내담자를 처음 만났을 때, 첫인상이 어떤 모습으로 보였는지를 기억하고 매 회기 상담이 시작될 때 내담자가 어떤 모습으로 보이는지를 알아차린다면 내담자가 외부 세상과 어떤 방식으로 관계하는지 이해하는 데 도움이 된다.

상담자는 내담자의 반응을 관찰하는 것도 중요하며, 발달이론 관점에서 내담자를 이해하는 것도 중요하다. 특히, 내담자의 주호소문제가 어떠한 발달상의 문제인지 이해할 수 있다면 내담자를 바라보는 시각이 확장될 수 있을 것이다.

슈퍼바이지가 특별한 발달이론에 근거하여 내담자를 바라볼 때, 내담자가 삶에서 일으키는 반응들의 의미를 해석하고 내담자의 자기 이해를 도울 수 있다. 특히, 의식 발달이론에 대한 이해는 내담자의 의식 발달 수준을 파악하고 그 단계에서 일어날 수 있는 행동특성을 알 수 있으므로 내담자에 대한 상담의 방향을 설정하는 데 도움이 된다. 뿐만 아니라 슈퍼바이지인 상담자의 관점을 폭넓게 확장시키는 역할을 할 것이다.

3) 내담자의 의식 발달 수준과 병리적 현상

지금까지 의식 발달은 여러 학자에 의해 소개되었다. 내담자에 대한 이해를 돕고자 내담자의 의식 발달이 어떤 단계에 있는지 알아보기 위한 이론들을 살펴보겠다. 이 이론들은 초월영성상담 이론에 기초를 두고 있는 의식 발달 이론들이다.

(1) Ken Wilber의 의식 발달 모델

Ken Wilber는 그의 저서 『의식의 스펙트럼(The spectrum of conciousness)』에서 인간 의식을 그림자 영역, 자아 영역, 생물사회적 영역, 실존 영역, 자아초월 영역 등으로 구분하였다(Wilber, 1989). 의식의 발달에 대한 1기에서 5기에 이르는 발전과정을 거쳐 그의 사상은 더욱 정교해졌는데, 의식의 구조가 전개인 단계, 개인 단계, 초개인 단계로 구분된다고 했다. 이후의 저서 『의식의 변용』(Wilber, 1986)에서는 10개의 단계로 나누었는데, 감각 물리적 단계, 환상 정서적 단계, 표상적 마음 단계, 규칙-역할 마음 단계, 형식-반성적 단계, 비전-논리 단계, 심령 단계, 정묘 단계, 비이원 단계 등이다.

의식 발달의 각 단계를 거치는 동안 발달을 저해하는 문제를 만나거나 그 문제를 넘어가기 어렵게 되면 심리적 어려움을 동반하게 된다. 초월영성 심리학이 언제나 병리적 관점을 가지는 것은 아니다. 그러나 슈퍼바이지가 내담자의 주호소문제에 대하여 관찰하고 그 문제들을 의식 발달 수준으로 이해한다면 내담자를 이해하는 데 도움이 될 것이므로 각 단계의 병리적 관점도 함께 살펴보겠다.

월버는 『의식의 변용』(Willber, Engler, & Brown, 1986)에서 전개인적·개인적·초개인적 단계에서 정신병리의 스펙트럼을 구분하였다. 전개인적 단계에서 정신병적 병리, 경계선 장애, 신경증적 병리가 생겨날 수 있으며, 조현증, 편집증 등 심한 병리적 성격유형들이 신경증적 구조 내에서 일어날 수 있다(Stone, 1980)고 한다.

Kohut(1971)에 의하면 자기애적 성격 구조의 자기표상과 대상표상은 과대 자기 및 전능한 대상이 융합된 단위로 구성되어 있다. 다른 사람들이 자신의 일차적 욕구 충족을 위해 봉사하는 과대성-현시적 자기의 연장이나 양상으로 체험된다고 한다. Masterson(1981)은 자기애적 성격이 외적으로 드러나는 모습 이면에는 심한 부러움에 사로잡힌 공허와 분노의 감정 상태가 있다고 한다.

경계선 성격은 자기애적 구조보다 더 복잡하다. 경계선 성격은 많은 분화를 성취했으나 이러한 분화가 통합되어 있지 않고, 자신을 무가치하게 느끼게 하는 대상에 대한 위축되는 마음과 반대로 공격적인 마음이 왔다 갔다 하며 존재한다. 그러므로 대상에 대한 분리가 중요한 과제이다.

전개인적 단계를 거쳐 우리의 의식은 개인적 단계로 발달하게 된다. 개인적 단계에서의 병리는 후(post) 오이디푸스적 발달단계에서 경험하는 문제들과 이전 단계에서 이어지는 문제들이 발생할 수 있다. 역할 혼돈으로 인한 어려움, 정체성 신경증, 실존 병리들, 예를 들면 실존적 우울, 자신의 유한성과 필멸성에 대한 심오한 자각-수용의 결핍 상태인 비진정성, 실존적 고립, 좌절된 자기실현, 실존적 불안, 실존적 권태 등이 있다.

초개인적 단계에서는 심령적(psychic), 미묘한(subtle), 원인의 (causal) 영역으로 구분하여 일어나는 현상과 신체적·심리적 변화를 살펴볼 수 있다(willber & brown, 1986). 첫째, 심령적 장애를 살펴보면 다음과 같다. 영적·심령적 에너지나 심령적 능력이 자발적이고 뜻하지 않은 각성 속에서 생겨나기도 한다. 이러한 예기치 않은 상태에서 경험하는 현상이 일상을 뒤흔들게 되는 경우에 심령적 장애로 볼 수 있다. 또한 일시적 정신신경증 증상처럼 나타나는 영적 채널의 정신신경증 증상이 있을 수 있다. 심령적 에너지의 팽창, 두통이나 가벼운 부정맥 등 정신신체적 증상을 동반하는 불균형 현상도 이 단계에서 경험할 수 있다. 영적 경험이 서서히 사라지고 그로 인해 엄청난 좌절과 우울을 경험하게 되는 영혼의 어두운 밤의 시간을 보내게 되는 경우도 있다. 또한 분열된 인생의 목표와 더불어 안정감을 잃게 되고 심리적으로 무기력해질 수 있다. 이 단계에서는 실존 자체의 고통스러운 본성이 더 자라서 실존 의식의 실현을 초래할 수 있다. 이때 실존적 장애, 정신신경증과 같은 경험을 하기도 한다. 이 단계는 고통스러운 본성에 대한 통찰을 경험하는 단계이다. 쿤달리니 에너지가 상승할 때 잘못된 방향으로 상승하게 되어 감각기관의 이상, 근육경련, 두통, 호흡곤란 등을 일으키기도 한다. 라마나 마하리쉬와 같은 영적 스승들의 삶을 살펴보면 초가집 기둥에 큰 코끼리를 묶어 놓게 되면 집 전체가 흔들리는 것처럼, 영적 의식이 깨어났을 때 그 에너지를 담는 그릇에 과부하가 걸려서 일어나는 부조화가 몸의 불편감으로 나타나기도 한다.

둘째, 미묘한 영역의 장애는 새로운 대상관계, 새로운 동기부여, 새로운 삶의 형태, 새로운 죽음의 형태와 더불어 새로운 병리의 형태가 나타날 수 있다. 이 단계에서는 이전 단계의 정신적·심령적 차원의 분화, 분리, 초월의 문제가 있을 수 있다. 또한 미묘한 원형적 자기와 그 대상관계의 동일시, 통합, 공고화의 문제가 나타날 수 있다. 먼저, 통합과 동일시의 실패 현상이 있다. 깊은 명상의 경험을 통하여 우리는 우리의 본질적 본성이 무엇인지 알게 된다. 그러한 앎의 수준에 이르러도 그것을 깨닫는 것이 어려운 이유는 자기와 원형 사이의 균열이 일어나는 것 때문이라 할 수 있다. 자아의 죽음(ego death) 경험 없이 이 깨달음의 통합이 일어나기 어렵기 때문에 원형적 자각을 하는 존재가 되는 대신에 명상 속에서 자신의 한 조각을 응시하며 공고화에 이르지는 못하게 되는 형상이다. 이 단계에서는 깨달음의 단계가 아닌 그와 유사한 경험을 잘못 해석하는 일이 일어난다. 그것은 모든 미묘한 수준의 원형적 자각과 안정된 주시에 실패한 경험으로 해석할 수 있다.

셋째, 원인의 장애는 자기 발달의 단계이며 정상적 발달에서 적절한 분화와 통합이 일어나지만 병리적으로 그 과정이 완성에 이르지 못하는 현상이다. 먼저, 해방에 대한 지나친 욕구로 인하여 분화에 실패할 수 있다. 미묘한 집착과 욕구가 근원에 접지하지 못하게 되어 원형적 자기의 최종적 죽음을 받아들이지 못하게 되는 경험이 일어날 수 있다. 최종 단계에 근접했을지라도 미묘한 이원론에 머무르게 되어 결국 통합에 실패하여 순수의식으로 남지 못하는 경험이 이 단계의 마지막 장애라 할 수 있다.

이와 같이 우리가 심리영적 발달의 단계에 대하여 이해하고 내담자의 주호소문제 혹은 증상을 자아초월적 관점에서 해석한다면 내담자가 어느 단계의 어떤 문제에 머무르고 있는지를 알아차리고 해석하며 이 문제에 대한 조력의 방향을 잡을 수 있을 것이다.

이러한 발달단계는 자각을 통해 가속화될 수 있으며, 어느 한 단계에 오래 머물거나 고착됨 없이 나아가는 데에는 스스로의 자각이 중요한 요인이 된다.

그러므로 슈퍼바이지인 상담자는 상담의 과정에서 내담자의 의식 발달단계가 어떠한지 확인해 보아야 한다. 또한 내담자 스스로 자신이 어느 단계에 머물고 있는지 지각할 수 있도록 조력하고, 상담을 통해 내담자가 의식의 통합이 잘 이루어지도록 촉진할 수 있어야 할 것이다.

특히, Wilber의 초기 연구에서 의식의 발달을 그림자 영역, 자아 영역, 생물사회적 영역, 실존 영역, 자아초월 영역으로 구분한 것은 상담의 과정에서 내담자의 의식 발달 수준을 점검하기에 적절한 구분으로 보인다. 이 다섯 가지 영역에 대하여 좀 더 살펴보면 다음과 같다.

첫째, 그림자 영역이다. 외부 세계와 관계에서 문제가 일어날 때 그 문제의 근본 원인을 자신 내면의 그림자로 이해하고 탐색할 수 있는지 여부는 성장의 중요한 준거가 될 수 있다. 내담자가 호소하는 문제를 탐색하다가 내담자의 부인된 경험과 자아의 그림자를 탐색하는 것은 중요한 작업이 된다. 이 그림자를 알아차리고 포용하고 자신의 잠재력을 이해하는 일부로 만드는 것은 상담 성과를 평가하기에 중요한 기준이 될 수 있다. 그림자는 무지, 부정 또는 억압된 채로 있기를 원하는 개인의 무의식적 측면이다. 그래서 내담자는 자신의 그림자를 스스로 탐색하기 쉽지 않을 것이다. 그것을 지켜보는 상담자는 객관적인 관점에서 내담자의 그림자를 알아차릴 기회를 더 많이 가질 수 있다.

둘째, 자아 영역으로, 우리가 현실적인 삶을 잘 살고 있는지 여부는 얼마나 지금-여기에서 현실 검증력을 가지고 살 수 있는가 하는 문제일 것이다. 내담자의 자아가 강화되어 있는가 하는 문제는 내담자가 현실적인 삶을 잘 살아가고 있는지 파악하는 기준이 될 수 있다. 그라운딩되어 있는 삶은 견고한 자아에서 시작된다. 건강한 내적 탐구의 길에서 자아를 강화시키는 것이 우선되어야 한다. 벗어날 자아가 무엇인지 모르고 자아를 떠날 수는 없는 일이기 때문이다.

셋째, 생물사회적 영역이다. 내담자가 사회적 관계 속에서 어떤 대인관계 양상을 가지고 있으며, 그것이 내담자의 호소문제와 어떤 관련이 있는지 알아보는 것이 사례개념화에 도움이 될 것이다.

넷째, 실존 영역으로, 내담자가 실존적 삶을 사는지, 삶의 의미를 잘 찾고 있는지를 점검한다.

다섯째, 자아초월 영역이다. 내담자의 주호소문제를 바라보는 시각이 자아초월적 관점에서 바라보고 있는지, 영적 문제에 대하여 호소하고 있는지를 살펴본다.

이와 같이 의식 발달에 대한 Wilber의 초기 관점은 상담자가 내담자의 의식 발달 수준에 대한 점검을 잘 안내해 주는 내용으로 보인다.

(2) Grof의 주산기 모델

오스트리아의 정신분석학자 Otto Rank(2010)는 출생의 트라우마에 대하여 최초로 언급하였다. 그에 의하면 보호된 환경에서 태어나자마자 어머니와 이별하는 출생은 인간이 경험하는 첫 번째 트라우마이며, 우리에게 지속적인 영향을 남긴다. 이 출생의 트라우마가 신경증의 첫 장이며, 인간의 영역 안에 확고하게 자리 잡아서 본질적 불안감과 관련된다.

초월심리학의 대표 학자 Grof(1990)는 의식의 발달과정을 아기가 엄마 배속에서부터 탄생에 이르는 전 과정을 의미하는 주산기(Basic Perinatal Matrices)로 설명한다. 태어나기 전, 태아가 성장하면서 경험하는 여러 단계의 과정을 의식의 발달과정으로 설명하고 있다.

탄생에 수반했던 심리체험의 영역에서 태아가 탄생의 경험을 어떻게 하느냐에 따라 성격 형성의 가장 기본적이고 결정적인 원형이 된다. 정서적 · 정신신체적 장애들이 종종 출생 후기, 특히 유아기 또는 유년기에 시작된다고 하더라도, 그 상당수는 주산기나 출생 전기의 영역에서 비롯된다고 본다.

주산기 1단계는 태아가 양수 속에 머물러 있는 상태로, 아무런 근심 걱정이 없이 만족스러운 자궁과 하나가 되는 단계이다. 태아는 낙원 상태의 체험을 하며 이상적인 지복의 상태를 경험한다.

주산기 2단계는 분만 개시의 단계로, 자궁의 경련으로 태아는 압박을 받고 자궁 문이 열리지 않기 때문에 불안을 경험하게 된다. 이때 매우 부정적 감각이 따르고 강렬한 신체적 · 심리적 고통과 절망감을 느끼게 된다. 우주에 끌려 들어가는 현상, 낙원의 상실감 체험 등 기본적으로 부정적인 감각이 따르며, 강렬한 심리적 · 신체적 고통을 수반하고 좌절, 비관, 무기력한 느낌을 경험한다.

주산기 3단계는 태아가 산도를 통과하는 단계로, 죽음과 재탄생의 고투가 따르는 상태이다.

주산기 4단계는 출산의 단계로, 극에 달하였던 산도 통과가 성공적으로 끝남으로써 해방과 이완이 찾아오며 죽음과 재탄생의 체험을 하게 된다. 이때 해방과 긴장 이완의 경험, 세계가 전체적으로 밝아진 체험을 하게 된다.

우리는 주산기 과정을 통하여 세상에 태어나고, 의식의 수준도 주산기의 경험과 같은 과정을 거치며 발달한다. 주산기에 대하여 Grof(2000)

는 [그림 4-1]과 같이 태아가 발달과정을 거쳐 성장하면서 탄생을 준비하는 동안 생애 첫 번째 트라우마를 경험한다고 했다.

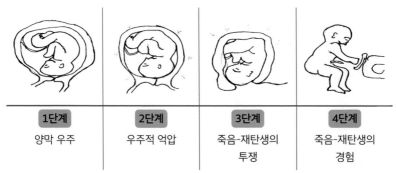

| 1단계 | 2단계 | 3단계 | 4단계 |
| 양막 우주 | 우주적 억압 | 죽음-재탄생의 투쟁 | 죽음-재탄생의 경험 |

그림 4-1 주산기 4단계

출처: Grop (2000).

주산기 각 단계에서 일어나는 현상에 대하여 Grof는 관련된 정신병리학적 증후, Freud식 리비도에서의 상응활동, 출생 후의 삶에서 연상된 기억, 심현제 현상학 등으로 분류하여 〈표 4-1〉과 같이 설명한다.

〈표 4-1〉 주산기의 특징

주산기 1단계 (BPM 1)	삶에서 연상된 기억	중요한 욕구들이 충족된 출생 후의 삶에서 나온 상황. 유아기와 유년기의 행복한 순간에서 나온 기억과 같은 엄마의 사랑에 찬 보살핌, 또래끼리의 놀이, 가족과 조화로운 시절, 사랑의 로맨스를 성취함. 아름다운 자연환경에서 휴가, 고도의 심미적 가치를 지닌 예술적 창조물의 접함. 대양과 깨끗한 호수에서 헤엄치기 등
	리비도에서의 상응활동	리비도적 만족감, 흔들리거나 목욕 중에 성적 충동의 느낌, 구강, 항문, 요도 및 성기기적 만족 이후의 상태 혹은 아기를 분만한 후의 상태와 유사
	관련된 정신병리학적 증후	조현증적 정신질환들(편집증적 징후, 신비적 합일감, 초자연적 마력과의 조우, 카르마의 체험), 건강염려증 히스테리성 환각증, 백일몽과 실제의 혼동

주산기 1단계 (BPM 1)	심현제 현상학	자궁 안에서 방해받지 않는 편안한 삶, 자궁 체험의 사실적 회상, 대양 같이 광활한 황홀경, 우주적 합일의 경험, 낙원에서의 환상. 자궁 안에서 방해받는 산란한 삶. 좋지 않은 자궁 체험의 사실적 회상(태아기의 위기, 어머니의 질병과 감정적 대격변, 쌍둥이의 상태, 시도된 유산), 우주적 합일, 편집증적 관념화, 불쾌한 신체적 감각(냉기와 미세경련, 불쾌한 맛, 혐오감, 중독된 느낌), 다양한 자아초월적 체험과의 연관성(원형적 요소, 충족 기억과 진화 기억, 초자연적인 힘과의 조우, 전생체험 등)
주산기 2단계 (BPM 2)	삶에서 연상된 기억	생존과 신체의 보전이 위험에 처한 상황(전쟁체험, 사고, 상해, 수술, 고통스런 질병, 익사 위험, 질식, 감금, 세뇌와 불법적 심문, 신체학대 등의 일화), 심각한 심리적 외상성 상황(감정의 박탈, 거부, 위협적 상태, 억눌린 가족 분위기, 조롱과 굴욕 등)
	리비도에서 상응활동	구강기적 욕구불만(갈증, 공복, 고통스러운 자극), 대변 및 소변 잔류, 성적 좌절, 추위, 통증, 그리고 다른 불쾌한 감각의 체험
	관련된 정신병리학적 증후	조현증적 정신질환들(지옥의 고문이라는 요소, 의미를 상실한 비현실적 세계의 체험), 심하게 억제된 우울증, 비이성적 열등감과 죄책감, 건강염려증, 알코올 중독과 약물 중독
	심현제 현상학	격심한 육체적·심리적 고통, 결코 끝나지 않을 견딜 수 없고 도망칠 수도 없는 상황, 다양한 지옥의 이미지들, 덫에 걸리고 갇힌 느낌, 고통스러운 죄책감과 열등감, 세상의 종말론적 광경(전쟁과 강제수용소의 공포, 종교재판소의 공포, 위험한 전염병, 질병, 노쇠와 죽음 등), 인간 존재의 의미 없음과 부조리함, 실재감 없는 세계, 어둡고 불길한 색조와 불쾌한 신체적 증상(압박감, 심장의 통증, 발열과 오한, 발한, 호흡곤란)
주산기 3단계 (BPM 3)	삶에서 연상된 기억	투쟁, 대결, 모험에 찬 행동(전투와 혁명에서 적극적인 공격, 군복무 중의 체험, 난폭한 비행, 폭풍이 몰아치는 대양에서의 항해, 위험한 자동차 운전, 권투), 몹시 관능적인 기억들(카니발, 유원지와 나이트클럽에서 즐김, 마약과 파티, 성적 향연 등), 성인의 성행동에 대한 유년기의 관찰, 유괴와 강간의 경험, 자신의 아이를 분만하는 여성들

주산기 3단계 (BPM 3)	리비도에서의 상응활동	음식을 씹는 것, 삼키는 것, 대상에 대한 구강기적 공격과 파괴, 배변과 배뇨의 과정, 항문과 요도기적 공격, 성적 오르가즘, 남근기적 공격, 분만, 평행감각적 에로티시즘
	관련된 정신병리학적 증후	조현증적 정신질환들(가학피학적 변태성욕과 외설성 변 태성욕의 요소, 자해, 비정상적인 성적 행위), 초조, 우울, 성적 도착(가학피학성 성도착, 남성 동성애, 오줌을 마시 고 똥을 먹는 것), 강박신경증, 심인성 천식, 안면경련과 말더듬, 전환과 불안히스테리, 불감증과 음위, 신경쇠약 증, 외상성 신경증, 장기 신경증, 편두통, 유뇨증과 유변 증, 건선, 위궤양
	심현제 현상학	우주적 차원에 이르는 고통의 강화, 아픔과 쾌감의 경계 상태, 화산처럼 폭발하는 황홀경, 찬란하게 빛나는 색조 폭발과 불꽃놀이, 가학 피학성 성도착적 향연, 살인과 피 의 회생, 격심한 전투에의 적극적 참여, 거친 모험과 위험 한 탐험 강렬한 성적 향연의 느낌, 하렘과 사육제의 광경들, 죽음 과 재탄생의 체험, 피의 희생을 포함하는 종교(아즈텍족, 그리스도의 십자가 고난과 죽음, 디오니소스 등) 강렬한 육체적 표현(압박과 통증, 질식, 전율하고 경련을 일으키는 근육긴장과 에너지의 방출, 오심, 구토, 고열과 오한, 발한, 심장의 통증, 괄약근 조절의 문제, 귀에 울리 는 소리)
주산기 4단계 (BPM 4)	삶에서 연상된 기억	위험한 상황으로부터의 행운의 탈출(전쟁 또는 혁명의 끝, 사고나 수술에서의 생존), 적극적인 노력에 의한 심 한 장애의 극복, 힘겹고 어려운 투쟁 끝에 얻은 획기적인 성공의 일화들 자연의 장면(봄의 시작, 대양에서 폭풍 의 끝, 일출 등)
	리비도에서의 상응활동	갈증과 공복의 충족, 젖을 빠는 기쁨, 배변, 배뇨, 성적 오 르가즘 또는 분만 후의 리비도적 느낌
	관련된 정신병리학적 증후	조현증적 정신질환들(죽음 재탄생의 체험, 구세주 망상, 세계의 멸망과 재창조라는 요소, 구원과 대속, 그리스도 와의 동일시), 조증 증후군, 여성 동성애, 노출증

| 주산기
4단계
(BPM 4) | 심현제 현상학 | 압박감이 사라짐. 공간의 확장, 거대한 홀의 환상, 아름다운 색조, 재탄생과 대속의 느낌, 범사에 감사, 감각의 증진, 모두가 형제된 느낌, 박애주의와 자선적인 경향, 이따금씩 오는 조증적 활동과 과대적 감정, BPM 1의 요소로 이행, 쾌감은 '배꼽에서의 위기(umbilical crisis)'로 중단될 수 있음, 배꼽의 예리한 통증, 호흡의 상실, 죽음과 거세의 공포, 몸의 변화, 그러나 외부의 압력은 없음 |

출처: Boorstein (1996).

(3) Don Beck과 Chris Cowan의 나선 역학 모델

Don Beck과 Chris Cowan(2005)은 나선형의 나선 역학(spiral dynamic) 모델을 제시했다. 성장의 과정에 대한 상세한 지도와 같고, 이 모형을 인간 발달의 홀라키 모델이라고 한다. 우리의 의식 수준에서 개인적 성장은 성장된 개인들이 모여 집단을 이루므로 집단의 성장과 같은 흐름이다. 이 단계들을 컬러로 표현하는데 생존이 중요했던 본능적 단계는 베이지, 주술적 단계는 퍼플, 힘을 쓰려는 단계는 레드, 옳고 그름이 중요한 진실의 단계는 블루, 성공을 추구하는 단계는 오렌지, 공동체를 이루고 함께 성장을 추구하려는 그린 등 여섯 단계를 첫 번째 층으로 본다. 두 번째 층은 통합을 이루려고 하는 옐로우 단계, 자비와 조화를 이루려는 터콰이즈 단계 등이다. 각 단계를 사고의 구조 혹은 세계관을 의미하는 밈(MEME)으로 호칭한다.

나선 역학 모델에서는 개인들의 의식이 발달하면 집단의 의식도 함께 발달하게 된다고 본다. 이것을 정리하면 〈표 4-2〉와 같다.

그림에서 보는 것과 같이 우리의 의식 발달은 나선형으로 나아간다. 이 모델은 크게 두 가지 층으로 나누어져 있다. 첫 번째 층은 생존의 층이며 두 번째 층은 존재의 층이다. 의식의 발달은 층 안에서 이동할 수 있고, 층간의 이동은 일어나지 않는다.

제4장 초월영성상담 슈퍼비전 모델

〈표 4-2〉 나선 역학 spiral dynamic 모델

층	컬러	의미	형태	밈(MEME)
2층	청록색	거대한 정적, 고요		터콰이즈 밈
	노란색	통합, 체계적, 개인적 Self, 관계의 중요성		옐로 밈
1층	녹색	집단 의식으로 하나됨		그린 밈
	오렌지색	성공		오렌지 밈
	파란색	감각 추구, 권위		블루 밈
	빨간색	기회주의적 파워		레드 밈
	자주색	집단, 마술적 사고		퍼플 밈
	베이지색	본능적인, 단순한 생존		베이지 밈

〈표 4-3〉 나선 역학 모델 밈(MEME)의 특징

층	밈	의미	발달 연령	기원	기본 주제	방법	함정
2층 존재의 층	터콰이즈	총체적 셀프 (holistic Self)	없음	30년 전	마음과 회전을 통해 존재의 전체를 경험한다.	다차원적·초이성적 인식에 대한 깊은 수용	영혼에 대한 병리적 문제들
	옐로	통합적 셀프 (integral Self)	없음	50년 전	현재 모습 그대로 충실하고 책임감 있게 생활하고 자신이 되기 위해 학습한다.	진화 흐름을 깨우고, 다양성을 분별력과 통합한다.	중단된 자아실현, 실존적 불안
1층 생존의 층	그린	공동체주의/ 평등주의	15~21세	150년 전	내면의 평화를 추구하고 다른 사람들과 함께 공동체를 탐구한다.	다양한 견해를 존중하고, 경청하고, 합의한다.	무감각, 진실성 상실, 과도한 상대주의, 분별력 부족
	오렌지	성취자/ 전략적	9~11세	300년 전	게임에서 승리하려면 관심을 가지고 행동한다.	탁월함을 배우고 목표를 설정하고 성공한다.	정체성 위기, 역할혼란, 과소비, 일중독, 목표 집착
	블루	목적적/ 권위적	7~8세	5천 년 전	삶은 미리 정해진 것으로 의미, 방향, 목적이 있다.	규칙을 따르고 정해진 역할을 한다.	전형적 역할식별, 근본주의, 파시즘
	레드	충족적/ 자기중심적	3~6세	1만 년 전	지금의 자신이 되고 원하는 것을 한다.	힘을 조정하고 필요한 것을 추구한다.	불안, 우울, 공포증, 죄책감
	퍼플	마법/ 물활론적 사고	1~3세	5만 년 전	부족의 둥지를 따뜻하고 안전하게 유지한다.	족장, 조상에 대한 충성	경계선 성격, 자기애적 성격, 전능한 환상, 환각
	베이지	본능적 자기	0~18개월	10만 년 전	살아남기 위해 해야 할 일을 한다.	음식, 물, 따뜻함	정신병리, 자폐증

베이지 밈의 사람들은 살아남기 위해 해야 할 일을 한다. 생존을 위해 본능과 습관을 사용하고, 삶에서 최우선 순위는 음식, 피난처, 성, 안전이다.

퍼플 밈의 사람들은 영혼을 행복하게 하고 부족의 보금자리를 따뜻하고 안전하게 유지한다. 마법적인 사고를 하며 모든 물질에 생명이 있다고 믿는다.

레드 밈의 사람들에게 세상은 위협과 포식자로 가득한 정글과 같다. 자기 욕망대로 자신을 기쁘게 하기 위해 모든 지배나 제약에서 벗어나 당당히 서서 관심받기를 기대한다. 공격적인 캐릭터가 지배적이다.

오렌지 밈의 사람들은 이기기 위한 게임을 한다. 자신의 이익을 위해 행동하고, 물질적 즐거움을 바로 추구한다. 비밀을 배우고 최선의 해결책을 찾아 발전한다. 변화와 발전은 계획에 포함되어 있다. 지구의 자원을 이용하여 풍요롭고 좋은 삶을 창조하고 확산시킨다. 낙관적이고 위험을 감수하며, 자립심이 있어 성공할 수 있다. 사회는 전략기술과 경쟁력을 통해 번영한다.

그린 밈의 사람들은 내면의 평화를 추구하고 공동체의 가치를 소중하게 여긴다. 공동체에서 애정 어린 관계를 잘 유지하는데 이들의 과제는 인간의 탐욕, 독단, 분열의 감정이나 민감함에서 자유로워져야 한다. 냉철한 합리성을 바탕으로 지구 자원과 기회를 모두에게 균등하게 분배하고, 화해와 합의 과정을 통하여 결정에 도달하고자 한다. 조화로움을 추구하여 풍요로운 인류 발전에 기여한다.

옐로 밈의 사람들은 지금의 모습 그대로 완전하고 책임감 있게 살고 그렇게 사는 법을 배운다. 삶은 자연적인 시스템이며 형태의 표현이다. 존재의 장엄함은 물질적 소유보다 더 중요하다. 유연성, 자발성은 중요한 기능이다. 상호의존적이고 자연스러운 흐름으로 통합될 수 있다. 혼돈과 변화조차도 자연스러운 것임을 이해한다.

터콰이즈 밈의 사람들은 직관적 사고와 협력적 행동을 한다. 세상은 고유한 집단정신을 가진 단일하고 역동적인 유기체이다. 자아는 더 크고 자비로운 전체 가운데 독특한 하나이다. 모든 것은 연결되어 있고, 모든 에너지와 정보는 지구의 전체 환경에 스며들어 있다.

나선 역학 모델을 살펴보면 우리의 의식은 성장과정에 따라서 발전한다. 한 단계의 성장이 무난하게 잘 일어나면 그다음 단계로 순조롭게 나아갈 수 있다. 어느 단계에 머물러 있어서 고착되어 있거나, 제대로 발전을 거치지 않고 지나쳤거나, 그 단계의 발전에 대하여 부정하는 등의 경험을 하게 되면 그 단계의 발전에 대한 충분한 이해가 부족할 수 있다. 그런 경험은 일상에서 우리의 의식 성장에 걸림돌이 될 수 있다. 그러한 문제를 가진 내담자를 바라보는 상담자들의 시선은 하나의 발달과정에서 일어나는 다양한 어려움 중 하나로 이해할 수 있을 것이다.

4. 상담 성과 및 추후 과제

상담과정에서 내담자의 주호소문제가 직접 다루어지고, 내담자가 문제를 바라보는 시각이 달라지면 내담자에게 변화가 일어난다. 내담자의 주호소문제에 변화가 일어나고 상담의 목표로 삼았던 주제에 변화가 일어날 때 상담의 성과가 있었다고 할 수 있다. 상담이 어떤 성과로 드러나고 있다는 것을 아는 것은 내담자를 이해하는 것뿐만 아니라 상담자 스스로 자신의 상담과정을 이해하는 것이기도 하다.

상담의 구조화 과정에서 상담자와 내담자는 이번 상담을 통하여 어떤 변화를 희망하는지에 대한 논의를 통해 상담목표를 설정하였다. 상담을 진행하면서 상담자는 상담의 목표가 어느 정도 달성되었는지 점검하면서 상담 성과를 확인할 수 있다. 상담 목표의 설정이 어느 정도 이루어졌으며, 내담자가 어떻게 그것을 알아차리고 있는지 탐색한다. 전 과정을 돌아보면서 내담자가 어떤 과정을 통해 이러한 성과를 이룬 것인지 이야기 나눈다. 어려운 도전이 있었거나, 자신도 모르는 사이에 그렇게 변화한 것이거나, 상담자의 안내가 분명하여 내담자가 따라온 것이거나 간에 상담의 성과는 내담자의 노력에 의한 결과임을 알려 준다. 슈퍼비전에서는 이러한 성장을 이룬 것에 대하여 슈퍼바이지인 상담자가 내담자를 격려하고 있는지 살펴본다.

슈퍼바이지는 사례가 진행되는 동안 어느 시점에서라도 슈퍼비전을 필요로 한다. 슈퍼바이지가 진행하는 상담이 성과를 나타내고 있을 때 슈퍼비전이 진행된다면 이 사례가 어떤 성과로 이어지고 있는지 점검하며, 이후 상담이 어떻게 나아가는 것이 바람직할지 논의하는 과정이 있어야 한다.

그런데 이와 달리 상담의 성과가 나타나지 않을 때 상담자들은 더욱 자주 슈퍼비전의 필요성을 느낀다. 상담에서 정체되어 꼼짝하지 않는 상황을 맞이하게 되면 슈퍼바이지들은 내담자에게서 문제를 찾으려 한다. 시각이 내담자에 고정되어 있는 슈퍼바이지일수록 정체되고 있는 이 문제의 원인을 내담자에게서 찾으려고 하는 것이 일반적이다. 그런데 슈퍼바이지가 자기 자신에게로 시선을 돌려보면 이 정체된 원인이 상담자와 내담자 간의 역동일 수 있다는 것을 알 수 있다.

자아초월 이론에서 변화를 위한 몇 가지 조건이 있다고 한다

(Hendricks & Weinhold, 1982). 상담자와 내담자 사이의 협력 관계는 매우 중요하다. 자신의 문제를 부정하는 내담자에게 의식 수준과 지원 체계 수준에 대한 인식을 제공한다면 내담자가 자신의 문제를 바라보는 시선이 달라질 수 있다. 내담자가 그 문제에 대해 어떻게 느끼는지 감정의 언어로 표현하도록 격려하는 것도 필요하다. 상담자가 내담자와의 관계에서 경험하는 것을 말로 표현하게 될 때 상담은 깊이 있는 단계로 나아간다. 상담의 성과는 단순히 내담자 주호소문제의 변화를 넘어 상담자와 내담자 관계의 변화로까지 나아가게 된다. 이런 성과를 위하여 슈퍼비전은 슈퍼바이지가 내담자와의 관계에서 어떤 경험을 했는지에 초점을 둔다. 정체된 상황에서 슈퍼바이지가 상담에서 어떤 것을 경험했는지 탐색하면서 내담자와 어떤 종류의 재연(enactments)이 일어나고 있는지 알아차린다면 상담이 정체에서 벗어나 성과로 나아가게 되는 좋은 계기가 된다.

슈퍼바이지는 내담자와 상담을 종결하는 마무리 단계에서 내담자에게 남아 있는 추후 과제에 대하여 언급할 수 있다. 상담자는 앞으로 내담자가 준비된다면 추후 과제를 다루도록 권고하며 상담을 마무리한다. 내담자에게 남아 있는 과제를 발견하고 슈퍼바이지에게 조언하는 것도 상담의 슈퍼비전에서 슈퍼바이저가 점검해 볼 부분이다.

5. 슈퍼바이지의 참나

슈퍼바이지는 상담자로서 발달해 가는 초기에 상담 이론과 기법을 배우고 익히며 성장한다. 슈퍼바이지는 상담의 기본을 익히는 과정에 중요하게 받아들인 상담 이론과 기법으로 상담을 하면서 상담자로서 경험을 쌓는다. 상담자들은 숙련과정을 거쳐 점점 복잡한 문제를 지닌 내담자를 만나게 되고, 내담자의 문제를 탐색하면서 상담자도 성장한다. 이러한 과정을 통해 상담자는 보다 성숙한 상담자로 자리 잡게 된다. 상담자가 준비된 만큼 복잡한 문제를 지닌 내담자를 만나게 되고, 어려운 사례를 통해 상담자는 삶에 대한 깊이 있는 질문을 하게 된다. 삶이 무엇인지, 인생의 의미가 무엇인지 탐구하는 가운데 내담자의 문제를 둘러싼 환경을 바라보는 눈이 새로워지고, 우리가 삶에서 경험하게 되는 일들은 어떻게 일어나게 되는지 등등 좀 더 초월적인 질문들과 직면한다.

이렇게 상담자들은 삶의 의미에 대한 탐색이 시작될 때, 자연스럽게 초월영성상담에 관심을 가지게 된다. 초월영성상담은 상담자의 성장과정에 따라 자연스럽게 받아들여지는 영역이라 할 수 있다. 삶의 의미를 이해하고 내가 누구인지 탐색하는 등 일련의 초월심리학적 배경의 활동은 인과관계보다는 과정을 중요하게 보는 활동이다. 기존의 이론들이 이상행동이라는 결과를 이해하기 위하여 어떤 원인에서 시작되었는지를 탐색했다면 초월심리학의 관점은 어떤 과정으로 이상행동이 진행되었고 지금은 어떤 과정 안에 있는지 보는 것을 더 중요하게 생각한다.

그리고 인간관에서 언급하였듯이 어떤 문제를 가진 내담자도 그 내면은 참나인 존재라는 것을 전제한다. 참나는 상담자와 내담자 그리고 누구에게나 내면에 숨겨져 있는 바탕이라 할 수 있다. 참나의 개념은 'Self'라고 불리기도 하고, 참 자기, 신성, 성령, 불성 등 다양한 이름으로 불릴 수 있다. 우리가 문제를 가지고 있고 그 문제와 동일시하는 동안에는 이 참나에 대해 알아차리거나 접촉할 수 있을 것이라고 상상하기 어렵다. 일단 그 문제를 분리하여 대상으로 바라볼 때, 내면이 고요해지면서 참나의 시선이 될 수 있다.

슈퍼바이지가 내담자와 상담을 하는 동안 내면이 고요하고 침착한 참나의 상태에 접지해 있었는지, 혼란스러워하는 마음에 동일시하고 있었는지 스스로 알아차릴 수 있도록 슈퍼비전이 제공되는 것은 바람직하다. 슈퍼바이지가 소란스러운 마음에 동일시하고 있었다면 그것을 알아차리는 순간 동일시에서 벗어나 고요해지는 것을 볼 수 있을 것이다. 그러는 가운데 슈퍼바이지는 슈퍼비전을 받기 전보다 더 성장하게 된다.

자아초월 심리학은 인간의 잠재력을 증진하는 것을 목표로 한다(Franklin, 2019). 상담자의 잠재력이 증진된다는 것은 상담 장면에서 더 유능해지고 내담자를 여러 차원의 관점에서 바라보게 되며 상담자 자신에 대한 이해도 여러 차원의 관점으로 이해할 수 있게 되는 일이다. 초월영성상담 이론의 인간관에서 우리는 몸과 마음과 영혼과 영성의 존재이다. Willber의 의식 발달 모델에서 언급했듯이 우리 자신을 이해하는 방식 역시 세상으로 드러나는 거친 단계과 내면의 미묘한 단계, 그리고 그보다 더 정교한 원인의 단계로 나누어 볼 수 있다.

상담에서 내담자에 대한 상담자의 접근이 표면으로 드러난 문제에만 집중되어 있다면 거친 단계의 접근이 될 수 있다. 상담자가 내담자와 마주 앉아 있고, 상담자의 감각기관을 통해 보이고 들리는 것에 집중하는 단계이다. 상담자는 감각기관의 정보를 신뢰하고 드러난 문제에 집중하는 단계이다. 시간이 지나면 상담자는 감각기관을 통한 정보가 아닌 좀 특별한 느낌을 알아차리기도 한다. 에너지의 변화나 차크라의 활성화와 같이 내담자의 변화를 감지하는 경험을 할 수 있다. 이것은 미묘한 단계이다. 그리고 내담자가 표면으로 드러난 문제를 지나 내면의 고요를 경험하는 날이 많아지고 있는 것을 발견할 수 있다. 상담자도 내담자를 만나면서 함께 고요해지고 평화를 경험하게 된다. 이것은 주호소문제와의 동일시에서 벗어나 내면의 참나에 대한 알아차림에 머무르게 되는 원인 수준의 경험이라 할 수 있다.

슈퍼바이지가 원인의 단계에서 치유적 작업이 일어났다면(Rowan, 2005) 그 수준에서도 슈퍼비전이 가능해야 한다. 많은 슈퍼바이저는 미묘한 수준과 원인의 수준에 대해 모호한 개념을 가지고 있다. 미묘한 단계와 원인의 단계의 차이점은 미묘한 수준이 기호와 이미지의 영역이고, 원인 수준에는 기호나 이미지가 없다(Rowan, 2006)는 것이다. Cortright(1997)는 이것을 영혼의 길 그리고 영성의 길이라고 불렀다. Masters와 Houston(2000)은 이 두 가지를 상징과 통합이라고 했다. 불교(Kapleau, 1967)에서는 삼보가카야(Sambhogakaya)와 다르마카야(Dharmakaya) 간의 차이라고 말한다. 바꾸어 말하면, 미묘한 수준에서는 방대한 수를 포기했음에도 불구하고 여전히 수천 개의 가정이 있는 반면, 원인 수준에서는 가정이 없다.

상담자들의 상담 접근에 대해서도 역시 이 세 가지 수준 혹은 단계를 이해하는 시선으로 바라볼 수 있다. Franklin(2019)에 의하면, 선 치료로 유명한 Brazier(1995)는 원인의 상태에 대해 진정한 권위를 가지고 이에 대하여 언급하였으나, 그가 상담을 할 때 종종 사이코드라마처럼 보인다. 영적 미술치료 전문가인 Mindell(1995)은 원인의 상태에 대해 매우 친근하게 글을 썼으나, Rowan(2006)에 의하면 그녀가 치료를 할 때 종종 게슈탈트처럼 보인다고 한다. 다이아몬드 접근으로 잘 알려진 쿠웨이트 출신의 작가이자 영적 스승 Almaas(1988)는 원인의 상태와 심지어 비이원적 상태에 대해 논문을 매우 잘 썼지만, 치료 장면에서 종종 대상관계 기법을 사용하는 것처럼 보이거나 때로는 바디워크처럼 보인다. 정신건강의학과 의사이자 마음챙김 작가이며 트라우마 전문가인 Epstein(2009)은 원인의 수준에 대해 매우 현명한 말을 했지만, 그가 치료를 할 때 종종 정신분석처럼 보인다. 선 수행자이며, 임상심리학 박사로서 만성 통증 환자를 위한 명상 프로그램을 개발한 Rosenbaum(1998)은 원인의 관계 상태에 대해 분명히 알고 있지만, 그가 치료를 할 때 그것은 종종 실존적 접근처럼 보인다. 비이원적 지혜와 심리치료를 저술한 Prendergast, Fenner와 Krystal(2004)도 동서양의 지혜 전통으로부터 비이원적 가르침이 현대 심리치료에 어떤 영향을 줄 것인지에 대해 탐구하였다. 이와 같이 초월영성 심리학에 관심을 가지고 상담과 심리치료 분야에서 학술적 연구를 해 온 연구자들은 원래의 훈련이나 경험의 관점에서 일하는 것이 단순화될 수 있지만, 확실히 영적 탐구의 방향으로 작업이 진행되고 있다. 그러므로 슈퍼비전에서 슈퍼바이지가 자신의 이론적 접근이 어떤 분야이든지 내담자에게 적용할 때 비이원적 관점을 가지고 바라보며, 내면에 참나에 잘 접촉하고 있는지 확인하는 것은 중요하다.

6. 슈퍼비전 평가

슈퍼비전을 마무리할 때 슈퍼바이지는 어떤 경험을 했고, 어떤 도움을 받았는지 점검한다. 슈퍼바이저의 안내가 슈퍼바이지에게 적절하게 제공되고 받아들여졌는지를 확인하는 것은 슈퍼비전을 받아들이는 슈퍼바이지와의 상호관계가 잘 이루어지고 있는지를 확인하는 과정이 되기도 한다. 슈퍼바이저는 슈퍼바이지와 소통이 원활했는지, 자신의 교육적 안내가 적절했는지 돌아보면서 슈퍼비전 방식에 변화가 필요한지

고려해 보는 가운데 다음 슈퍼비전에 도움이 될 수 있는 방법을 탐색할 수 있다.

첫째, 슈퍼비전에 대한 평가를 할 때, 슈퍼바이지가 내담자의 호소문제를 바라보는 새로운 관점이 생겼는지 살펴보는 것이 좋은 기준이 된다. 슈퍼바이지가 내담자의 어려움에 대한 환경을 넓은 시선으로 조망하면서 내담자 호소문제의 근원으로 안내할 수 있게 된다면 좋은 슈퍼비전이 되었다고 할 수 있다.

둘째, 특히 상담에 진전이 없고 더 이상 발전을 보이지 않거나 고정되어 꼼짝하지 않는다고 생각되었을 때, 이 상황이 어떤 형태의 재연인지 이해하게 되었다면 슈퍼비전이 도움이 되었다고 할 수 있다.

셋째, 슈퍼비전은 내담자에게 향해 있던 슈퍼바이지의 관점을 자신에게로 돌림으로써 고정된 시각을 넘어설 수 있도록 조력하는 과정이다. 슈퍼바이지가 이 사례를 통하여 자신의 그림자를 보게 되었다면 슈퍼비전의 도움이 있었다고 평가할 수 있다.

넷째, 슈퍼바이지가 잘 훈련된 상담 이론과 기법을 중심으로 상담을 하면서 이 방법이 내담자에게 적절했는지 궁금해할 때, 슈퍼바이저를 통해 자신의 방법에 대한 존중과 더불어 내담자에게 적절한 수준에 대한 이해가 되며, 좀 더 노력하고자 하는 의지를 갖게 되었다면 슈퍼비전이 도움이 되었다고 할 수 있다.

다섯째, 슈퍼비전을 통하여 슈퍼바이지가 내담자와 상담자 간의 역동을 이해하고, 겉으로 드러난 문제 너머 깊은 통찰과 더불어 내면의 참 자기가 있음을 알아차리고, 이 기회가 서로를 성장시키는 과정이 되고 있음을 이해한다면 슈퍼비전이 도움이 되었다고 할 수 있다.

여섯째, 슈퍼바이지가 슈퍼비전을 통해 든든함을 느끼고 상담에 좀 더 자신이 생긴다면 슈퍼비전이 도움이 되었다고 할 수 있다.

이와 같이 슈퍼바이지가 내담자의 호소문제를 바라보는 시선이 달라지고, 그동안 상담에 적용해 온 이론과 기법에 대한 발전 및 변화의 필요를 받아들일 뿐 아니라 상담자 자신의 내면 세계에 대한 깊이 있는 통찰이 일어나는 등의 변화가 슈퍼비전의 성과라고 할 수 있다.

특히, 초월영성상담에서는 거친 수준에서뿐만 아니라 미묘한 수준과 원인의 수준에서 적절하게 지도되었는지 살펴보는 것도 의미 있을 것이다. 영적 관점에서 사랑은 신성의 본질이다. 간디는 진정한 교육은 사랑으로부터 비롯되며 사랑으로 돌아가는 것이라 했다. 프랑스의 예수회 신학자 틸하르트(Pierre Teilhard de Chardin)는 사랑은 다른 사람을 발견하는 것이 아니라 스스로를 발견하는 것이라 했다. 라마나 마하리쉬는 사랑은 자신을 발견하는 것, 그리고 자기 자신을 초월하는 것이라 했다. 영적 탐구에서 사랑은 중요한 매개라고 할 수 있는데 그 이유는 Rowan(2006)이 미묘한 수준과 원인의 수준의 경계를 잘 건너가게 해 주는 것은 사랑이라고 한 것처럼 원인의 수준으로 넘어갈 수 있는 이유가 되기 때문이라고 생각한다.

슈퍼비전이 사랑에 기초한다는 것은 우리가 초월영성 이론에 기반하여 내담자를 바라보고, 상담자인 슈퍼바이지를 안내한다는 것을 의미한다. 그리고 슈퍼바이저 자신들이 원인의 수준에 머무를 수 있다는 것을 상징한다. 따라서 슈퍼비전에서 슈퍼바이저는 슈퍼바이지에게 가장 적절한 수준으로 이동하여 슈퍼바이지가 이해하고 받아들일 수 있는 수준의 지도를 할 수 있다. Sills(2002)는 원인의 수준의 슈퍼바이저의 경우 상담자가 있는 곳으로 가서 가능한 가장 유리한 방식으로 그 수준에서 일할 수 있다고 한다. 이 수준에서 체화된 경험으로서 텅 빔의 경험은, 즉 자아가 없고 분리되지 않음의 본질에 대한 심오한 경험적 이해는 슈퍼바이저와 슈퍼바이지 모두를 위한 작업의 기본이라 했다.

그러므로 슈퍼비전이 사랑에 기초했는지 평가해 보는 것은 초월영성상담 슈퍼비전의 관점에서 중요한 요인이 될 수 있다. 가족세우기와 THBA 트라우마 치료 전문가 Nyaki(2023)는 내담자에게 고통을 주었던 가해자를 상담자의 가슴에 공간을 마련하고 그곳에 있게 하라고 했다. 그곳에서 사랑을 넘치게 경험하고 스스로 내면의 신성한 공간이 만들어질 수 있는 기회를 가지게 하는 것이 좋다고 했다.

상담자가 사랑의 공간이 넘쳐나기까지 얼마나 많은 시간이 필요하겠는가. Grof 브레스워크 전문가 Ingo Benjamin Jahrsetz는 잔디 씨앗을 뿌리고 그 잔디가 제대로 뿌리내리는 데 10여 년이 소요된다며 전문가로 숙련되어 가는 데 인내의 시간이 필요하다고 한다. 슈퍼바이지가 상담을 배워 나가고, 내담자를 이해하고, 자신의 내면을 탐색하고, 가슴에 사랑의 공간이 넓어지기 위해서는 수련의 시간이 필요하다. 슈퍼비전의 결과를 속단하기보다는 먼 미래를 바라보고 슈퍼바이지에게 지지와 사랑을 보내는 슈퍼바이저가 된다면 초월영성상담의 미래가 슈퍼바이지를 통해 아름답게 이어질 것이다.

*참고문헌

장혜진(2014). 켄 윌버 의식분석의 도덕 윤리교육적 의의. 부산대학교 대학원 석사학위논문.

Almaas, A. H. (1988). *The pearl beyond price: Integration of personality into being.* Sambhala.

Beck, D., & Cowan, C. (2005). *The spiral dynamic.* Wiley-Blackwell Publishing.

Beier, E., & Young, D. (1980). Supervision in Communications Analytic Therapy. In A, K. Hess (Ed.), *Psychotherapy supervision: Theory, research and practice* (pp. 83-107). John Wiley.

Boorstein, S. (1996). *Transpersonal psychotherapy.* State University of New York Press.

Brazier, D. (1995). *Zen therapy: Transcending the sorrow of the human mind.* Wiley.

Cortright, B. (1997). *Psychotherapy and spirit: Theory and practice in transpersonal psychotherapy.* State University of New York Press.

Cowley, A. S. (1993), Transpersonal social work: A theory for the 1990s. *Social Work, 38*(5), 527-534.

Cunningham, P. F. (2007). The challenges, prospects, and promise of transpersonal psychology. *International Journal of Transpersonal Studies,* 41-55.

Day, S. X. (2008). Transpersonal Development. In *Theory and design in counseling and psychotherapy* (2nd ed., pp. 458-485). Brooks/Cole.

Duan, C., & Roehike, H. (2001). A descriptive snapshot of cross-racial supervision in university counseling center internship. *Journal of Multicultural Counseling and Development, 29,* 131-146.

Epstein, M. (2009). *Going on being: Life at the crossreads of buddihism and psychotherapy.* Wisdom Publications.

Franklin, C. A. (2019). *Transpersonal psychology: Spiritual wave of therapy.*

Independently Published CPSIA.

Grof, S., & Grof, C. (2010). *Holotropic breathwork* (pp. 4–5). State University of New York Press.

Grof, S. (1990). *The holotropic mind: The three revels of human conciousness and how they shape our lives.* Harper San Francisco.

Grof, S. (2000). *Psychology of future.* State University of New York.

Hendricks, G., & Weinhold, B. (1982). *Transpersonal approches to counseling and psychotherapy.* Danver, CO. Loving Publishing.

Kohut, H. (1971). *The analysis of the self.* International Univ. Press.

Kapleau, P. (1967). *Three pillars of zen: Teaching practice enlightment.* Harper & Row.

Maslow, A. H. (1969). The farther reaches of human nature. *Journal of Transpersonal Psychology, 1*(1), 1–9.

Masters, R., & Houston, J. (2000). *The varieties of psychedelic experience: The classic guide to the effects of lsd on the human psyche.* Park Street Press.

Masterson, J. (1981). *The narcissistic and borderline disorders.* Brunner/ Mazel.

Mindell, A. (1995). *Metaskills: The spiritual art of therapy.* New Falcon Publicatons.

Nyaki, E. (2023). *Healing trauma through family constellations & somatic experiencing.* Healing Art Press.

Osborn, C. J., & Davis, T. E. (1996). The supervision contract: Making it perfectly clear. *The Clinical Supervisor, 14*(2), 121–134.

Page, S., & Wosket, V. (1994). *Supervising the counsellor: A cyclical model.*

New Falcon Publications.

Prendergast, J., Fenner, P., & Krystal, S. (2004). The sacred mirror: Nondual wisdom and psychotherapy. *Journal of Transpersonal Psychology, 36*(2), 220–222.

Rank, O. (2010). *The trauma of birth.* Martino Fine Book.

Remley, T. P., & Herlihy, B. (2001). *Ethical, legal, and professional issues incounseling.* Prentice Hall.

Rioch, M. J., Coulter, W. R., & Wienberger, D. M. (1976). *Dialogues for therapists.* Jossey–Bass.

Rosenbaum, R. (1998). *Zen and heart psychotherapy.* Routledge.

Rowan, J. (2005). *The transpersonal: Spirituality in psychotherapy and counselling.* Routledge.

Rowan, J. (2006). Transpersonal supervision. *The Journal of Transpersonal Psychology, 38*(2), 225–238.

Ruzek, N. (2007). Transpersonal psychology in context: Perspectives from its founders and historians of American psychology. *The Journal of Transpersonal Psychology, 39*(2), 153–174.

Sills, M. (2002). *Psychospiritual supervision.* Karuna Center Handout.

Sperry, L., & Sperry, J. (2020). *Case conceptualization: Mastering this competency with Ease and Confidence.* Routledge.

Stone, H. M. (1980). *The borderline syndromes: Consitution, personality, and adaptation.* McGraw–Hill.

Whitmore, D. (1999). Supervision from a transpersonal context. Handout from course workshop on supervision (Psychosynthesis and Education Trust).

Wilber, K. (1986). The spectrum of developmenet. In K. Wilber, J. Enger, & D. P. Brown, *Transformations of consciousness* (pp. 65-105). Shambala.

Wilber, K. (1989). *The spectrum of consciousness* (pp. 52-53). A Quest Book.

Wilber, K., Engler, J., & Brown, D. P. (1986). *Transformations of consciousness: conventional and contemplative perspectives on development.* 조효남, 안희영 공역(2017). 의식의 변용. 학지사.

제3부

초월영성상담
슈퍼비전 실제

제5장

개인상담 사례

개요

상담자는 상담을 진행하면서 내담자에 대한 이해가 더 필요하거나, 다음 단계로 나아갈 길을 찾기 어려워지는 경험을 할 수 있다. 때론 어떤 이유인지 모르지만 내담자에 대한 좋거나 불편한 특별한 감정이 일어나서 상담에 지장이 생기는 일이 일어나기도 한다. 이런 경험은 상담자가 앞이 막막해지는 일인데, 슈퍼바이저로부터 도움을 받을 적절한 시기가 되었다는 것을 의미한다. 이 어려움을 통하여 상담자는 내담자와 자신에 대한 이해의 폭이 넓어져서 한 층 더 성장하는 기회가 되기도 한다.

상담 사례를 조력할 수 있는 슈퍼바이저와 슈퍼비전에 대한 약속이 정해지면, 상담자는 사례를 정리할 시간을 가진다. 내담자가 상담에 어떻게 오게 되었는지 되돌아보면서 내담자의 주 호소문제가 무엇이었는지 정리한다. 사례개념화 과정을 통하여 내담자의 가족관계를 살펴보고, 내담자가 상담에 오게 된 촉발사건이 무엇이었으며, 내담자가 그렇게 반응하게 된 유발요인과 유지요인이 무엇이었는지 살펴본다. 내담자의 주 호소문제를 돕기 위한 상담목표와 상담전략이 어떤 내용이었는지 구체적으로 명시하면서 슈퍼비전을 통하여 어떤 도움을 받고 싶은지 정리한다. 이렇게 준비한 보고서를 슈퍼바이저에게 제출하면서 슈퍼비전이 시작된다.

이 장에서는 상담자들이 슈퍼비전을 준비할 때 참고할 수 있도록 사례를 정리하는 방식을 구체적으로 제시하였다. 상담 사례 발표회에서는 한 회기 축어록을 포함하므로 상담자와 내담자의 언어적 비언어적 반응을 상세히 기록한 축어록을 첨부해야 한다. 이 장에 제시된 사례는 슈퍼비전을 위한 목적으로 선정된, 내담자의 동의를 받은 사례로써 내용을 일부 수정하였다.

1. 개인상담 슈퍼비전 보고서 양식

A. 내담자 기본 정보

1. 인적사항

개인 신상에 대한 구체적인 정보를 제외하고 성별, 나이, 학력, 종교 등을 기록한다.

이름	○○○ (성별, 연령)	학력	
거주형태		종교	
상담경험		검사 경험	
가족관계		생활만족도	

2. 상담 신청 경위

내담자가 상담의 필요성을 느끼고 신청하였는지 여부를 기록한다. 의뢰된 경우에 누구의 의뢰이며 내담자가 상담에 동의했는지 기록한다.

3. 주호소문제

내담자가 표현한 언어를 그대로 " " 안에 기술한다.

4. 이전 상담경험

이전 상담의 시기, 계기, 기간, 장소를 기록한다.

5. 가족관계

가계도를 그리는 규칙에 맞게 내담자를 중심으로 3대를 제시한다. 가족 개개인의 연령, 특별한 사건의 시기를 연도로 표시한다. 가족 간의 친밀도를 점선, 실선 등 다양한 선의 형태로 표시한다.

〈가계도 예시〉

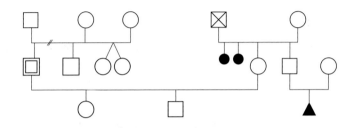

6. 인상 및 행동특성

상담자가 내담자를 처음 만났을 때의 이미지를 주관적으로 기술한다. 내담자의 객관적 신체 특징과 목소리, 시선 등 의사소통의 인상적인 특징을 기술한다.

7. 심리검사 결과 및 주요 해석내용

심리검사 결과, 원자료를 요약한 그래프와 표를 제시한다. 실시검사의 종류, 결과와 주요 해석내용 기술, 결과에 대한 주요 해석내용은 주호소문제와 연결될 수 있는 인지, 정서, 대처행동, 대인관계 등을 중심으로 간략하게 정리한다. 타 기관이나 상담자에게 실시된 경우, 그 결과와 주요 내용을 간략하게 정리해서 제시한다. 직접 실시한 경우, 실시검사 종류, 실시 기관 혹은 장소, 실시 및 해석 일시, 결과와 주요 해석내용을 기술한다. MMPI는 검사결과지의 종합보고 페이지를 스캔하여 제시한다. 그 외 임상적 의미가 있는 점수로 나타나는 척도에 대하여 기술하여 알아보기 쉽게 다음과 같은 방식으로 제시한다.

1) MMPI 결과

(1) 타당도 및 임상척도

척도	VRIN	TRIN	F	F(B)	F(P)	FBS	L	K	S	Hs	D	Hy	Pd	Mf	Pa	Pt	Sc	Ma	Si
T점수																			

(2) 재구성 임상척도와 성격병리 5요인 척도

척도	RCd	RC1	RC2	RC3	RC4	RC6	RC7	RC8	RC9	AGGR	PSYC	DISC	NEGE	INTR
T점수														

(3) 내용 척도

척도	ANX	FRS	OBS	DEP	HEA	BIZ	ANG	CYN	ASP	TPA	LSE	SOD	FAM	WRK	TRT
T점수															

(4) 보충 척도

척도	A	R	Es	Do	Re	Mt	PK	MDS	Ho	O-H	MAC-R	AAS	APS	GM	GF
T점수															

(5) 임상 소척도

척도	D1	D2	D3	D4	D5	Hy1	Hy2	Hy3	Hy4	Hy5	Pd1	Pd2	Pd3	Pd4	Pd5
T점수															

척도	Pa1	Pa2	Pa3	Sc1	Sc2	Sc3	Sc4	Sc5	Sc6	Ma1	Ma2	Ma3	Ma4		Si1	Si2	Si3
T점수																	

(6) 내용 소척도

척도	FRS1	FRS2	DEP1	DEP2	DEP3	DEP4	HEA1	HEA2	HEA3	BIZ1	BIZ2	ANG1	ANG2	CYN1	CYn2
T점수															

척도	ASP1	ASP2	TPA1	TPA2	LSE1	LSE2	SOD1	SOD2	FAM1	FAM2	TRT1	TRT2
T점수												

(7) 결정적 문항

결정적 문항에서 의미 있는 반응들에 대하여 요약한다.

2) SCT

어머니에 대한 태도, 아버지에 대한 태도, 가족에 대한 태도를 비롯한 내담자의 반응들을 유목화하고, 반응을 기술하고 반복되는 단어와 독특한 표현 어구 등 내담자의 반응특성을 요약·정리한다.

구분	번호	제시 문구	작성 내용	요약
① 어머니에 대한 태도	13	나의 어머니는		
	26	어머니와 나는		
	39	대개 어머니들이란		
	49	나는 어머니를 좋아했지만		
② 아버지에 대한 태도	2	내 생각에 가끔 아버지는		
	19	대개 아버지들이란		
	29	내가 바라기에 아버지는		
	50	아버지와 나는		
③ 가족에 대한 태도	12	다른 가정과 비교해서 우리 집안은		
	24	우리 가족이 나에 대해서		
	35	내가 아는 대부분의 집안은		
	48	내가 어렸을 때 우리 가족은		
일반적 요약	1. 주된 갈등과 혼란 영역: 2. 태도 간의 상호관계: 3. 성격 구조 　1) 내적 충동과 외적 자극에 대한 피검자의 반응 정도: 　2) 정서적 적응: 　3) 성숙도: 　4) 현실 검증 수준: 　5) 갈등을 표현하는 방법:			

3) HTP, KFD, TAT, Rorschach 등 투사검사

사후 질문과 주요 보고 및 관찰 내용을 기술한다.

4) MBTI, 진로검사를 비롯한 기타 검사

검사 득점과 세부 영역의 점수를 제시하면서 내담자의 특성을 해석한다. 모든 검사의 결과는 종합 제언을 통하여 내담자의 특성을 이해할 수 있도록 해석하며 결과를 제시한다.

8. 내담자 강점 및 자원

내담자의 주호소문제를 조력하기 위하여 상담목표를 설정하고 이 문제에 접근해 나가는 데 도움이 될 수 있는 내담자의 자원들이 무엇인지 파악한다.

B. 내담자 문제의 이해와 상담 목표와 전략

상담자가 이 내담자에 대한 사례개념화를 어떻게 하고 있는지에 대하여 상담자의 이론적 배경과 상담기법에 따라 다음과 같은 양식으로 기술할 수 있다.

1. 내담자 문제의 이해
1) 문제의 원인과 발생 배경
   (1) 촉발요인
   (2) 유발요인
   (3) 유지요인

2) 내담자의 자원

2. 상담 목표와 전략

1) **상담목표:** 내담자가 호소하는 문제에 초점을 맞추어서 상담의 성과가 나타날 수 있도록 내담자가 시도할 수 있는 구체적인 방안을 기술한다.

2) **임상목표:** 내담자와 합의된 목표와 상담자의 목표가 따로 있을 경우 임상목표를 제시하면서 각각 기술한다.

3) **상담전략:** 상담목표를 달성하기 위한 과정을 이론적 근거에 맞추어 제시한다.

3. 슈퍼비전을 통해 도움을 받고 싶은 점

상담자가 이 사례에서 어떤 어려움을 경험하고 있는지를 내담자에 대한 어려움, 상담자 내면에서 경험하는 어려움 등으로 나누어 최대한 구체적이고 자세하게 기록한다.

C. 상담 진행과정과 상담내용

1. 상담 진행과정 및 회기 주제

1) 현재까지 진행된 상담 회기 수를 제시한다.

2) 상담 일시, 소요시간, 다루어진 주제에 대해 간략하게 정리한다.

3) no show, 지각, 상담시간의 연장 등의 변화가 있었다면 그 이유를 기록한다.

4) 이 사례에 대해 이전에 슈퍼비전을 받았다면, 언제 받았으며 어떤 도움을 받았는지 기술한다.

상담 예정 회기	총 10회기
날짜(시간)	상담 주제
1회기 3월 8일(50분)	상담 동기 확인 및 상담구조화, 심리검사 안내
3월 9일(60분)	MMPI 검사의 실시
2회기 3월 15일(50분)	검사 해석, 상담목표 설정
3월 16일	1차 슈퍼비전
3회기 3월 22일(50분)	상담목표에 따른 탐색하기
4회기 3월 29일(50분)	대인관계에서 반복되는 문제 탐색하기
5회기 4월 5일(50분)	그림자 탐색하기

2. 상담 회기 내용

1) 매 회기 진행된 상담내용을 간략하게 기술한다.

  1회기 2024년 3월 8일(50분)

주제: 상담 동기 확인 및 상담구조화, 심리검사 안내

상담에서 어떤 이야기가 오고 갔는지 내담자 반응에 초점을 두면서 기술한다.

> 📝 **평가**
> 상담자가 이 회기에 대하여 어떻게 평가하는지 기술하고, 다음 회기를 위한 준비사항에 대하여 간단히 기술한다.

2) 축어록을 제시하는 회기는 그 회기를 제시한 이유를 언급한다.

상담자와 내담자의 대화 내용을 그대로 옮기는데, 행동의 변화를 그려 볼 수 있도록 지문을 상세히 남긴다. 침묵시간이 있었다면 몇 분인지 기록한다.

4회기 축어록

(내담자의 대인관계에서 반복되는 패턴에 대하여 상담자가 공감하였는데, 내담자가 침묵이 많아지고, 반응이 멀어진 것 같아 상담자가 어떤 반응을 하는 것이 적절했을지 알아보고 싶습니다.)

상 1: 그동안 좀 어떻게 지내셨나요?

내 1: (수줍은 듯이 웃으며) 예, 잘 지냈습니다.

상 2: 지난 시간에 대인관계에 대해서 이야기해 보자고 이야기하며 종결했었는데요. 이와 관련하여 어떤 생각을 하셨을까요?

내 2: (10초 침묵) 그동안 헤어졌던 사람들에 대해서 돌아보게 되었어요.

상 3: 아⋯ 예⋯ 생각을 깊이 하셨네요.

내 3: 예⋯ (침묵 20초) (의자로 몸을 젖혀 뒤로 물러나 앉는다.)

2. 개인상담 슈퍼비전 보고서

상담자	홍길동	소속상담기관	○○ 상담센터
슈퍼바이저	김상담	슈퍼비전 일시 및 장소	2024년 12월 12일

A. 내담자 기본 정보

1. 인적사항

이름	한내담(여성, 35)	학력	대졸
거주형태	자가	종교	과도기
상담경험	없음	검사 경험	이슈
가족관계	아버지, 어머니 언니, 남동생	생활만족도	남자친구와 결별 후 생활만족도가 낮음

2. 상담 신청 경위

　최근 2년 정도 사귀던 남자친구와 좋지 않게 헤어졌다. 자신의 대인관계에 어떤 문제가 있는지 알고 싶어 내원하였다. 반복적으로 여러 남자친구와 헤어진 과거가 있다. 남자친구와 인터넷 쇼핑몰에 공동 투자를 하였는데, 남자친구가 일에 소홀한 것에 대해 화가 났으나 이성적으로 해결하는 것이 좋겠다 싶어 참고 상황을 기다리던 중 남자친구가 내담자의 불만에 찬 태도에 대해 짜증을 내자 투자금을 회수해 가라는 내용증명을 남자친구에게 보내고 결별을 하게 되었다.

3. 주호소문제

　"남자친구들과 왜 자꾸 헤어지게 되는지 알고 싶어요." "삶이 피곤하고 무의미해요."

4. 이전 상담경험

없음

5. 가족관계

1) 부(65, 대졸, 중소기업 정년): 아버지는 가부장적이며, 늘 밖에서 사람들과 놀기 좋아하고, 여자들하고도 어울려 놀러 다니고, 가정에는 무책임하다. 욱하는 성질이 있어 화를 잘 내고 어머니와 말다툼이 어릴 때부터 자주 있었다. 기본적인 생활비는 책임졌지만, 가정을 돌보거나 어머니와 친밀한 관계는 아니었다.

2) 모(62, 고졸, 전업주부): 어릴 때 아버지가 가정에 무책임하자 어머니가 아버지와 자주 싸웠고, 자녀들에게 혼을 많이 내는 등 스트레스를 자녀들에게 푸는 편이었다. 특히, 어머니는 어릴 때 결혼생활이 힘들다고 언니와 자신을 집에 두고 막내만 데리고 집을 나간 적이 있었다.

3) 언니(38세, 대졸, 전업주부): 언니는 어머니와 자주 싸우는 편이었으며, 집에 있기보다는 밖에서 친구들과 노느라 집에 늦게 들어오는 편이며, 내담자와의 사이는 좋지 않다.

4) 내담자(35세, 대졸, 회사원): 대기업 고객관리팀에 근무하며, 최근 남자친구와 결별하였다. 회사생활에서의 소진과 무의미감을 호소하고 있다.

5) 남동생(33, 대졸, 회사원): 남동생은 어머니가 가장 많이 돌보는 편이고, 어릴 때부터 어머니가 남동생에게는 매우 관대한 편이었다. 특히, 어릴 때 어머니가 동생을 돌보라고 할 때 많이 힘들어했다고 한다. 내담자와 다르게 부모님

에게 떼를 쓰기도 하고 원하는 것을 잘 얻어 내고, 엄마와 함께 내담자를 놀리면서 상처를 주기도 한다.

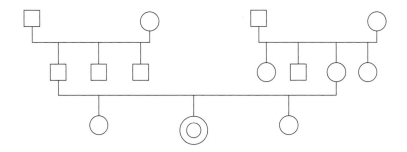

6. 인상 및 행동특성

외모가 세련된 편이고 옷차림도 깔끔하며, 보통 체중의 단정한 모습이다. 시간관념이 뚜렷하며 매우 이성적이고 논리적으로 정확한 단어를 사용하여 이야기하는 편이다. 내담자는 우울하고 화가 나고 정서적으로 매우 혼란스러운 상태임에도 정서적인 접촉을 극히 어려워하며, 매사를 문제 해결적인 사고방식으로 접근하는 경향이 있다. 상담자와의 관계에서 가까워지는 느낌이 없으며, 자신의 문제에 대한 논리적인 해답을 원하는 것 같다.

7. 심리검사 결과 및 주요 해석내용

심리검사를 실시하지 않았다.

8. 내담자 강점

자기 이해에 대한 깊은 호기심을 가지고, 열심히 탐구하고자 한다. 직장에서 동료들보다 승진이 빠를 만큼 성취욕이 높으며, 자기관리를 잘하면서 이상적인 모습을 유지하고자 노력한다.

B. 내담자 문제의 이해와 상담 목표와 전략

1. 내담자 문제의 이해

1) 문제의 원인과 발생 배경

(1) 촉발 사건

내담자는 최근 남자친구와 헤어졌다. 남자친구를 신뢰하기 어려운 일들이 여러 번 반복되는 패턴이 아닐까 하는 의구심이 든다.

(2) 유발요인

어려서 어머니가 힘들 때마다 하소연을 많이 했고, 아버지와 어머니 사이에서 두 분을 기쁘게 하려고 눈치를 많이 보고 자랐다. 부모님이 싸울 때, 어머니는 자식들을 붙잡고 아버지에 대한 욕을 했는데, 아버지가 노는 것과 여자를 좋아하고 무책임하다는 이야기를 많이 했다. 어머니는 어려서 통통했던 내담자(현재는 보통의 체중)에게 뚱뚱하다고 놀렸다. 이로 인해 내담자는 자신이 예쁘지 않은 사람, 운동을 못하는 사람이라는 생각을 하게 되었다.

(3) 유지요인

내담자는 늘 인정받기 위해 학교에서도 열심히 공부했고 모범생으로 살아왔다. 몇몇 연락을 취하는 중·고등학교 친구들이 있으나 우정 어린 깊은 관계를 맺어 본 경험은 없다.

내담자에게 어머니는 자신이 무엇을 해도 만족시키기 어려운 존재였다. 어머니는 내담자가 아버지의 성격을 닮아서 성질이 못됐다고 야단을 쳤다. 초등학교 때 반장이 되었을 때 어머니로부터 어떤 칭찬도 듣지 못했고 어머니는 학교에 와 보지도 않았다. 그림 그리기 대회에서 입상을 했을 때도 어머니는 공부에 방해가 된다며 오히려 핀잔을 주었다. 서울에 있는 대학에 입학했을 때도 어머니의 얼굴에서 기쁜 표정을 찾기 어려웠다. 취직을 한 후에 어머니에게 옷을 선물해 드리거나 여행을 모시고 가도 늘 불만스러워했다. 어머니가 핀잔을 주거나 야단을 치실 때 내담자는 이를 꽉 깨물고 화를 참았다고 한다. 몇 차례 화를 내보기도 했지만 돌아오는 것은 더 큰 놀림이나 무시였다. 이후 내담자는 중요한 결정에 대해서 어머니와 대화를 하지 않고 결과만 통보하는 방식으로 어머니와 거리를 두고 살아왔다.

2) 내담자의 현재 문제에 대한 종합 해석

(1) 남자친구와의 반복적인 결별

내담자는 남성에 대한 기본적인 신뢰가 부족한데, 이는 어머니로부터 내면화된 부정적인 아버지상 및 자신의 여성성에 대한 무의식적인 수치심에 기인한 것일 수 있다. 이에 더하여 내담자는 분노와 같은 부정적 감정을 건강하게 느끼고 표현하지 못하며 억압/억제하다가 행동화(acting out)하는 정서 조절의 문제를 갖고 있다. 내담자의 이러한 정서 패턴 또한 어머니와의 관계에서 형성된 것으로 이해할 수 있다. 이러한 요인들이 남성과의 파국적인 관계 패턴의 원인으로 작용하는 것으로 보인다.

(2) 자신의 신체에 대한 수치심

내담자는 보통의 체격(160cm, 54kg)을 갖고, 세련되고 잘 가꾸어진 외모를 가지고 있으나 자신의 신체에 대해 부정적 이미지를 가지고 있으며 강박적일 정도로 몸 관리에 신경을 쓰고 있었다. 살이 찌는 것에 대해 혐오감과 공포감을 표현하였으며, 매주 피부과와 마사지숍 그리고 요가원을 다니며 반복적인 다이어트를 실시하고 있다. 섭식장애의 수준은 아니지만, 음식을 먹는 것에 대한 불안을 호소한다. 최근 다이어트에 도움이 된다는 지인의 말을 듣고 수영을 시작하였다. 자신의 몸매와 외모에 대한 타인의 시선이나 언급에 매우 민감해하는 편이다. 내담자의 부정적인 신체 이미지 왜곡은 자신의 신체를 타인에게 보여 주기 위한 대상으로 취급하는 행동 패턴의 원인이 되며, 자신의 느낌이나 감정과의 접촉을 방해함으로써 관계에서의 친밀감 형성을 제한하고 있다.

(3) 소진과 무의미감

내담자는 대기업에 다니는 것에 대해 자부심을 느끼고 좋은 업무 성과를 내서 승진도 빨리 했지만, 고객의 불만을 처리해야 하는 업무 특성, 부하 직원들과의 갈등(주로 업무 성과 압박)으로 인한 스트레스와 소진을 호소하고 있다. 감정에 대해 무덤덤해지고, 사람들과의 관계도 피상적이 되며 기계적으로 일을 처리하는 자신의 모습은 애초 바라던 이상적인 자기 이미지로부터 멀어진 것 같다. 내담자가 바라던 이상적인 이미지는 능력 있는 워킹 걸이면서 삶을 즐기는 활기차고 멋진 여성이었다.

관계와 일 모두에서 잘못되고 있다는 느낌이 삶의 방향을 잃었다는 혼란감으로 확장되고 있다. 직장에서 인정받기 위해 가리지 않고 일해 왔던 것에 대한 회의감이 커졌다. 외적으로는 사람들이 부러워할 정도로 성취를 했지만, 내적으로는 에너지가 다 빠져나간 느낌이다. 공허하고 막막하며 내면의 기쁨이 없다.

내담자는 타인의 인정에 대한 강한 욕구로 인해 타인의 기대에 맞추는 삶에 몰두함으로써 자기 고유의 진정한 만족감과 활력을 상실한 상태이다.

3) 내담자의 자원

자신의 문제에 대한 이해와 통찰력이 있으며, 어린 시절 받은 자신의 상처를 극복하고자 하는 의지를 가지고 있다. 또한 요가와 수영을 하는 등 운동을 열심히 하면서 자기관리를 꾸준히 하고 있다.

2. 상담 목표와 전략

1) 상담목표

남자친구와의 파국적인 관계 패턴 및 감정 패턴을 이해하고, 부정적인 자기 이미지를 개선할 수 있다.

2) 상담전략

(1) 내담자가 남자친구와의 관계에서 경험한 분노 감정을 충분히 인정하고 공감함으로써 내담자가 정서적인 접촉을 할 수 있도록 돕는다.

(2) 내담자가 어머니와의 관계 경험을 교정적으로 재체험할 수 있도록 도움으로써 어머니와의 부정적인 관계 패턴이 남성과의 파국적인 관계에 영향을 준다는 점을 인식하도록 돕는다.

3. 슈퍼비전을 통해 도움을 받고 싶은 점

1) 내담자에 대한 사례개념화/이해와 상담 목표 및 전략이 적절한지

내담자의 파괴적인 대인관계 패턴을 이해하는 데 있어 어머니와의 관계 이해가 중요할 것 같은데 이러한 전략과 방식이 적절한지

2) 앞으로의 상담의 과제는 어떤 것인지

3) 이 내담자의 문제에 적용할 수 있는 초월영성적인 치료 기법은 어떤 것이 있을지

내담자가 갖고 있는 부정적인 신체 이미지를 개선하는 방법 및 내담자가 자기 고유의 삶의 의미를 찾도록 돕는 방법

4) 내담자와의 관계 형성과 상담 진행의 어려움을 어떻게 극복해야 하는지

내담자는 지적으로 매우 똑똑하지만 상담자와 내담자의 거리감이 좁혀지지 않는다. 내담자의 해결 중심적인 태도로 인해 무언가 논리정연한 해답을 주어야 할 것 같은 압박감을 느낀다. 이것을 어떻게 해결할 수 있을지

C. 상담 진행과정과 상담내용

1. 상담 진행과정 및 회기 주제

상담 예정 회기	총 10회기
날짜(시간)	상담 주제
1회기 3월 8일(50분)	상담 동기 확인 및 상담구조화
2회기 3월 15일(50분)	주호소문제 탐색하기
3회기 3월 22일(50분)	상담목표에 대한 탐색하기
4회기 3월 29일(50분)	대인관계에서 반복되는 문제 탐색하기
5회기 4월 5일(50분)	대인관계 패턴의 원인 탐색하기
4월 8일(60분)	1차 슈퍼비전

2. 상담 회기 내용

 1회기 3월 8일(50분)

주제: 상담 동기 확인 및 상담구조화

대인관계, 특히 남성과의 관계에 대한 고민이 있어 상담을 신청하게 되었다. 2년 전에 만났던 남자친구와 최근에 헤어졌다. 인터넷 쇼핑몰에 투자를 하자는 그의 제안에 어렵게 투자를 했지만 그 친구는 사업에 몰두하지 않고 불성실한 모습을 보였다. 이로 인해 나는 화가 쌓여 갔고, 클레임은 쌓여 가는 데 해결책을 찾지도 못하고 노력하는 모습도 보이지 않는 그에게 실망하게 되었다. 이성적으로 문제를 해결하고자 노력했지만 더 이상 손실을 감당하기도 어렵고 그 친구에 대한 실망을 참을 수도 없었다. 그래서 내용증명을 보내 투자 금액을 돌려 달라고 했다. 내 나름으로는 이것이 이성적인 방법이라고 생각했지만 그 친구도 나에 대한 불만이 쌓여 있었던 것 같다. 그렇게 갑자기 관계가 끝났다. 내가 한심하게 느껴지고 예전에도 몇 차례 이런 식으로 연인과 헤어진 적이 있어서 혹시 나에게 문제가 있는 것은 아닐까 생각하게 되었다.

평가

내담자는 감정적인 이야기를 할 때도 매우 논리정연하고 이성적으로 이야기했다. 무슨 일이 있었는지 이해는 됐지만 내담자와의 감정 접촉이 일어나지 않아 당황했다. 내담자와의 상호작용에서 전문가로 보이지 않을까 걱정이 되었다.

2회기 3월 15일(50분)

주제: 주호소문제 탐색하기

남자친구와의 결별로 큰 충격을 받았다. 앞으로 누구를 만날 수 있을까 하는 생각에 시달렸다. 그 친구가 헤어질 때 했던 말이 귓가에 맴돌았다. 내가 자기를 배신했다는 것이다. 자기는 쇼핑몰을 살리려고 나름 죽기 살기로 했는데 갑작스러운 내용증명에 기가 막혔다는 것이다. 내가 화가 난 것도 자기에 대해 기대를 버렸다는 것도 알지 못했다고 했다. 나를 일방적이고 이기적이라고 비난했다.

(그런 이야기를 들었을 때 어떤 마음이 들었나?) 당시에는 그 친구의 이야기가 말도 안 된다고 생각했다. 여러 차례 쇼핑몰에 대한 불만을 그 친구에게 이야기했고, 화가 났지만 그것을 참으면서 문제를 풀어 나가는 것이 이성적인 것이라고 생각했다. 내 말을 못 알아먹은 것도 그렇고 결국 나에 대한 비난으로 돌아왔다. 이런 문제가 반복된다는 것이 충격이다.

(자신이 이런 식으로 비난받았던 다른 경험이 있는가?) 항상 엄마와의 관계가 힘들었는데 엄마는 나를 항상 비난했다. 엄마는 다른 사람들 앞에서 나를 나쁜 딸이라고 아무렇지 않게 이야기했다. 내가 그렇게 나쁜 일을 한 적이 없는데 어려서는 일방적으로 당했지만 지금은 반격한다. 엄마가 아빠 욕을 할 때도 내가 다 들어 줬다. 엄마의 기분을 좋게 해 드리려고 별짓을 다 했지만 돌아오는 것은 나에 대한 비난이었다. 외가 쪽이 불행했다는 것을 들었고 그래서 엄마가 저러는구나 하고 머리로는 알지만 이해하고 싶지 않았다. 늘 불만이 많고 우울해하는 엄마가 힘들었다. 엄마가 기뻐할 거라는 예상은 늘 빗나갔다. 초등학교 때 반장이 되도, 상을 타도 시무룩했다. 아빠를 닮았다고, 뚱뚱하다고, 나쁜 딸이라고 비난했다. 왜 그러냐고 울면서 화를 내 본 적도 있지만 돌아오는 것은 더 큰 비난이었다. 못됐다, 지밖에 모른다는 말이 아직도 귓가에 맴돈다. 정신병이 아닌가

생각될 정도이다. 자기밖에 모른다는 말을 그 친구에게 들었을 때 충격을 받았다. 나는 엄마와 갈등이 생길까 봐 늘 그게 아니라고 하는 말을 하지 못하고 참았다. 감정이 정리되면 다시 이야기를 해 보자 생각하고 말을 안 했는데 엄마는 그걸 못 견뎠다. 엄마가 싫어하는 내 모습은 눈을 내리깔고 입 다물고 가만히 있는 것이었다. 나에게는 가만히 있는 게 화를 정리하는 시간인데 엄마는 자기를 무시한다고 생각했다. 그 친구가 나한테 똑같이 그렇게 얘기했었다. 내가 말하지 않는 시간 동안 자기를 눈치 보게 만든다고 했다. 나는 친구에게 눈치를 보라고 한 적이 없다. 본인이 원하는 반응이 아닐 때 나를 잘 못됐다고 말한 것 같았다. 그 친구에게는 감정이 정리되고 나서 얘기하고 싶다는 표현도 했는데 나는 이성적이고 좋은 방법이라 생각했는데 그 방법에서 문제가 생기니 무엇이 맞는지 모르겠다. 큰 갈등을 겪었던 건 엄마랑 이 친구이지만 사람들을 계속 떠나보내게 되는데 이제는 오래된 친구가 하나도 없다는 것에 대한 불안감이 매우 크다.

> ✏️ **평가**
>
> 이야기는 굉장히 슬픈데, 내담자는 분노 감정이 묻어나는 높은 톤으로 이야기를 줄줄 해 나간다. 상담자가 어디서 개입해야 할지 당황스럽다. 내담자의 감정을 안아 주고 싶은데 만나기가 어렵다. 남자친구 문제와 어머니와의 관계가 연결은 된 것 같은데 어떤 새로운 이해가 일어났는지는 의문이다.

3회기 | **3월 22일(50분)**

주제: 상담목표에 대한 탐색하기

이제 문제가 풀린 것 같다. 아빠와의 관계에 대해 이해가 되기 시작했다. 수영 강사로부터 운동신경이 있다는 말을 들었다. 엄마와 동생은 나를 뚱뚱하고 운동도 못 한다고 놀렸다. 운동신경이 좋다는 말을 들었을 때 갑자기 아빠가 운동을 엄청 좋아했고 잘했던 기억이 떠올랐다. 어린 시절 아빠와 함께 등산도 가고 조기축구장에 갔던 기억이 있다. 아빠는 매우 활동적이었다. 반대로, 엄마는 거의 집 밖을 나가지 않았다. 엄마는 모임도 없었고 친구도 없었다. 엄마는 그런 아빠를 늘 놀기 좋아한다고, 바람기가 있다고 비난했다. 나는 스스로 운동을 못 한다고 생각했고 나가서 노는 것도 좋아하지 않는다고 생각했다. 엄마는 내가 아빠를 닮아서 부산스럽다고 욕했다.

수영 자세가 좋고 운동신경이 있다는 말을 들었을 때 울컥했다. 내가 아빠의 좋은 점을 닮은 데가 있다는 생각이 갑자기 들었다. 엄마가 쳐 놓은 그물에서 벗어난 것 같은 해방감이 들었다. 자세히 설명하기는 어렵지만 나를 얽어맸던 문제들에서 풀려난 느낌이 들었다.

늘 내 몸에 대한 열등감이 있었다. 뚱뚱해지는 것에 대해 극도로 불안감이 들어서 먹는 것에 엄청 신경을 썼다. 그런데도 늘 나는 '예쁘지 않다' '뚱뚱하다' '운동을 못 한다'는 생각이 가시지를 않았다. 사람들의 시선이 느껴질 때 왠지 부끄럽고 창피하고 숨고 싶었다. 그런데 그게 확 풀렸다.

실제로 운동을 못 하고 뚱뚱했던 것은 엄마라는 사실이 불현듯 떠올랐다. 엄마가 내 몸에 대해 비웃는 소리가 너무 압도적이었는데 엄마가 왜 그랬을까 하는 생각을 하게 됐다. 왜 나를 그렇게 기를 죽이고 못된 딸이라고 했을까? 엄마의 그 말이 나에게는 평생 따라다니는 콤플렉스가 되었다. 늘 내 몸을 의식하고 남이 어떻게 볼까 전전긍긍했다. 수영 선생님의 이야기를 듣는 순간 이 모든 문제가 풀린 것 같았다. 엄마한테 통쾌한 반격을 한 것 같고 아빠와 나의 관계에 대해 알아봐야겠다는 생각이 들었다. 아빠에 대한 나의 생각이 엄마에게 세뇌당한 것 아닐까 하는 생각이 든 것이 신기할 정도로 해방감이 들었다.

📝 평가

> 내담자의 갑작스러운 통찰에 놀랐다. 이런 통찰이 나와의 상담의 맥락에서 어떻게 일어난 것인지 의문이 든다. 그래도 내담자가 문제의 고리 하나를 푼 것 같다는 생각에 안도감이 든다.

4회기 3월 29일(60분)

주제: 대인관계에서 반복되는 문제 탐색하기

회사 일에 대해 회의감이 든다. 고객 관리라는 게 감정 노동의 연속이다. 지난주 제품 하자로 인해 고객들의 불만이 폭주했다. 고객들의 불만을 해결하면서도 회사의 손해를 최소화해야 하기 때문에 늘 긴장 상태이다.

그래도 나름 열심히 일했고 회사에서도 인정받아 승진도 빨랐다. 고객의 불만을 돈이나 물건으로 보상하는 것에 대해 죄책감이 들 때도 있지만 그런 약한 마음으로는 이 일을 견딜 수 없기 때문에 늘 마음을 다잡는다. 회사 사람들은 나를 강하고 똑 부러지는 사람이라고 생각하지만 사실 나는 속이 여리고 불안한 사람이다.

사회적으로 기여하고, 돈도 많이 벌고, 활기차게 운동도 하고, 고요하게 요가도 하는 워킹걸이 나의 이상적인 모델이다. 하지만 이런 것들이 정말 내가 원하는 것인지 아니면 남들에게 잘 보이려고 하는 것인지 혼란스럽다. 나의 이상적인 이미지라는 것도 정말 나를 위한 것인가라는 생각이 들기 시작했다. 대기업에 다닌다는 자부심이나 능력 있다는 인정과 같은 것들이 갑자기 의미 없게 느껴졌다. 또다시 삶이 피곤하고 소진된 느낌에 빠져 무엇을 해야 할지 불안해졌다.

> **📝 평가**
>
> 갑자기 회사 이야기가 나왔다. 내담자의 소진과 무의미감을 공감해 주긴 했지만, 남자친구 문제가 아닌 다른 이슈로 이야기가 확산되는 것이 맞는지 모르겠다. 우선은 내담자 이야기를 따라가기로 했다. 내담자가 내적인 충만감을 찾도록 도움을 주는 방법은 무엇일까? 내담자가 실존적인 공허감을 느끼고 진실한 자기에 대해 의문을 품었다는 것은 한편 다행이라는 생각이 든다.

 5회기 3월 29일(50분)

주제: 대인관계 패턴의 원인 탐색하기

나는 회사에서 방패 역할을 하는 셈인데 그게 너무 싫었다. 때로는 무력감이 들고 모든 불만을 혼자 듣고 있는 느낌이 들고 억울했다. 나와 회사를 분리하기 위해 나를 비난하는 것이 아니라고 생각은 했지만 불만 처리를 하나 하고 나면 몸도 마음도 피폐해졌다. 회사에 너무 큰 손해를 끼친 것은 아닌지 엄청난 책임과 부담을 느꼈다. 이런 것들도 모두 인정욕구에서 오는 것 같았다.

내가 인정에 목을 매달고 살아왔다는 것을 생각하면 스스로가 불쌍하게 느껴진다. 어렸을 때 엄마는 나에게 자신이 힘든 이야기를 너무 많이 했다. 동생은 그런 것으로부터 자유로워서 떼도 많이 썼는데, 나는 엄마가 힘들어하니까 '나는 그러면 안 돼'라고 생각했다. 엄마가 힘든 게 나 때문인 것 같았다(눈물). 사랑받지 못하는 사람이라는 생각을 많이 했다. 엄마한테는 뭘 해도 엄마는 만족하지 못하니까 이제 만족시키려는 행위를 중단할 거라고 결심도 했다. 내가 뭔가를 잘못해서가 아니라 엄마는 뭘 해도 만족을 못 하는 사람이라는 말을 하고 싶었다. 만족을 못해서 주변을 괴롭히지 말고 엄마가 만족할 수 있어야 된다는 얘기를 오랫동안 하고 싶었다. 엄마가 정말 이 사실을 알았으면 좋겠다. 여전히 나는 인정욕구에 시달린다. 내가 할 수 있는 것을 다 해도 인정욕구가 채워지지 않는다. 늘 불안하다. 이게 엄마로부터 온 것이라는 것을 알지만 이게 밀려오면 걷잡을 수가 없다. 나를 소진시키면서 일에 매달린다. 불안감을 느끼다가 이 상황에 대해 누군가에게 욕을 퍼붓고 싶다가 꾹꾹 참다가 견디지 못하면 어떤 식으로든 터뜨리게 된다. 아마 나를 만났던 사람들에게도 이런 영향이 갔을 것 같다.

📝 평가

내담자의 이슈가 선명해지고 있다. 엄마와 관련된 이야기에서 연민의 마음이 많이 올라온다. 남자친구와의 문제, 아버지와의 관계, 회사에서의 스트레스 모두 엄마와의 관계로부터 파생된 감정조절, 부정적 남성 이미지, 인정욕구 등과 연관되어 있다.

제6장

슈퍼비전의 실제

개요

앞 장에서 슈퍼비전은 슈퍼바이저가 어떤 관점으로 사례를 보는
지에 따라 다르게 제공될 수 있음을 언급하였다. 이제 한 슈퍼바이지가
자신의 사례를 제출했을 때, 슈퍼바이저에 따라서 어떻게 슈퍼비전이
제공되는지 살펴보고자 한다. 이 장에서는 한 사례에 대하여 이 책의
저자인 다섯 명의 슈퍼바이저가 각기 다른 이론적 배경으로 슈퍼비전
하는 방식을 잘 이해할 수 있도록 제시하였다. 5명의 슈퍼바이저는 한
국상담학회 초월영성상담학회 혹은 한국상담심리학회의 슈퍼바이저
로서 초월영성상담 분야에서 활동하고 있다. 슈퍼바이저들은 초월영
성상담 분야뿐만 아니라 각자의 고유한 상담 및 심리치료 영역에서 전
문가로서 활동하고 있으므로 상담자와 내담자에 대해 각자의 특별한
관점을 가지고 있다.

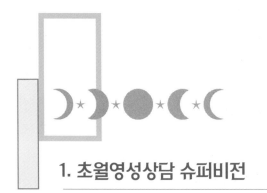

1. 초월영성상담 슈퍼비전

• 박성현

1) 내담자에 대한 사례개념화/이해와 상담 목표 및 전략이 적절한가?

(1) 내담자의 당면 문제의 발생과 유지에 대한 상담자의 이해가 적절한가?

내담자의 당면 문제는 최근 남자친구와의 급작스러운 결별 그리고 직장에서의 과도한 고객업무와 직원들과의 불편한 관계로 보인다. 내담자는 남성과의 반복적인 관계 단절의 상처와 직장생활의 피로감 및 무의미감을 호소하고 있다.

내담자가 보이는 부적응 패턴을 살펴보면 다음과 같다. **신체 측면**에서 내담자는 자신의 몸에 대해 부정적인 이미지를 갖고 있다. 타인의 시선에 예민하게 반응하거나 과도한 다이어트와 운동에 매달리는 경향 또한 내담자의 부정적인 신체 이미지에 기인하고 있다. **행동 측면**에서 내담자는 타인에게 좋은 인상을 주기 위한 과도한 자기관리와 함께 성과를 통한 인정 추구로 인해 과도한 업무 스트레스를 받고 있다. **인지 측면**에서 내담자는 분노와 같은 부정적 감정을 참는 것이 성숙한 행동이며 타인으로부터 인정받기 위해서는 자신을 철저히 관리하고 성과를 내야 한다는 신념을 갖고 있다. 이로 인해 내담자는 **정서 측면**에서 특히 분노 감정을 억압하고 주지화하면서 이를 부정적인 방식으로 행동화(acting out)하고 있다. **대인관계 측면**에서 내담자는 어머니와는 수동공격적 패턴을, 남성들과는 파괴적인 대인관계 패턴을 반복하고 있으며, 직장 사람들과는 성과 중심의 피상적 관계를 맺고 있다. **초월영성 측면**에서 내담자는 페르소나 혹은 거짓 자기의 구축과 방어에 에너지를 쏟음에 따라 진정한 자기의 소외로 인한 삶의 소진과 무의미감을 경험하고 있다.

내담자 문제의 유발요인은 다음과 같다. 내담자의 부정적인 신체 이미지를 포함한 부정적인 자기 이미지, 과도한 인정욕구, 대인관계를 파국에 이르게 할 정도의 부정적인 정서조절 패턴 등은 성장과정에서 어머니로부터의 몸에 대한 놀림, 아버지의 부정적인 면을 닮았다는 비난, 남동생과의 차별, 감정표현에 대한 비난, 칭찬과 인정에 대한 무관심 등이 영향을 주었을 것으로 보인다. 상담자는 내담자의 남성과의 파국적인 관계 패턴의 원인을 내담자의 부정적 정서조절 방식(주지화, 억압, 억제 후 표출)과 함께 보다 심층적으로 어머니로부터 내면화한 부정적인 남성상(아버지상)과 자신의 여성성에 대한 무의식적인 수치심으로 이해하고 있다.

내담자의 호소문제에 대한 상담자의 이러한 이해는 매우 적절해 보인다. 내담자는 양육과정에서 어머니로부터 부정적인 남성상을 내면화한 것으로 보이며, 이해받거나 인정받기 어려웠던 어머니와의 관계에서 자신의 솔직한 심정이나 감정을 숨기고 억압하는 방식이 체화되었을 것이다. 내담자 문제에 대한 상담자의 정신역동적 이해는 적절하며 이에 따른 상담전략을 구상할 필요가 있다.

내담자 핵심 문제의 유지요인으로는, 첫째, 내담자의 과도할 정도의 자기관리 및 성과 중심의 삶이 직장에서 인정과 성공을 가져온 점, 둘째, 분노 감정의 억압, 주지화, 표출패턴이 어머니와 남자친구, 직장 부하 등과의 대인관계를 자신의 욕구대로 통제하는 데 유효했던 방식이었다는 점을 들 수 있다. 이러한 정서방어 패턴은 내담자 자신을 유기체적인 느낌으로부터 차단함으로써 진정성 있는 자기 존재감과 진솔한 자기표현을 방해하게 되므로 남자친구를 포함한 대인관계에서 정서적 접촉뿐 아니라 효율적인 의사소통을 가로막는 원인으로 작용하는 것으로 보인다.

내담자의 보호요인으로는 내담자의 탁월한 지적 능력과 자기 객관화 능력, 엄격히 자기를 관리할 수 있는 의지력, 학교 및 사회에서의 성공 경험을 들 수 있다.

(2) 내담자의 파괴적인 대인관계 패턴을 돕기 위한 상담 목표 및 전략이 적절한가?

상담자는 상담목표를 남자친구와의 파국적인 관계 패턴 및 감정 패턴 이해하기와 부정적인 자기 이미지 개선하기의 두 가지로 설정했다. 상담목표는 내담자와의 협력을 통해 합의하는 절차를 갖는 것이 매우 중요하며, 또한 내담자가 의식적으로 호소하는 문제에 우선 초점을 두어 상담목표를 정하는 것이 필요하다. 남자친구와의 반복적인 파국의 원인 이해하기, 부정적 신체 이미지에 따른 과도한 자기관리 패턴 이해하기와 함께 직장생활의 소진 및 삶의 무의미감을 극복하기가 초기 상담목표로 추가될 수 있다.

상담목표는 상담과정에서 내담자와의 협의를 통해 조정할 수 있으므로 보다 심층적인 주제가 떠오를 때 재조정하게 된다. 내담자와 협의한 목표와 함께 상담자의 진단적 공식화에 따라 별개의 상담목표를 제시할 수 있다. 진단적 공식화에 따르면 내담자의 아동기 대상관계 및 정서 발달에 대한 이해, 내면화된 부정적 남성상 및 신체 이미지에 대한 통찰 등이 목표가 될 수 있다.

상담자는 상담전략으로 내담자가 남자친구와의 관계에서 경험한 분노 감정에 대한 공감과 타당화 그리고 어머니와의 부정적인 관계 경험에 대한 교정적 정서 체험을 채택했다. 상담자는 이러한 전략을 통해 내담자가 겪는 남성들과의 반복적인 문제가 어머니와의 부정적 상호작용으로부터 기인한 것임을 이해시키고자 한다.

상담전략은 내담자 문제에 대한 이해 및 상담목표와 일관된 방향성을 가져야 하며 구체성을 띠어야 한다. 첫 번째 상담목표인 남성과의 반복적인 파국적 결별 상황을 이해하도록 돕기 위해서는 다음과 같이 몇 가지가 필요하다.

첫째, 내담자가 남자친구와 어떠한 방식으로 상호작용하는가에 대한 상세한 탐색이 필요하다. 이 과정에서 드러나는 내담자의 정서방어 패턴을 의식화하고 이러한 방어 패턴이 대인관계에서 어떠한 문제를 가져오는가에 대한 통찰이 문제 해결에 필수적이다. 탐색과정에서 내담자가 남자친구와의 갈등 상황에서 경험했을 다양한 감정과 사고에 대해 충분한 이해와 공감을 전달해야 한다.

둘째, 내담자는 자신의 감정을 느끼고 표현하는 것에 대한 무의식적인 두려움을 갖고 있으므로 주지화, 억압, 억제라는 방어를 통해 이를 차단하고 있다. 상담자는 이러한 방어를 뚫을 수 있는 전략으로 내담자의 감각, 느낌, 감정, 심정을 탐색하고 이끌어 내는 노력을 지속해야 한다. 이와 더불어 상담관계에서 일어나는 지금, 현재의 느낌에 대해 자각하도록 돕거나 직면시키는 방법 또한 도움이 될 수 있다.

셋째, 내담자와 어머니와의 오래된 관계 패턴은 현재도 다양한 상황에서 일어나고 있으므로 상담에서 다룰 수 있는 중요한 소재가 된다. 상담자는 내담자가 경험하는 어머니에 대한 감정뿐 아니라 어머니에 대한 내담자의 수동공격적 대응 방식(그것이 미숙하고 부적응적으로 보이더라도)에 대해 충분한 공감과 타당화를 해 주어야 한다. 어린 시절 어머니와 겪었던 좌절과 실망과 분노에 대한 공감과 이해가 절대적으로 필요하다. 상담자의 충분한 이해와 공감의 바탕하에서 내담자는 자신의 삶의 역사를 통해 내면화되거나 패턴화된 관계 방식이나 정서 패턴을 자각할 수 있으며 연민을 갖고 수용할 수 있게 된다.

상담의 두 번째 목표인 부정적 남성상 및 자기 이미지 개선을 위해서는 어린 시절 어머니와의 상호작용을 통해 아버지에 대한 나쁜 인상과 자기 신체에 대한 부정적 이미지가 내면화된 과정을 상세히 탐색하고 어머니로부터 받은 부정적 경험을 교정적으로 재체험하게 하는 전략이 필요하다.

결론적으로 정신역동적 관점에서 어머니와의 역기능적인 관계 패턴이 현재의 관계 패턴, 인정욕구, 신체 이미지 등에 미치는 영향을 이해하도록 돕고, 인간 중심적 관점에서 내담자의 감정을 충분히 인정하고 공감하는 것이 중요한 상담전략이 될 것이다. 이에 더하여 실존 및 초월영성적 관점에서 인정을 추구하기 위해 구축한 페르소나 혹은 거짓 자기를 이해하고 내면 세계로 주의를 돌려 진정한 자기와의 접촉을 넓힘으로써 자신의 진실한 욕구와 삶의 목표를 재정립하도록 돕는 것 또한 필요한 상담전략이 될 수 있다.

2) 앞으로의 상담 과제는 어떤 것인가?

초월영성상담의 궁극적인 목표는 내담자가 자신에게 조건화된 부정적 자기 이미지, 부정적 정서조절 방식, 타인으로부터의 인정 추구 경향 등을 포함하여 자신의 삶 속에서 일어난 모든 경험을 판단하지 않고, 따뜻하게 포용하는 더 큰 참나를 발견하도록 돕는 것이다.

내담자가 이러한 참나를 발견하는 과정에서 결정적인 역할을 하는 것은 다름 아닌 상담자의 의식이다. 상담자가 자신을 포함하여 내담자의 모든 경험을 판단하지 않고 이해하고 존중하며 품어 안을 수 있는 의식을 계발하는 것이야말로 내담자에게 줄 수 있는 가장 값진 치유의 선물이다.

내담자는 자신의 괴로움의 원인을 지적으로 이해할 뿐 아니라 연민 어린 가슴으로 안을 수 있어야 한다. 특히, 어머니에 대한 원망과 분노를 정화하는 단계를 넘어, 어머니의 관점에서 어머니가 겪어야 했던 상처와 외로움을 이해하는 과정이 필요하다. 어머니를 한 명의 여인으로 볼 수 있을 때 내담자는 어머니와 진정한 화해를 할 수 있다. 어머니와의 화해는 다른 인간관계에서의 진실한 만남을 가능하게 하는 초석이 된다. 마찬가지로 아버지를 어머니나 내담자의 눈을 통해서가 아니라 아버지의 관점에서 이해할 수 있어야 한다. 아버지를 한 명의 남자로 볼 수 있을 때 부모 관계가 이해되고, 내담자 자신에게 덧씌워진 아버지의 이미지로부터 자유로워질 수 있다. 결국, 가족역동으로부터의 해방은 내담자가 구축한 거짓 자기로부터의 해방이며 이는 실존적이며 초월영성적인 성장의 발판이 된다.

3) 이 내담자의 문제에 적용할 수 있는 치료기법(전통적 상담기법과 초월영성적 상담기법 포함)에는 어떤 것이 있는가?

(1) 내담자가 갖고 있는 부정적인 신체 이미지를 개선하는 방법은?

내담자는 어머니로부터 내면화한 나쁜 아버지를 닮았다는 자기 이미지를 갖고 있으며, 이를 개선하기 위해 강박적인 노력을 하고 있다. 내담자의 어린 시절 어머니와의 상호작용을 탐색하는 가운데 이러한 내면화 과정을 공감적으로 탐색할 수 있다. 어머니와는 다른 아버지에 대한 내담자 자신의 경험을 돌이켜 보는 것도 도움이 될 수 있다. 예를 들어, 내담자의 아버지가 등산이나 스포츠에 내담자를 데려갔을 때 내담자의 느낌(아버지에 대한, 외부 활동에 대한)은 어떠했는지 등을 탐색하고 이러한 내담자의 느낌을 상담자가 충분히 인정해 주는 것이다. 최근 수영 강사로부터 들은 긍정적인 피드백을 탐색하는 것 또한 내담자가 자신의 신체 및 신체 활동에 대한 긍정적 이미지를 키우는 데 도움이 될 것이다.

이에 더하여 이완훈련, 명상, 소매틱 작업 등이 신체 이미지를 개선하는 데 도움이 될 수 있다. 신체 이미지 개선을 위해서는 자신의 신체에 대한 외부의 평가적 태도에서 벗어나는 것이 필요하다. 이를 위해서는 자신의 몸에 대해 직접적이며 주관적인 체험을 통해 긍정적인 느낌에 접근할 수 있는 기회를 갖도록 도와야 한다. 여기에는 이완훈련, 바디스캔(몸의 감각을 판단하지 않고 자각하며 머물기), 몸에 각인된 트라우마 자각하기, 몸에 대한 감사 명상 등이 포함될 수 있다.

(2) 내담자가 자기 고유의 삶의 의미를 찾도록 돕는 방법은?

내담자가 겪고 있는 친밀 관계에서의 실패, 일에서의 소진과 무의미감은 내담자가 추구해 왔던 외적 인정을 추구하는 삶의 방향에 대한 재

점검을 요구하고 있다. 내담자는 결별과 소진의 고통을 통해 자신의 삶이 무언가 잘못되어 가고 있다는 것을 감지하고 있으므로 상담자는 이를 삶의 의미와 목적에 대해 탐색할 수 있는 기회로 삼아야 한다. 타인으로부터의 인정과 사랑을 추구하는 삶이 가져온 공허, 소외, 외로움, 무의미와 같은 실존적 경험에 대해 깊이 탐색할 필요가 있으며, 이로부터 진실한 자기에 대한 새로운 발견과 내적인 만족을 누리는 삶에 대한 동기를 찾도록 도울 수 있다.

(3) 내담자가 문제가 되는 대인관계 패턴을 이해하고 극복할 수 있는 방법은?

남자친구와의 관계에서 반복적으로 나타나는 파국적인 결과는 내담자에게 공고화된 부정적인 대인관계 패턴 및 정서조절 방식에 기인하고 있다. 앞서 언급한 바와 같이 이러한 내담자의 관계 및 정서 패턴은 어린 시절 가족역동으로부터 파생된 것으로 보이므로 정신역동적 관점에서 어린 시절 경험을 교정적으로 재체험하는 작업이 필요해 보인다. 이에 따라 내담자가 경험하는 남자친구와의 관계 패턴 탐색과 함께 가족, 특히 어머니와의 관계 패턴이 상세히 탐색되어야 한다. 상담자는 내담자가 어린 시절 이해받기 어렵고 만족시키기 어려운 대상이었던 어머니에 대한 분노를 억압하고, 미숙하고 때로는 파괴적인 방식으로 자신의 감정을 표출했던 것은 내담자로서는 불가피한 선택이었다는 점을 충분히 이해하고 이를 내담자에게 전달하는 것이 필요하다.

4) 내담자와의 관계 형성과 상담 진행의 어려움을 어떻게 극복해야 하는가?

내담자는 감정에 대한 억압과 주지화의 방어 패턴을 보이고 있으며, 억압된 감정이 친밀한 대인관계에서 행동화하는 방식으로 표출되는 부정적인 정서조절 방식이 매우 공고화되어 있다. 이는 상담 장면에서 라포 형성이나 정서적 재체험 등의 작업을 방해할 수 있다. 외적으로 좋은 인상을 보여 주기 위한 내담자의 자기관리 패턴은 피상적인 대인관계 상호작용을 예상하게 하므로 상담관계 형성에 부정적인 영향을 미칠 수 있다.

우선, 상담자는 내담자의 지적 우월성이나 해결 중심적이고 사무적인 관계 패턴으로 인한 불편감이나 부담감을 잘 인식하고 휘말리지 않도록 주의해야 한다. 내담자의 문제 해결 중심적이고 요구적인 태도와 지적이며 감정 접촉을 어려워하는 경향은 상담관계를 피상적으로 만들고, 상담자는 위축되고 심지어 압도당하는 느낌을 가질 수 있다. 상담자는 상담관계 안에서 내담자의 부정적 관계 패턴이나 감정 패턴이 일어날 때, 이를 치료적으로 다룰 수 있는 역량을 키워야 한다. 내담자의 이러한 정서 및 관계 패턴은 내담자가 가족관계, 특히 어머니와의 관계에서 생존하고 적응하기 위해 발달시켜 온 성격에 기인한다는 점을 깊이 이해하는 것이 필요하다.

내담자의 정서 억압이나 주지화의 패턴이 나타나거나 냉담하고 피상적인 관계 방식이 상담 장면에서 나타날 때, 이를 부드럽게 직면하면서도 상담자는 지금-여기에서의 상황을 매우 상세하게 다루면서 내담자가 경험하는 신체감각, 충동, 기억, 생각 등을 탐색하고 충분한 공감을 제공해야 한다.

결론적으로, 이 내담자와는 깊이 있는 라포 형성 자체가 중요한 치료적인 작업이 될 수 있다. 상담자는 자신의 역전이 감정을 잘 관리하면서 내담자가 자신의 삶의 역사 속에서 분투하는 과정에서 키워 온 패턴들을 깊이 이해하고, 인내심을 갖고 내담자의 감정 패턴에 조율하고 공감하려는 노력이 필요하다.

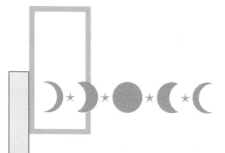

2. 인지행동치료·수용전념치료 슈퍼비전

• 박희석

1) 내담자에 대한 사례개념화/이해와 상담 목표 및 전략이 적절한가?

(1) 내담자의 당면 문제의 발생과 유지에 대한 상담자의 이해가 적절한가?

상담자가 분석한 사례개념화는 적절해 보인다. 예컨대, 남자친구와의 반복적인 결별에 대한 설명에서, 대체로 남성과 파국적인 관계에 이르게 된 배경을 아버지와 어머니에 대한 신뢰 부족, 부정적인 아버지상과 자신의 여성성에 대한 수치심 때문으로 보고 있다. 특히, 감정조절의 어려움은 어릴 때 부모로부터 경험한 부정적인 감정을 억압했기 때문에 나타나는 부작용으로 이해하고 있다.

사례개념화는 상담자가 내담자의 문제를 어떤 이론으로 보느냐에 따라 설명이 달라질 수 있다. 이 사례를 **게슈탈트치료**로 설명한다면 내담자가 어릴 때 부모로부터 경험했던 부정적 감정을 억제하여 미해결 과제로 남아 있는 이 감정이 타인과 관계를 맺을 때 접촉경계의 혼란을 일으켜 관계의 어려움을 유발한다고 설명할 수 있다. 그러나 **정서중심치료(EFT)**로 이 부정적 감정을 설명한다면, 내담자가 드러내고 있는 분노와 같은 부정적 감정을 부적응적 1차 감정으로 볼 수 있다. 즉, 억압했다가 폭발하는 분노는 내담자가 어렸을 때 어머니로부터 경험하게 된 적응적 1차 감정이 완료되지 못해 나타나는 감정으로 이해할 수 있다. 그러나 이 감정을 **신체**(somatic)와 연결된 트라우마 후유증으로 본다면, 부동화로 인한 신경계의 과다각성으로 설명할 수 있을 것이다.

상담의 목표와 전략이 적절하려면 상담자가 특정 상담이론을 기반으로 사례를 설명하고 있어야 한다. 특정 상담이론을 기반으로 내담자를 이해했을 때, 그 이론을 기반으로 상담목표를 세우고 상담전략을 수립하는 것이 타당하다. 물론, 짧은 회기에 사례개념화를 하는 것이 다소 무리일 수 있다. 상담 초기에 정보를 충분히 탐색해서 어느 정도 사례개념화와 상담목표를 수립했다고 해도 상담과정에서 새로운 정보가 드러날 때 사례개념화는 달라질 수 있다. 사례개념화는 내담자 문제를 가설적인 방식으로 이해하기 때문에 단정적으로 설명해서는 안 된다. 상담자는 상담의 이론을 다양하게 이해하고 그 이론에 기반하여 상담을 진행할 수 있어야 사례개념화를 유연하게 할 수 있다.

지금 상담자가 제시한 사례개념화는 역동적인 측면으로 이해하고 있고, 정서적인 측면에 초점을 두고 있는 것으로 보인다. 그러나 아직 명확하게 어떤 이론을 근거로 설명하고 있는지는 확실하지 않다. 이 책의 2장에서 사례개념화를 안내하고 있기 때문에 이 내용을 참고하거나 저자들이 이론에 따른 사례개념화를 안내하고 있으니 이를 참고할 필요가 있다.

(2) 내담자의 파괴적인 대인관계 패턴을 돕기 위한 상담 목표 및 전략이 적절한가?

상담자가 목표를 정할 때는 내담자의 호소문제를 중심으로 상담목표를 찾는다. 따라서 내담자가 원하는 목표가 있고, 상담자가 사례개념화를 통해 파악한 임상목표가 있다. 내담자가 원하는 목표가 있다고 해도 전문가로서의 상담자의 목표는 다를 수 있다. 이때는 상담자의 수준과 내담자의 수준을 고려하여 목표를 합의할 필요가 있다. 우선, 이 목표를 내담자와 적절히 합의해서 정했는지 검토해야 한다.

내담자와 상담자가 합의해서 목표를 정했다면 파국적인 대인관계 패턴을 돕기 위한 상담목표는 적절하다. 그러나 상담전략이 이 목표를 달성할 수 있는지는 다소 모호한 면이 있다. 내담자가 경험하고 있는 대인관계 문제가 감정 문제에서 발생한다고 보고 있어 감정을 인식하게 하고, 감정의 근원인 어머니와의 감정 패턴을 새롭게 재경험시키는 전략을 세웠다. 이러한 측면에서 보면 상담자는 정신역동적인 상담전략을 세우고 있는데, 이 이론이 맞는지 명확히 안내하면 좋겠다.

만일 상담자가 감정에 초점을 두는 상담을 진행한다면, 대인관계 문제를 다룰 때 부정적인 감정을 조절하는 측면을 다루어야 한다. 반면, 인지에 초점을 두는 상담을 진행한다면, 대인관계 문제에서 발생하는 왜곡된 인지를 이해하고 수정하는 내용을 다루어야 한다. 이처럼 상담의 목표와 전략은 사례개념화에서 어떤 이론을 배경으로 내담자를 이해하고 가설을 세우느냐에 따라 달라질 수 있다.

🔵 인지행동치료 기반 사례개념화

본 슈퍼바이저는 앞의 사례에 대해 인지행동치료를 기반으로 하여 사례개념화를 실시하였다. 우선, 제2장에서 언급한 ① **진단적 공식화**, ② **임상적 공식화**, ③ **상담개입 공식화**의 영역으로 구분하였다.

❶ 진단적 공식화에서 호소문제, 촉발요인, 부적응 패턴의 영역으로 구분하여 살펴보자.

호소문제에서 내담자는 대인관계에서 어려움이 있고, 어떤 외부 압력에 갈등을 겪고 힘들어하는 모습을 보이고 있다. 이런 호소문제가 등장하게 된 **촉발요인**은 최근 남자친구와 결별하게 되고 고객의 불만을 처리하는 과정인 것으로 보인다.

이어서 내담자가 보이는 전반적인 **부적응 패턴**을 인지, 정서, 신체, 행동, 대인관계 및 초월영성 측면으로 구분하였다.

인지 측면에서 내담자는 사람들에 대한 신뢰가 부족하고, 세련된 외모임에도 자신의 신체에 대해서 부정적으로 생각하고 있어 대체로 공허하고 막막한 느낌을 호소하고 있다. 인지행동치료 관점에서 내담자의 인지 측면의 부적응 패턴을 살펴보면, 자동적 사고에서 '사람들을 어떻게 믿어. 내가 살이 찌면 사람들은 날 싫어할 거야.'라는 식으로 경험하는 세계에 대해 부정적으로 생각하는 인지오류를 보이고 있다. 부정적인 자동적 사고 이면에는 중간신념(태도, 규칙, 가정)이 있는데, 중간신념에서 역기능적 가정, 즉 '내가 날씬하고 예쁘지 않으면, 사람들은 날 싫어할 것이다.' '내가 일을 잘 하지 못하면, 그것은 무능하다는 증거이다.' 등의 사고를 가지고 있다. 따라서 내담자는 역기능적 가정 이면에 '사람들은 날 싫어해(사랑받지 못함).' '나는 무능해.'라는 핵심신념(스키마)을 갖고 있는 것으로 이해된다.

정서 측면에서 내담자는 외로움이 만연해 있어 남자친구와 잦은 만남과 헤어지는 것을 반복적으로 하고 있다. 평소에는 분노를 억제하지만 과도한 스트레스에서는 분노를 분출하고 자신의 신체에 대해 수치심을 갖고 있어 살찌는 것에 대해 극도의 혐오감과 공포감을 드러내고 있다. 또한 직장에서 업무 성과에 대한 압박감이 커서 스트레스가 많으며 대체로 소진되어 있음을 호소하고 있다. 전반적으로 내담자는 내면에 에너지가 고갈되어 있어 쉽게 공허감과 막막함 그리고 기쁨이 없는 삶을 호소하고 있는 것으로 보인다.

신체 측면에서 내담자는 정서와 연결해 볼 때 무기력감이 강하여 에너지가 고갈되어 있고 신경계가 둔감화되어 있는 것 같다. 그러나 어떤 극단적인 자극에 대해서는 과도하게 예민하여 신경계가 매우 예민하게 작동하는 것으로 나타났다.

행동 측면에서 내담자는 자신의 신체 이미지에 대해 불만을 갖고 있어 반복적으로 피부와 근육 마사지숍과 요가원을 다니며 반복적으로 다이어트를 실시하고 있고 최근에는 마라톤을 시작하고 있다. 특히, 내담자는 음식을 먹는 것에 대해 매우 예민하게 살피는 행동을 보이고 있다.

대인관계 측면에서 내담자는 자신의 외모에 대해 타인이 언급하거나 타인이 보내는 시선을 매우 예민하게 받아들이고, 직장에서도 고객의 불만을 처리하는 일에 대해 매우 예민하게 반응하고 있다. 내담자는 부하 직원들과의 갈등을 겪고 있는데, 이렇게 되면서 점차 사람들과 피상적인 관계를 맺고 있다.

초월영성 측면에서 내담자는 관계와 일, 모두 잘못되어 가고 있다고 생각하고 있는데, 이는 자신의 경험에 대한 개념적 자기와 동일시하고 있다. 또한 내담자는 가치 있는 삶의 방향을 잃어버려 현재가 아닌 과거의 삶을, 공허하고 무의미한 삶을 살아가고 있는 모습이다.

❷ 임상적 공식화를 살펴보자. 임상적 공식화를 유발요인, 유지요인 및 보호요인으로 구분하여 살펴보면 다음과 같다.

내담자가 '사람들은 날 싫어해.' '나는 무능해.'라는 사랑받지 못함과 무능함의 핵심신념을 갖게 된 **유발요인**은 어릴 때 부모의 잦은 다툼으로 충분히 사랑받지 못한 경험과 신체에 대한 어머니의 잦은 비난, 특히 어머니가 언니와 자신을 두고 막내만 데리고 집을 나간 경험은 내담자에게 심각한 유기 경험을 갖게 했을 것으로 추정된다.

이어서 핵심신념을 더욱 강화시켰던 **유지요인**으로는 무책임한 아버지, 아버지에 대한 분노를 내담자에게 표출하는 어머니의 행동뿐만 아니라, 남성들과 반복해서 깨지는 경험은 자기와 세상과 미래를 신뢰할 수 없는 인지삼제를 더욱 굳건하게 갖게 하는 유지요인으로 이해된다.

그럼에도 **보호요인**에서 내담자는 주변 사람들로부터 인정받기 위해 반장을 하거나 노래자랑대회 입상을 하는 등 존재감을 갖기 위한 다양한 시도는 내담자의 **내적 보호요인**으로 작용했을 것이다.

❸ 상담개입 공식화를 살펴보자. 우선, **적응 패턴**으로 내담자는 대기업을 다니면서 요가와 마라톤을 하면서 스스로 자기관리에 전념하는 경험은 내담자가 나름 적응하는 과정이다. **이어서 상담의 목표와 상담의 전략으로 나누어 살펴보면 다음과 같다.**

인지행동치료에서 상담의 목표는 ① 남자친구와 파국적인 관계를 개선하고, 부정적인 감정에서 벗어나기, ② 자신의 왜곡된 자아상과 신체상에서 벗어나기이다. 이러한 목표를 달성하기 위한 **상담의 전략**은 ① 부정적인 감정에서 벗어나도록 자동적 사고의 인지오류를 발견하여 합리적으로 수정하기, ② 중간신념인 비합리적인 당위적 규칙과 역기능적 가정을 발견하여 유연한 규칙과 가정으로 수정하기, ③ 왜곡된 자아상과 신체상을 극복하기 위하여 근원적인 핵심신념을 수정하기이다.

앞서 살펴본 인지행동치료 관점에서 본 사례개념화를 요약하면 다음과 같다.

진단적 공식화	호소문제	최근 남자친구와 결별, 대인관계의 어려움, 외부 압력에 갈등을 겪고 힘들어 함
	촉발요인	최근 남자친구와의 이별, 고객의 불만을 처리하는 문제
	부적응 패턴	**자동적 사고:** '사람들을 어떻게 믿어.' '내가 살이 찌면 사람들은 날 싫어할 거야.' **중간신념:** '나는 날씬하고 예뻐야 한다.' '나는 일을 잘해야 한다.' **핵심신념(스키마):** '사람들은 날 싫어해.' '나는 무능해.'
임상적 공식화	유발요인	어릴 때 부모의 잦은 다툼으로 충분히 사랑받지 못한 경험, 신체에 대한 어머니의 잦은 비난
	보호요인	주위 사람들에게 인정받기 위해 반장을 하거나 노래자랑대회 입상을 하는 등 존재감을 갖기 위한 시도
	유지요인	무책임한 아버지, 그 아버지에 대한 분노를 내담자에게 표출하는 어머니, 그리고 남자친구와의 잦은 이별
상담개입 공식화	적응 패턴	대기업을 다니면서 요가와 마라톤을 하면서 자기관리에 전념하고 있음
	상담목표	① 남자친구와 파국적인 관계를 개선하고, 부정적인 감정에서 벗어나기 ② 자신의 왜곡된 자아상과 신체상을 극복하기
	상담의 초점	무기력, 공허감, 수치심 등을 겪는 것은 자신에 대한 왜곡된 인지로 인한 것이므로 인지를 수정하는 방향
	상담전략	인지행동치료를 통해 인지오류를 발견하고 합리적으로 사고하는 훈련, 역기능적 가정과 심리도식을 다루기
	상담개입	① 왜곡된 자동적 사고를 수정하여 감정을 다루기 ② 역기능적 가정(중간신념)을 찾아 이를 수정하기 ③ 부정적 핵심신념(심리도식)에 위배되는 증거를 찾아 부정적 심리도식에서 벗어나기
	상담의 장애	내담자가 너무 경직된 신념을 가지고 있어 쉽지 않을 것으로 보임
	상담의 예후	내담자가 평소 자신이 원하는 목표를 정해 최선을 다하는 것으로 보아 상담을 통해 인지오류에 문제가 있음을 확신하게 된다면 상담을 성공적으로 참여할 가능성이 높아 보임

🔵 수용전념치료 기반 사례개념화

이어서 수용전념치료(ACT)[1]를 기반으로 사례개념화를 살펴본다.

첫째, 내담자가 묘사한 자신의 주된 문제는 다음과 같다. 내담자는 최근 남자친구와 결별하고 나서 대인관계의 어려움을 호소하고 있고, 외부 압력에 갈등을 겪고 힘들어하면서 전반적으로 생활의 피로감과 무의미감을 벗어나고 싶어 한다. 또한 내담자는 인정욕구에 시달리고 있고, 이러한 인정욕구가 채워지지 않아 늘 불안하고, 걷잡을 수 없는 상태가 되면 자신을 소진시키면서 일에 매달리게 된다는 것이다. 불안이 너무 심하게 되면 누군가에게 욕을 퍼붓고 싶지만 참다가 견디지 못하게 될 때 결국 터트리게 되는데, 이것이 사람들과의 관계를 깨게 되는 것 같다. 내담자는 이것이 자신의 엄마로부터 온 것을 알고 있다.

내담자의 문제를 정리하면, 내담자는 어린 시절의 상처에 대한 경험의 회피로 인해 고통을 경험하고 있는 것으로 보아 현재를 온전히 살지 못하고 있다. 이는 과거 융합된 정체성에 고정되어 개념화된 자기에 고착되어 있다. 또한 감정을 경험하고 표현하기보다는 회피하고 폭발적인 분노를 표현하면서 관계의 단절을 선택하고 있는 것으로 보인다.

둘째, 상담을 통해 내담자가 바라는 점은 다음과 같다. 내담자는 남자친구와 깨지지 않고 잘 지내고 싶고 다른 사람들과도 편하게 지내고 싶다. 특히, 스트레스에 잘 견디고 감정을 적절히 조절하고 외모 때문에 살이 찌는 것에 대해서 예민하지 않고, 에너지가 고갈되어 공허하거나 막막한 느낌에서 벗어나고 싶어 한다.

셋째, 더욱 풍요롭고 충만하며 의미 있는 삶을 방해하는 외적 장애물을 살펴보자. 내담자에게 영향을 미치는 외적 장애물은 회사의 일이다. 고객을 관리하고 제품에 하자가 생길 때 고객의 불만을 해결하는 일은 늘 긴장의 연속이다. 또한 남자친구처럼 자신과 의미 있는 관계를 맺고 있는 사람들과 헤어지는 일이다.

---

1 여기에 제시한 사례개념화는 Harris(2017)의 『ACT 상담의 난관 극복하기』(김창대, 최한나, 남지은 공역, 2017)에서 언급한 간략 사례개념화 활동지에 기반하여 작성하였다.

넷째, 활기찬 삶을 살아가는 데 있어 방해가 되는 것은?

- **비효율적 행동**: 내담자가 취하고 있는 비효율적 행동은? 내담자가 가치 있는 일에 전념하지 못하고 비효율적 행동을 하고 있는 것은 자신의 신체 이미지에 대해 불만을 갖고 있어 피부와 근육 마사지숍과 요가원을 다니면서 반복적으로 다이어트를 실시하고 있는 측면이다. 또한 내담자는 음식을 먹는 것에 대해 매우 예민하게 살피는 행동을 보이고 있다. 내담자는 현재 지나치게 대인관계에 예민하여 일과 자기관리에 전념하고 있지만 가족들과의 관계를 개선하거나 상처를 극복하려는 측면은 부족하다.
- **융합**: 내담자는 무엇과 융합되어 있나? 내담자가 자신의 가치를 실현하지 못하게 하는 내적 장애물은 '나는 살이 찌면 안 된다. 나는 못생겼다. 나는 운동을 잘 못한다.' 등의 사고와 인지융합되어 있다. 또한 '나는 유능해야 한다. 내가 잘하지 않으면 사람들은 날 싫어할 것이다.' 등의 역기능적 가정과 융합되어 있다.
- **경험회피**: 내담자가 내적으로 회피하고 있는 것은? 내담자는 '나는 못생겼고, 살이 찌면 안 되고, 운동을 못한다.'는 생각 때문에 지나치게 다이어트를 하거나 운동을 하는 과잉보상 행동을 시도하고 있고, 자신을 있는 그대로 수용하지 못하여 스스로 즐기거나 여유를 갖지 못하고 있다. 따라서 내담자가 경험을 회피하는 것은 '타인들의 시선을 피하기' '사람들과 피상적으로 관계 맺기' 등으로 관계를 회피하고 있다.

다섯째, 내담자가 나아가고자 하는 가치 있는 방향은 어떤 방향인가? 내담자가 나아가고자 하는 가치 있는 방향은 '자신 있게 사람들을 만나기' '참고 견디기보다 당당하게 주장하고 표현하기' '다른 사람들에게 인정받으려고 눈치 보기보다 혼자 잘 견디기' '감정을 적절히 조절하기' 등으로 살펴볼 수 있다.

여섯째, 내담자가 이미 가지고 있는 강점과 내적 자원 중 활용 가능한 것은 무엇인가? 내담자의 강점은 '자신이 부족한 부분을 극복하기 위해 열심히 노력하는 것' '직장에서 유능성을 발휘하는 것' '자기관리에 철저한 것' 등이다.

이 내담자를 수용전념치료(ACT)에 기반하여 사례개념화를 실시했을 때, 상담목표와 상담전략은 다음과 같다.

❶ 상담목표

첫째, ACT 상담에서 추구하는 심리적 유연성을 기르기 위하여 내담자에게 마음 열기(탈융합과 수용하기)가 필요하다. 탈융합은 오래 전에 발생한 과거의 트라우마로 인해 자신에 대한 생각(뚱뚱하고 운동도 못하는), 타인에 대한 생각(타인은 위험하고 신뢰할 수 없는), 그리고 세상이나 삶에 대한 생각(무의미함)과 융합되어 있다. 이러한 인지융합에서 벗어나기 위해서는 탈융합과 수용하기가 필요하다.

둘째, 현존하기(현재 순간과 접촉하기와 맥락으로서의 자기)와 중요한 것 행하기(가치와 전념하기)를 하도록 한다. 내담자는 어렸을 때 충족되지 않은 인정욕구, 자신은 부족한 사람이라는 생각에 집중하고, 사람들에게 인정받기 위해 사람들을 지나치게 의식하고 감정을 억제하고 살아왔다. 현재에 살기보다 개념적 자기에 묶여 있는 과거의 삶을 살아왔다. 맥락적 자기를 이해할 수 있도록 '나는 누구인가?'에 대한 탐색이 필요하다. 제한적으로 융합된 정체성에서 자신을 해방시킬 수 있도록, 자신의 내적 경험이 '맥락', 즉 배경 또는 컨테이너의 일부라는 것을 깨달을 수 있도록 한다. 그렇게 되려면 생각, 감정, 기억 등이 일어날 때 컨테이너가 되는 것은 내용물이 되는 것보다 더 유연하고 탄력적이라는 것에 대해 안내할 필요가 있다.

부정적인 생각과 감정을 없애려는 노력으로 인해 끝없는 고통의 고리에 갇히지 않도록 마음챙김 연습을 통해 이를 인식하고 놓아 주며 현존할 수 있도록 돕는다. 또한 전념행동에서 자기관리, 일/취미, 가족, 친구/커뮤니티 등 우리 삶의 네 가지 주요 영역에서 자신의 행동이 자신의 가치관과 얼마나 일치하는지 점검하고 전념행동을 할 수 있는 목표를 세운다.

❷ 상담전략

첫째, 맥락적 자기로서 현재에 살도록 하여(현존하기) 개념적 자기에서 탈융합하고 삶을 수용하도록(마음 열기) 안내한다. 트라우마에서 벗어나기 위해서는 안전 확립, 기억과 애도를 포함한 재처리, 일상생활과의 재연결에 중점을 두면서 외상 후 성장에 이바지할 수 있는 심리적 유연성을 높인다.

둘째, 현존하기와 수용적인 삶을 살게 되면, 내담자가 실천하고 있는 비효율적인 행동이 자신을 얼마나 소진시키는 일인지를 점검하게 한다. 그런 다음, 자신이 진정으로 바라는 가치 있는 삶을 찾도록 하고 그 일에 용기를 내어 전념하도록(중요한 것 행하기) 안내하는 것이다. 즉, 트라우마는 내면의 힘을 잃게 하고 관계를 단절시키는 경험이 될 수 있기 때문에 회복을 위해서는 권한 부여와 치료적 동맹의 원칙에 세심한 주의를 기울일 필요가 있다.

2) 앞으로의 상담 과제는 어떤 것인가?

내담자가 자기와 세상, 그리고 미래를 바라보는 심리도식을 수정하고, 감정적인 상처에서 벗어나 대인관계 패턴을 수정하는 것은 매우 중요한 상담목표로 보인다. 논박과 통찰을 통해 심리도식이 바뀌고, 정화를 통해 억압된 감정이 해소되어 자유로운 감정을 갖게 되고, 달라진 대인관계 패턴을 갖고 살아간다고 해도 이러한 문제는 어느 때든 그림자로 작동되어 다시 문제로 등장할 가능성이 높다. 이를 마음챙김 기반 인지치료(MBCT)에서는 자동조종(automatic pilot)이라고 한다. 이런 가능성 때문에 마음챙김을 통해 현존하는(Being) 삶을 살도록 하는 것이 매우 중요할 것 같다. 따라서 수용전념치료(ACT)에서 언급한 매 순간 마음챙김을 통해 맥락적 자기로서 현재를 살도록 안내하는 것이 필요하다.

3) 이 내담자의 문제에 적용할 수 있는 치료기법(전통적 상담기법과 초월영성적 상담기법 포함)에는 어떤 것이 있는가?

(1) 내담자가 갖고 있는 부정적인 신체 이미지를 개선하는 방법은?

이 내담자의 부정적인 신체 이미지를 개선하는 방법에서, 전통적인 상담기법인 인지행동치료의 관점으로 살펴보자.

우선, 내담자는 자신의 몸매와 외모에 대한 타인의 시선이 불편했던 경험을 살펴봐야 한다. 이렇게 부정적인 신체 이미지를 경험했던 상황(A)을 찾아 그때 느끼는 감정(C)을 점검하고, 그 감정을 느끼기 직전에 어떤 생각(B: 자동적 사고)을 떠올렸는지 인식하도록 하는 것이다. 부정적인 자기인식으로 인해 고통스럽고 부끄러운 감정과 회피행동이 발생한 것으로 이해한다면 부정적 인식에서 벗어나는 것이 얼마나 중요한지를 알 수 있을 것이다. 자동적 사고가 합리적이지 않다면 자동적 사고를 논박하면서 합리적 사고로 수정해야 할 것이다. 합리적인 논박방법은 ① '당신의 생각을 지지하는 증거는?' ② '다르게 생각할 수 있는 대안적 사고는?' ③ '제3자가 이런 상황에서 어떻게 답할 것인지?' ④ '당신의 생각이 어떤 인지오류에 해당하는지?' ⑤ '당신의 말이 사실일지라도 이것이 그렇게 끔찍한 일인지?' 등이다.

내담자가 자신에 대해 부정적으로 인식하고 있다는 것은 그의 심리도식에 '나는 무가치하다.'는 핵심신념을 갖고 있는 것이다. 내담자는 자신의 신체뿐만 아니라 전반적으로 자신에 대해 무가치하다는 평가를 하고 있다. '나는 무가치하다.'는 것은 정서적으로 수치심과 연관이 있다. 내면아이 치유의 중요성을 언급한 Bradshaw는 수치심이 모든 심리적 질병에 근원이 된다고 하였다. 자신의 존재를 부정당하는 수치심은 유아기 때 양육자로부터 안정적인 애착을 형성하지 못했을 때 나타나는 후유증으로 볼 수 있다.

'무가치하다'는 결함/수치심 심리도식을 극복하는 방법은 내담자가 어린 시절에 자신이 가치 있는 존재로서 사랑을 받았던 근거를 찾아 논박하는 방법이다. 즉, 자신이 사랑스럽고 가치가 있었던 경험들을 찾아보는 것이다. 인지행동치료에서는 '무가치하다'는 심리도식을 수정하기 위해 자신의 존재가 가치 있었던 경험을 찾아 논박하도록 한다.

그러나 이러한 논박이 쉽지 않을 수 있다. 이럴 경우에는 역할극(role playing)을 활용할 수 있다. 역할극은 심리극(psychodrama)뿐만 아니라 다른 상담이론에서도 활용되고 있는 기법으로 감정을 다루는 데 매우 유용하다. 특히, 심리도식치료에서도 경험적 기법으로 역할극을 활용하고 있다. 역할극 장면은 부정적인 신체 이미지를 갖게 된 배경, 즉 어릴 때 수치심을 경험했거나 존재를 부정당한 경험을 찾는 것이 필요하다.

> "엄마가 나를 항상 비난했다. 엄마는 다른 사람들 앞에서 나를 나쁜 딸이라고 아무렇지 않게 이야기했다. 아빠를 닮았다고, 뚱뚱하다고, 나쁜 딸이라고 비난했다. 왜 그러냐고 울면서 화를 내본 적도 있지만 돌아오는 것은 더 큰 비난이었다. 못됐다, 지밖에 모른다는 말이 아직도 귓가에 맴돈다."

역할극을 활용할 경우에는 다음과 같은 과정을 포함할 수 있다. ① 문제 장면을 재연한다. 앞의 내용처럼 엄마가 내담자를 비난하는 장면이다. 이때 상담자가 어머니의 역할을 할 수 있다. ② 내담자가 화를 내본 적이 있다고 하지만 그 당시 다 하지 못한 감정의 표현을 다시 어머니에게 표출하도록 한다. ③ 역할을 바꾸어 내담자가 어머니가 되도록 한 다음, 상담자가 어머니에게 인터뷰를 한다. "어머니에게 몇 가지 물어보죠. 뭐든 잘하고 애쓰고 있는 딸에게 왜 그리 모질게 비난하나요? 아무리 당신의 남편이 밉다고 해도 그 원망을 이 딸에게 풀어도 되는 건가요? 저는 어머니가 도저히 이해가 안 됩니다. 어머니는 왜 그렇게 딸을 비난했나요?" 이런 식으로 상담자가 인터뷰를 하게 되면, 내담자는 어머니의 생각이 잘못되었다는 것을 알게 되고 어머니의 입장을 새롭게 이해할 수 있게 된다. 이때 내담자는 어머니가 되어서 자신이 원하는 좋은 어머니의 모습을 보여 줄 수 있다. ④ 다시 원위치로 돌아가 상담자가 어머니가 되어 좋은 어머니 역할을 한다. 내담자가 어머니 역할에서 표현한 내용을 중심으로 상담자가 어머니가 되어 반복해서 이야기를 들려준다. 즉, 어머니로서 미안한 마음과 딸이 잘못된 것이 아니라는 말을 다시 한번 명료하게 이야기해 준다. 이 과정을 통해 통찰과 교정적 정서체험이 이루어진다. 이 경우 동성의 상담자라면 어머니 역할로서 딸을 안아 주는 것도 가능하다.

(2) 내담자가 자기 고유의 삶의 의미를 찾도록 돕는 방법은?

수용전념치료(ACT)의 관점에서 보면 세 가지 측면을 살펴볼 필요가 있다. 내담자가 심리적 유연성을 키우는 데 필요한 것은 탈융합과 수용을 통한 '마음 열기', 현재 순간과 접촉하기와 맥락으로서의 자기를 통한 '현재에 있기' 그리고 가치 있는 일에 대해 전념하는 '중요한 것 행하기' 등이다.

우선, 내담자는 자신의 부정적인 이미지에 인지융합되어 있기 때문에 매사에 부정적인 자아상과 동일시하고 있다. 따라서 탈융합이 되려면 마음챙김을 통해 생각으로부터 영향을 받는 것을 멈추어야 한다. 자신의 경험에 대해 수용적인 방식으로 받아들일 때 마음이 열리게 된다. 호기심과 개방성을 가지고 내담자의 주의를 현재 순간으로 돌릴 수 있어야 한다. 이렇게 하여 현재의 경험에 마음이 열려 있어야 내담자가 자신의 생각과 감정을 위한 공간을 만들 수 있다.

또한 내담자는 반복적으로 피부와 근육 마사지숍과 요가원을 다니고 있고, 반복적인 다이어트를 하고 있으며, 최근에는 마라톤을 시작하고 있다. 그리고 음식을 먹는 것에 대해 매우 예민하게 살피는 행동을 보이는 등 타인으로부터 인정받기 위한 삶의 가치를 지향하고 있다. 그러다 보니 의미 있는 삶을 살지 못하고 불만족스러운 삶을 추구하고 있다.

가치와 관련하여 내담자에게 가장 중요하게 여겨지는 삶의 가치가 무엇인지, 내담자가 이미 가지고 있거나 실천하고 있는 가치는 무엇인지, 내담자가 어려움에 처했을 때 무엇이 내담자를 버티게 하고 있는지 등을 찾아보는 것이 필요할 것 같다.

앞에서 살펴본 사례개념화에서, 내담자는 주변 사람들로부터 인정받기 위해 반장을 하거나 노래자랑대회 입상을 하는 등 존재감을 갖기 위한 시도는 나름 내적 보호요인으로 언급하였다. 또한 대기업을 다니면서 요가와 마라톤을 하고 스스로 자기관리에 전념하는 측면 역시 가치 있는 적응패턴으로 볼 수 있다. 이미 하고 있거나 실천하고 있는 가치는 자기관리 측면이 강하다.

가치를 과녁 활동지와 연결시켜 보면, ① 일과 교육, ② 여가, ③ 관계, ④ 개인적 성장/건강 등으로 구분하고 있다. 이 사례의 내담자는 주로 자기관리와 개인적 성장에 관심을 갖고 있기 때문에 관계, 일과 교육, 여가 등으로 확장하는 것도 좋을 것으로 예상된다. 그러나 내담자는 자신이 무엇을 함으로써 경험되는 가치보다 있는 그대로 맥락적 자기를 통해 현재의 삶을 살아가는 것의 의미를 발견하는 것이 더 중요할 것이다.

(3) 내담자가 문제가 되는 대인관계 패턴을 이해하고 극복할 수 있는 방법은?

내담자는 부와 모에 대한 부정적인 부모상을 갖고 있고 기본적인 신뢰가 부족하기 때문에 대인관계에서 부정적인 관계 패턴을 갖고 있는 것으로 해석할 수 있다. 심리도식치료에 의하면 내담자는 '타인과의 안정적인 애착욕구'가 좌절되면서 '단절과 거절'을 경험하게 되었고, 그로 인해 유기/불안정, 불신/학대, 정서적 결핍, 결함/수치심, 사회적 고립/소외 등의 도식을 갖고 있는 것으로 보인다. 따라서 내담자는 사람들로부터 버림을 받을지 모른다는 유기도식과 사람들을 신뢰할 수 없는 불신의 도식, 특히 자신이 결함이 있다고 보는 수치심의 도식을 두드러지게 드러내고 있다. 도식양식으로는 취약한 아동양식, 부적응적 대처양식(과잉보상, 굴복자), 처벌적인 부모양식 등을 보이고 있다.

따라서 내담자는 굴복자로서 부모의 눈치를 보고, 어머니를 기쁘게 하기 위해 자신에게 엄격한 과잉보상과 처벌적인 방식으로 삶을 살아왔을 것으로 이해된다. 이런 경우 심리도식치료에서 인지적 전략을 활용하기보다 경험적 전략이 효과가 있을 것으로 보인다. 이 내용은 앞에서 설명하는 것과 유사한 방식으로 활용하면 좋을 것 같다.

이어서 '속성경험적 역동심리치료(AEDP)'의 **변화의 삼각형**[2] 관점을 추가하면 다음과 같다. 이 치료전략은 세 가지 차원으로 설명할 수 있다.

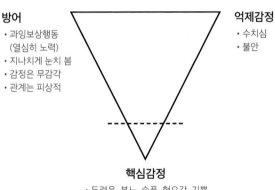

방어
- 과잉보상행동
  (열심히 노력)
- 지나치게 눈치 봄
- 감정은 무감각
- 관계는 피상적

억제감정
- 수치심
- 불안

핵심감정
- 두려움, 분노, 슬픔, 혐오감, 기쁨

---

2 '변화의 삼각형'은 AEDP를 기반으로 Hendel이 쓴 『오늘 아침은 우울하지 않았습니다』(더 퀘스트)에서 소개하고 있는 명칭으로, AEDP에서는 갈등 삼각형으로 안내하고 있다. 갈등 삼각형은 핵심감정 경험, 과정에서 생성된 신호감정, 불안을 유발하는 것을 피하기 위해 사용하는 방어 메커니즘 사이에서 발생하는 피드백 고리의 관점에서 정서경험의 내적 구조를 표현하고 있다[전명희 외 공역(2022). **속성경험적 역동심리치료**. 학지사].

현재 내담자는 방어적인 행동으로 열심히 노력하고 눈치를 자주 보면서 살아왔지만 최근에는 감정이 무덤덤하고 피상적인 관계 맺기의 모습을 자주 보이고 있다. 이것은 자신의 내면에 억제되어 있는 수치심을 보상하고, 불안을 잠재우기 위한 방어일 수 있다. 내담자가 수치심과 불안을 보이고 있는 것은 자신이 어려서 경험해 온 핵심감정을 차단하면서 나타나는 부작용이다.

내담자는 무서운 아버지와 의존적인 어머니를 돌보기 위해 자신의 핵심감정인 분노나 두려움(적응적 1차 감정 혹은 미해결 감정)을 억압하고 불안과 수치심을 갖고 살아왔다. 따라서 내담자가 과거의 무서운 아버지와 자신에게 하소연하는 어머니에 대한 이미지이나 장면을 떠올렸을 때 몸의 감각이 어떻게 느껴지는지, 어떤 감정이 올라오는지를 분명하게 알아차리도록 한다. 이때 느껴지는 몸의 감각과 감정을 알아차리고 그 감정을 정화하는 기회를 갖는 것은 유용한 치료전략이 될 수 있다. 아마도 무서운 아버지에 대한 감정은 두려움과 분노였을 것이고, 힘든 것을 호소하는 어머니에 대한 감정은 혐오감과 슬픔이었을 것이다. 따라서 두려움은 안전한 보호를, 분노는 건강한 표출을, 슬픔은 상실의 눈물을, 혐오는 당당한 거절을 경험할 때 핵심감정이 풀어진다.

이런 식으로 아버지와 어머니에 대한 이미지가 수정될 때 비로소 대인관계 패턴이 달라질 가능성이 높아진다.

4) 내담자와의 관계 형성과 상담 진행의 어려움을 어떻게 극복해야 하는가?

내담자는 지적으로 매우 똑똑하며, 내담자와의 거리감이 좁혀지지 않고 있고, 내담자의 해결 중심적인 태도로 인해 무언가 논리정연한 해답을 주어야 할 것 같은 압박감을 느낀다. 이것을 어떻게 해결할 수 있을까?

내담자는 사람들과 감정 접촉을 어려워하는 것으로 보인다. 즉, 감정에 대한 인식이 어렵기 때문에 감정을 표현하고 타인과 원만한 관계를 맺기가 잘 되지 않는 모습이다. 그동안 삶의 과정에서 부모로부터 감정적인 돌봄이 부족하였고, 안전하지 못한 부모 관계와 힘든 어머니를 살피는 과정에서 자신의 감정을 느끼고 해소하는 경험이 매우 부족했을 것으로 판단된다. 특히, 초기 양육과정에서 내담자는 불안전한 환경에서 살아가기 위해 자신의 감정을 차단하고, 사고 중심으로 세상을 이해하고 접촉해 왔던 것 같다. 따라서 사람들과 감정을 교류하고 적절하게 관계 맺는 것을 어려워하는 것으로 보인다.

인지행동치료적 측면에서 내담자는 '사람들은 나를 사랑하지 않는다.'와 '나는 무가치한 존재이다.'라는 심리도식을 갖고 있기 때문에 사람들을 신뢰하지 못하고 사람들의 작은 반응에도 거절하는 것으로 쉽게 받아들일 수 있다. 따라서 초기 상담에서 상담자는 내담자가 자신을 신뢰할 수 있도록 협력적 관계, 라포 형성 과정에 비중을 두어야 할 것이다. 그렇게 하려면 상담자는 부드러운 말투와 몸짓, 온전한 수용적 태도를 통해 내담자가 상담자를 신뢰할 수 있는 노력을 해야 할 것이다.

그럼에도 이 내담자는 감정 접촉을 차단하고 인지적으로 대응하는 측면에 대해 면밀히 다루어야 한다. 게슈탈트치료를 기반으로 설명하면 내담자는 접촉경계 혼란을 겪고 있는데, 이를 편향(deflection)이라고 한다. 편향이란 개인이 환경과의 접촉에서 감당하기 힘든 내적 갈등이 일어날 때 이에 압도당하지 않기 위해 자신의 감각을 둔화시켜 자신과 환경과의 접촉을 약화시키는 것을 말한다. 게슈탈트치료에서는 문제 장면을 떠올리게 하여 몸의 감각이 어떻게 일어나는지를 알아차리게 한다. 알아차림은 유기체가 자신의 삶에서 현재 일어나고 있는 중요한 현상들을 방어하거나 회피하지 않고 있는 그대로 지각하고 체험하는 행위를 말한다. 신체 감각, 욕구, 감정, 떠오르는 생각, 행위, 환경 등 모든 영역에서 일어나는 현상을 알아차리도록 한다. 이때 올라오는 감각이나 감정, 욕구 등을 알아차릴 때 비로소 미해결 과제(감정)가 전경으로 떠오르게 된다. 알아차림을 통해 감각 혹은 감정이 의식화되면 에너지를 동원하고 적절한 행동을 통해 접촉을 시도하도록 한다. 이렇게 했을 때 비로소 내담자의 게슈탈트가 완결된다.

게슈탈트치료를 실시했음에도 감정에 대한 알아차림과 접촉이 어렵다면 트라우마치료에 효과적인 신체적 경험치료(SE)나 속성경험적 역동심리치료(AEDP), 그리고 내면가족체계치료(IFS) 등 다양한 방식을 활용할 수 있다. 특히, 신체적 경험치료는 몸의 감각에 집중하도록 하여 신경계에 저장되어 있는 트라우마의 정서적 후유증을 알아차리게 하는 효과적인 치료 접근이다. 이런 전략에 역할극을 통합하여 진행한다면 감정을 알아차리고 정화하는 것이 매우 수월할 수 있다.

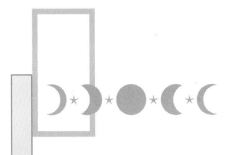

3. 교류분석상담 슈퍼비전

김미례

1) 내담자에 대한 사례개념화/이해와 상담 목표 및 전략이 적절한가?

⑴ 내담자의 당면 문제의 발생과 유지에 대한 상담자의 이해가 적절한가?

상담자가 분석한 내담자에 대한 사례개념화는 어느 정도 적절하다고 본다. 이에 대해 다음과 같이 당면 문제의 발생과 유지에 대해 더 들어가 봐도 좋을 것 같다.

첫째, 내담자의 당면 문제 발생 관련 유발요인을 파악해 볼 수도 있을 것 같다.

내담자는 어린 시절 자신이 설정한 완벽한 규칙이나 기준을 지킬 것을 강요하고, 비난이나 협박을 하며 재촉하는 지나치게 통제적인 모와 가정을 돌보지 않는 방임적인 무책임하고 가부장적인 부 간의 불일치된 양육환경에서 양육된 것으로 예측된다. 이로 인해 내담자의 부모자아상태(P)에서 보여 주는 함정은 '~해야만 한다.' '~을 하는 것은 당연하다.' '~를 할 필요가 있다.'로 파악된다.

또한 내담자는 끊이지 않는 부모의 불화와 차별에 분개하면서도 두려움과 공포감을 느껴 생존을 위해 모에게 굴복하고 말았을 것으로 보인다. 특히, 모는 부를 닮은 내담자가 자신이 설정한 기준을 따르지 않고 저항하거나 부에 대한 의심 또는 불신이 증폭되는 경우, 그 불안과 분노를 살인적일 정도로 내담자에게 표출했을 것이다. 또한 내담자의 모는 내담자가 자신이 원했던 똑같은 행동을 했음에도 자신의 감정에 따라 어떤 경우에는 화를 내고 비난이나 지적을 하는 등 매우 다른 모습을 보였기에 내담자를 늘 긴장하고 순응하는 상태에 놓이도록 했을 것이다. 이로 인해 내담자의 어린이자아상태(C)에서 보여 주는 함정은 '~을/를 할 수 있다.'로 파악된다.

이로 인해 내담자는 '완전하라, 강해져라.'라는 드라이버 메시지를 받았을 가능성이 높다. 이때 내담자가 받는 전형적인 금지명령은 '어린이가 되지 마라, 친해지지 마라, 신뢰하지 마라, 감정을 느끼지 마라, 친해지지 마라(신뢰하지 말라), 어린아이가 되지 마라(즐기지 말라).'이다. 이에 내담자는 어린 시절 자신을 안전하게 보호하기 위해 매우 비판적 사고를 하게 되고, 조심스럽게 행동하는 것을 익히게 되었을 것이다.

또한 자신뿐만 아니라 주변의 모든 사람과 모든 것을 통제하고자 시도할 가능성이 있다. 이로 인해 인생 태도가 '자기긍정-타인부정'의 영역에 위치했을 것으로 보인다. 이 경우 타인의 무능력에 대해 분노를 느끼고, 타인을 공격할 가능성이 있으며, '내가 모든 것을 통제할 수 있다면, 어떠한 나쁜 상황이 발생해도 방어할 수 있다.'라는 신념을 강하게 고수하게 되었을 것이다. 이에 상담 중에 보여 주는 극단적인 도피구는 '타살'일 것이다.

이에 따라 '나는 나의 안전을 위해서 당신을 감시해야만 한다. 만약 내가 이렇게 통제할 수만 있다면, 나는 긍정(OK)이다.'라는 초기 결정을 내렸을 것으로 보인다. 이와 동시에 '내가 통제할 수 없다면, 어떤 일이

벌어질까?'라는 두려움 또한 자리 잡고 있기에 '자기부정-타인긍정'에 대항하기 위해 '한발 앞선' 상태로 늘 생활하고자 했을 것이다. 이로 인해 자신의 능력을 충분히 발휘하지 못하는 상황이 야기되면 '나는 소중하지 않다. 나는 뚱뚱한 사람이다. 나는 예쁘지 않다. 나는 운동을 못하는 사람이다.' 등 패자의 각본 속에서 두려움을 가린 타인에 대한 노여움과 분노, 질투, 의심이라는 전형적인 라켓감정에 의해 친구, 이성, 직장 동료 등 간의 친밀관계 구축의 어려움과 관계 단절에 영향을 미쳤을 것으로 보인다. 그러나 곧 '자기부정-타인긍정'의 '나를 차라(Kick me).'라는 희생자 역할을 하는 게임으로 전환되어 우울과 버림받았다는 느낌이 지속되는 것이 반복되자 '자기부정-타인부정'의 삶의 의미를 상실한 소진된 상태를 보여 주고 있는 것으로 추론된다.

둘째, 내담자의 유지요인과 관련하여 다음과 같이 더 파악해 볼 수도 있을 것 같다.

내담자는 모에게 비난이나 무시를 받지 않기 위해 일상을 늘 구조화된 틀 속에서 실현 가능한 계획을 미리 설정하고 실수나 잘못되어 가는 것은 없는지 경계하며 살아왔을 것이다. 또한 늘 예측할 수 없는 상황이 펼쳐질 것이 두려워 '한발 앞서서' 삶을 통제하는 데 에너지가 소진되었을 것으로 보인다. 스트레스 상황에서 각본 결정 시 억압된 노여움과 분노라는 라켓감정에 접촉하면 상대방의 잘못된 점을 찾아 통제하고 안정된 거리 유지의 정당화에 초점화되는 '흠집내는(blemish)' 라켓티어링의 주제를 재연하면서 상대를 한 단계 아래로 끌어내리는 이면교류인 '자! 잡았어, 이 녀석!'이라는 심리적 게임을 지속한 것으로 보인다. 이로 인해 내담자의 남자친구 등 이성들이 관계를 끊게 되자 다시 고통으로 되돌아갈 수밖에 없었을 것이다.

특히, 초기 결정한 각본 신념이 재연되는 스트레스 상황 시에는 '자기긍정-타인부정'의 위치에서 이러한 심리적 게임이 자동적으로 펼쳐지기에 주변에 있는 남자친구나 직장동료들은 결국 자포자기하여 내담자와의 관계를 단절하였을 것으로 본다. 또한 이때 내담자는 '자기부정-타인긍정'의 위치로 옮겨 와 근본적인 심리게임인 다른 사람으로부터 거절당하는 행동을 하는 '나를 차라'란 게임이 시작하기에 거절당하는, 즉 관계 단절이 반복되었을 것으로 보인다. 내담자는 결국 우울과 버림받았다는 느낌이 들자 '나를 차라' 게임으로 전환되는 과정으로도 옮겨 갔을 것이다. 뿐만 아니라 '나는 완전한 사람을 찾기까지는 그 누구와도 친밀해질 수 없다(신뢰하지 않는다). 그러나 결코 그렇게 완전한 사람을 찾을 수가 없을 것이다.'라는 '까지'식과 '결코'식이 조합된 과정 각본을 유지하고 있기에 최근 남자친구와의 관계 단절도 영향을 미쳤을 것으로 보인다. 내담자는 이러한 각본적 삶이 반복되자 최근에는 삶의 무의미 영역인 '자기부정-타인부정'의 인생 태도 위치로 옮겨 와 있는 것 같다.

(2) 내담자의 파괴적인 대인관계 패턴을 돕기 위한 상담 목표 및 전략이 적절한가?

내담자가 호소한 문제는 남자친구와 헤어지고 나서 남성과의 관계가 반복해서 깨지는 것에 대해 이해하고 싶고, 전반적으로 생활의 피로감과 무의미감을 극복하고 싶다고 하였다. 이와 관련하여 설정한 상담 목표가 '남자친구와의 파국적인 관계 패턴 및 감정 패턴 이해하기 및 내담자의 부정적인 자기 이미지 개선하기'로 설정되어 있다. 이는 내담자가 호소한 문제를 어느 정도 반영한 것으로 비춰지기도 하지만 초기 문제가 반복적으로 재연된, 즉 유발요인과 유지요인을 반영한 목표 설정이 반영되지 않아 다소 아쉽다. 이에 대해 다음과 같이 상담 목표 및 전략을 제안해 본다.

첫째, 상담목표와 관련하여 재설정한다면 다음과 같이 설정할 수도 있다.

'나는 사람들과 친하게 지내지 않겠다.'라는 초기 어린 시절의 결정을 '사람들과 친하게 지내겠다.'로 재설정한다. 이를 보여 주기 위해 모를 가상의 의자에 앉히고 모가 나에게 '사람들과 친하게 지내지 말라고 했던 것'에 대해서 내가 어떻게 느꼈는지를 말하겠다.

둘째, 상담전략과 관련하여 재설정한다면 다음과 같이 설정할 수도 있다.

앞의 상담목표 성취를 위해 첫인상 및 초기 회기에 수집된 주요 정보를 과정모델 평가매트릭에 기반하여 살펴본 결과, 내담자는 '완전하라'와 '강해져라' 드라이버가 결합된 재기 넘치는 회의론자(편집성)로 진단된다. 이 성격적응 유형 도식에 기초하여 내담자가 선호하는 사고(T) → 감정(F) → 행동(B)의 의사소통 경로 순에 유의하여 상담단계별 개입전략을 제시하면 다음과 같다.

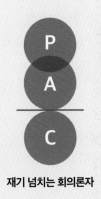

재기 넘치는 회의론자

- 내담자가 P에 자신의 행동에 대한 엄격한 신념 설정
- 내담자의 P의 '완전하게 하고, 강해져야 한다'라는 메시지에 의해 A가 오염되어 일상생활 수행
- 내담자는 일상생활 속 어린아이 같은 행동과 감정이 자발적이고 예측이 불능이기에 C를 배제
- 내담자는 이완된 자세로 좋은 감정을 유지하면서 자신이 지각한 바를 확인해 보도록 하며, 사물이 처음 보았을 때만큼 불확실하지 않음을 알아차림하여 A를 P로부터 정화하기

◉ 각본 변화를 위한 상담단계별 효과적 개입방안

◉ 주요 전략

먼저, 내담자의 에너지가 가장 집중되어 있는 개방문인 사고에서 치료적 동맹을 구축하여 상담목표를 체결한다. 다음으로, 내담자가 목표문인 감정으로 옮겨 가면 내담자가 선호하는 상담자의 의사소통 방식인 채널4 양육적 방식(+NP)을 통해 내담자의 감정을 어루만져 줌으로써 감정과 사고를 통합한다. 이 경로의 순서대로 감정과 사고가 잘 통합되면 마지막으로 내담자의 방어 영역인, 즉 함정문인 행동에서 가장 중요한 '타인(이성/남친)의 신뢰와 자신의 통제권을 상실하지 않으면서 약간의 통제권을 타인에게 양보해 보고, 자신이 인식한 것이 사실이라고 단정하기보다는 확인한 후 행동하는' 각본의 변화를 지켜보도록 한다.

◉ 세부 단계별 전략

❶ 초기 단계

- **치료적 동맹관계 구축하기**

  상담 첫 회기에는 내담자 면담 시 내담자가 선호하는 사고(T), 감정(F), 행동(B)의 의사소통 경로에 유의하여 내담자의 에너지가 가장 집중되어 있는 개방문인 사고에서 내담자를 맞이하고 천천히 신뢰감을 형성하여 치료적 동맹을 구축할 수 있도록 개입 작업을 한다. 이를 위해 상담 첫 회기 내담자가 선호하는 상담자의 의사소통 방식인 채널3 요구적인 방식(+A)을 통해 내담자의 반응에 공감하는 상보교류를 한다. 즉, 내담자의 파장에 맞춘 의사소통을 하기 위해 내담자에게 묻고 답하는 방식으로 개입 작업을 한다.

- **도피구 폐쇄 선언하기**

  내담자의 주요 성격적응 유형이 무엇이든 상담에서의 자살, 타살, 미치는 문제 관련 세 가지 비극적 결말의 도피구를 폐쇄하도록 유도할 필요가 있다. 내담자도 초기 어린 시절 부모로부터 크고 작은 학대 경험을 다양하게 보고하였기에 내담자가 '존재하지 마라.'라는 금지명령을 당연히 받았을 것으로 예측된다. 이에 내담자는 타인이 자신에게 상처를 주는 존재가 아니라는 것과 자신도 상처받는 존재가 아님을 깨달을 필요가 있다고 본다. 내담자가 도피구 폐쇄를 하지 않으면 상담에서의 각본 변화를 거부하는 상황이 유발될 수 있고 내담자의 의식 밖은 비극적 결말을 정당화하기 위해 여전히 활동할 수 있다. 내담자의 자살, 타살 또는 미치는 문제가 명시적으로 표면화되면 내담자가 어른자아상태(adult ego state: A)로 도피구 폐쇄선언을 하도록 한다. 내담자의 도피구 폐쇄선언이 이루어진 다음, 내담자의 본 문제를 다룬다.

- **'두려운' 감정조절법 익히기**

  내담자가 가장 먼저 해결해야만 하는 감정은 '두려움'이다. 내담자가 두려움이란 감정을 느꼈을 때는 내담자 내면에 있는 실재적인 두려움이 아니라 내담자가 타인 속의 두려움을 인식했던 순간들이었을 것이다. 내담자가 이러한 자신의 두려움을 인식하기 위해서는 사람들과 신뢰관계 재구축이 필요하다고 본다. 내담자가 본 상담목표 성취 전, 언제든 스트레스 상황인 각본적 상황과 맞닥뜨릴 경우 각본 감정인 '두려움'에 대한 방어로 '분노'가 의식하지 못한 채 표출될 수 있기에 일상에서 실천 가능한 4B 기법을 익혀 감정을 통제할 수 있도록 개입 작업을 한다.

❷ 중기 단계
- **내담자에게 내재된 '두려움'의 대체 감정인 '분노'라는 각본 감정 정화하기**

  적절한 회기에 내담자가 자신에게 내재된 두려움을 인식하고, 이 감정을 안전하게 지지받으면서 초기 어린 시절 보호받지 못했던 경험을 재경험할 수 있도록 하여 각본적인 반복된 삶의 패턴을 인식한다. 중요한 것은 내담자가 상대방을 의심하는 눈빛으로 분석하여 감정의 노예가 되어 감정 자체가 광기로 돌변하는 것과 '감정'을 느껴도 괜찮다는 점이 다름을 배우는 것이다. 또한 내담자가 모든 상황에 대처하기보다는 자신이 감정의 주체가 되어 인식되는 감정을 솔직하게 표현할 수 있도록 한다. 이에 적절한 회기가 되면 내담자의 어린이자아상태(C) 속에 내재된 두려움과 상처에 대한 감정에 내담자가 재접촉을 시도할 수 있도록 빈의자 기법을 활용해 개입 작업을 한다.

- **내담자의 '까지(until)'식 '결코(never)'식 과정각본 직면하기**

  내담자가 각본을 유지하기 위해 시간과 관련된 방식으로 자신의 실존적 삶을 구성하고 지배하는 심리적 게임의 형태를 띤 '까지'식과 '결코'식의 결합된 각본에 대해 직면한다. 즉, 내담자가 지닌 '나는 내 일을 끝낼 때까지는 즐길 수 없어. 그러나 나는 내 일을 결코 완수할 수 없으므로 나는 결코 즐길 수 없어.'라는 과정각본에 대해 개입한다. 먼저, 내담자의 주요 과정각본인 '까지'식 각본에 대해 기회가 되면 직면한다. 이를 위해 내담자에게 '언제든지 일을 마치기 전이라도 원하는 것을 표현하고 즐길 수 있다.'라고 말한다. 내담자가 각본과 라켓 그리고 심리적 게임의 모든 세부 사항을 다 작업하기 전이라도, 변화해도 좋다고 허가한다. 특히, 목표 설정 시 내담자가 원하는 것을 바로 표현하지 못하고 주변을 빙빙 맴도는 어린이자아상태(child ego state: C) 전략을 펼치지 못하도록 특정 목표를 준비해 놓는다.

다음으로 내담자의 주요 과정각본인 '결코'식 각본에 대해서도 기회가 되면 직면한다. 이를 위해 내담자가 자율로 향하는 에너지가 다소 미약하더라도 무조건적 스트로크를 제공한다. 내담자가 물러나면 어떻게든 끌어당기려 하기보다는 상담자가 먼저 자연스럽게 다가간다. 특히, 상담목표는 양자택일식보다는 내담자의 각본 변화가 가능한 목표를 설정한다. 또한 내담자가 원하는 것과 이를 성취하는 방법에 대해서도 생각과 느낌을 공개적으로 표현할 수 있도록 한다. 이를 위해 먼저 자신이 원하는 것이 무엇인지 결정하고 이를 얻기 위한 구체적인 행동 방안들을 몇 가지 나열하게 한 후 하루에 한 가지씩 실천할 수 있도록 한다. 만일 내담자가 과정각본 유형에서 벗어난다면 동시에 부모명령 각본에서도 해방될 것이다.

❸ 종결 단계

상담의 과정 중 마지막 단계인 종결 단계에서는 상담목표 성취 및 종결을 논의한다.

• 상담 종결 논의 및 상담평가

상담 종결 시기를 논의하기 위해 내담자와 상담 초기에 설정한 상담목표가 완료되었는지 상담목표 성취 체크 목록을 활용하여 점검한다.

• 상담 종결 단계에서 다루어야 할 이슈

내담자로 하여금 자신이 성취한 상담목표를 회고해 보고 자신의 변화에 대해서 즐거움을 느낄 수 있는 기회를 제공한다. 이를 위해 내담자가 첫 상담 장면을 기억하여 성취한 변화를 충분히 설명할 수 있도록 종결 단계 검토 목록지를 활용하여 상담 회기들을 검토한다. 또한 내담자와의 상담 여정을 회상하는 시간을 갖는다.

• **추수상담**

추수상담에 관해 교류분석상담에 있어서 어떤 표준은 없다. 추수상담을 정해 놓으면 내담자의 C에 상담자가 '우리의 이별은 이별이 결코 아니야.' 혹은 '일을 완벽하게 마무리하지 못하면 바로 당신이 돌아와야 해.' 하는 메시지를 내포할 위험이 있다고 본다. 이에 현재까지 진행해 왔던 상담을 명확하게 종결한다. 추후 내담자가 새로운 자기 변화를 원하는 시기가 왔을 때 다시 접촉할 수 있으며, 이때 내담자와 함께 새로운 상담목표를 설정할 능력과 의사가 있는지 여부를 새롭게 탐색할 것이다. 또한 추후 내담자가 추가적인 도움이 필요한 문제에 있어서 그 문제에 따라 내담자가 원할 경우, 기꺼이 다른 상담사를 찾는 것도 조력해 줄 것이다. 이를 통해 내담자와의 공생관계 역동의 예방 및 기존의 상담자를 벗어나 새로운 상담자에게 가도 좋다는 열린 마음을 실천한다.

• **상담 종결 후 내담자와의 관계**

내담자가 상담자와의 관계를 지속하기 위한 수단으로서 우편, 문자, 메일, 카톡 등을 추후 커뮤니케이션 수단으로 사용하지 않도록 한다. 그리고 답장을 보낼 것이라는 기대를 하지 않도록 확실히 한다.

2) 앞으로의 상담 과제는 어떤 것인가?

앞으로의 상담 과제는 내담자의 보호요인에 초점을 맞추어 상담이 진행되었으면 하는 바람이다. 이 사례에서 파악된 내담자의 보호요인들을 제시하면 다음과 같다.

내담자는 일상생활이나 주어진 업무 등 모든 면에서 가장 명확하고 예리하며 가장 세심하게 판단할 수 있는 이성적 사고를 하는 사람으로 보여진다. 또한 내담자는 구조화되고 예측 가능한 확신을 주는 상황의 경우 최적의 수행 결과를 산출할 수 있는 유능한 사람이다. 내담자는 자신에게 주어진 일을 잘 해결하기 위해서 일단은 물러서서 상황의 정도를 파악하고, 세세한 사고 능력을 발휘하여 문제 해결을 도모하기에 성적이나 주어진 업무 등에서 충분히 유능성을 발휘함으로써 그 능력을 인정받을 가능성이 높다. 이러한 내담자의 능력은 내담자가 학교생활이나 직장생활 시 확실하고 정확하고 체계적으로 학업계획을 세우고 주어진 업무를 체계적으로 수행하는 데 영향을 미쳤을 뿐만 아니라, 남자친구와의 동업 관련 불확실한 상황 시 사업부도로 이어질 것을 미리 예방하기 위한 잠재적 문제 해결력에 기여했을 것으로 보인다. 내담자는 명확한 대답을 좋아하고 건강관리나 몸 상태, 패션 감각 등 빈틈없는 상태를 유지하며, 고도의 사고 능력을 유지하며 살아가는 삶의 자세를 지녔다. 또한 예의도 바르고 올바른 행동을 하며 살아가는 사람이다. 특히, 성격적으로 지배나 관리를 하는 것을 선호하며, 지적 능력이 탁월하고 매우 민감하며, 뛰어난 지각 능력을 소유한 것으로 보인다.

이러한 내담자의 보호요인들을 잘 살려 다음과 같은 점에 초점을 맞추도록 한다.

첫째, 내담자가 남자친구 등 상대방을 의심하는 눈빛으로 분석하여 모든 상황에 대처하기보다는 자신의 감정을 더욱 즐겁게 발산할 필요가 있다. 이를 위해서는 내담자의 어린이자아상태(C) 속에 내재된 두려움과 상처에 대한 감정에 내담자가 재접촉을 시도해 볼 필요가 있다.

둘째, 내담자의 감정과 사고가 통합되어 단순히 자신이 옳다고 생각하기보다 타인을 있는 그대로 수용하고 새로운 행동 변화가 일어난다면 타인을 충분히 신뢰할 수 있다. 따라서 본 상담에서는 내담자가 타인과 친밀한 관계를 맺기 위해서는 '세상은 안전하다.'고 느끼는 것이 변화의 핵심이라고 본다. 이를 통해 내담자가 삶의 의미를 되찾아 일상적인 개인적 의식 수준을 넘어 자아를 초월하는 초개인적 의식 수준으로서의 성장을 촉진하게 된다면 이성과의 친밀한 관계를 새롭게 재구축할 수 있을 것으로 본다.

3) 이 내담자의 문제에 적용할 수 있는 치료기법(전통적 상담기법과 초월영성적 상담기법 포함)에는 어떤 것이 있는가?

(1) 내담자가 갖고 있는 부정적인 신체 이미지를 개선하는 방법은?

내담자의 부모명령 각본 메시지인 OK가 되려면 '완전하라'나 '강해져라.' 아래 내담자를 패자각본으로 살아가게 한 가장 강력한 비합리적인 3급 금지명령 메시지들이 있었을 것이다. 내담자는 초기 어린 시절 모의 핀잔, 방임, 욕설, 신체상 놀림, 무시, 불만스러운 표정이나 야단 등 학대 경험 속 '~했을 때에만 괜찮다'라는 금지명령에 순응하는 패자각본의 초기 결정을 내린 것으로 본다. 이러한 초기 결정 관련 내담자가 받았을 것으로 예측되는 금지명령들에 대해서 '있는 그대로 충분해.' '사람들과 친해져도 돼.' '사랑해도 괜찮아.' '자연스럽게 느껴도 돼.' 중 가장 듣고 싶은 허가 메시지들을 선택하도록 해야 한다. 즉, 내담자가 부모의 금지명령으로부터 벗어나 자율적 삶을 실현할 수 있는 새로운 재양육 메시지를 선택하도록 개입할 필요가 있다. 이를 통해 내담자가 C에서 '~을 해도 괜찮아.' 또는 '~을 그렇게 하지 않아도 괜찮아.'라고 허가를 받아들이는 각본이 변화된 반응을 보일 부정적인 신체상에 대한 이미지 개선이 가능할 것으로 보인다.

(2) 내담자가 자기 고유의 삶의 의미를 찾도록 돕는 방법은?

내담자가 고유의 삶의 의미를 되찾기 위해서는 친밀성 회복이 요구된다. 친밀은 주변 사람들을 기꺼이 숨김없이 자연스럽게 대하는 것이다. 이는 설사 위험 부담을 안더라도 느끼고 생각하고 원하는 바를 진심으로 공유하는, 헌신적이고 지속적으로 연결되어 있다는 상태를 의미한다.

내담자가 친밀을 회복하기 위해서는 신뢰할 수 있는 사람인지를 분별할 수 있는 통합된 A의 마음챙김 모드에 있어야 한다. 이 마음챙김 A 모드 상태는 내담자가 삶의 희로애락을 주변에 있는 사람들과 함께 나누고 현재에 온전히 충실하면서도 현재를 넘어서 볼 수 있는 상태이다. 내담자가 심지어 각본에 깊이 얽매인 순간일지라도 심리게임에 빠지지 않는, 진짜 친밀의 짧은 순간을 향유할 수 있는 상태라면 이 모드에 있는 것이다. 이를 위해서는 내담자가 우울한 모와 형성하고 있는 공생 패턴을 해결하여 순간적인 친밀 그 이상의 친밀성을 개발할 수 있도록 개입해야 한다. 즉, 내담자에게 내재된 자신 및 가장 가까운 친밀한 관계의 범주에 속하는 사람들과의 사랑을 방해하는 요인, 즉 공생관계를 두렵지만 직면시켜야 한다. 이에 상담자는 내담자의 두려움 및 염려를 수용할 수 있는 역량을 갖추고 있어야 한다. 상담자가 내담자와 모의 공생 패턴을 깨뜨릴 수 있는 구체화 상담기법을 적용할 수 있다면 내담자의 친밀성 회복에 도움이 될 것으로 본다.

다음과 같은 개입 반응들이 공생관계 직면에 도움이 될 수 있을 것이다. 먼저, 상담자는 내담자가 분노, 두려움, 불만을 표출하고 이해할 수 있도록 해 주어야 한다. 또한 내담자가 상담 초기와 달리 상담관계가 변했다고 인식할 수도 있으니 왜 변했다고 보는지를 탐색해 보도록 한다. 점차 내담자가 가족에 대한 두려움과 염려가 자신의 인식에 영향을 미쳤음을 인식할 수 있도록 진행해 본다. 특히, 내담자가 공생관계 포기의 첫걸음으로서 상담자에게 도전하고 미해결된 욕구를 안전하게 표출한다면 모와의 친밀한 관계 구축도 가능할 것으로 본다.

(3) 내담자가 문제가 되는 대인관계 패턴을 이해하고 극복할 수 있는 방법은?

내담자는 스트레스 상황 시 때때로 외부 자극들을 잘못 받아들인다거나 자신이 인식한 것을 사실이라고 믿는 경향이 있다. 그러나 이는 내담자의 두려움으로 인해 생긴 각본적 사고/신념에서 비롯된 느낌 차원의 내용들이다. 이에 앞의 각본 변화를 위한 개입 작업들이 성공적으로 이루어졌다면, 즉 내담자가 통합된 어른자아상태(adult ego state: A)로 합리적 사고가 가능할 경우 자율시스템 분석 작업을 한다. 이를 통해 상담의 종결로 옮겨 갈 수 있는지를 결정하도록 개입해야 한다.

먼저, 새로운 신념/생각과 감정 관련 내담자가 진정 자신이 원하는 모습이 되기 위하여 기존의 부정적인 신념을 새롭게 변화된 긍정적인 신념들, 즉 '나는 외모가 뚱뚱해서 사랑스럽지 않다.'를 '나는 지금 이 모습 그대로 충분히 사랑받을 가치가 있다.'로, 타인에 대해서도 '사람들은 믿을 수 없어서 가까이 가는 것이 두렵다'를 '사람들은 믿을 수 있고 친해져도 괜찮다'로 재결정하여 적도록 한다. 진정한 감정/욕구 관련 과거 각본 신념에 대해 미해결된 욕구를 완결하기 위해 그 당시 원했던 진정한 감정과 욕구를 상상해 보고 적도록 한다.

다음으로, 자율적 표현 관련 관찰 가능 행동들의 경우 내담자의 각본 감정(라켓) 대신 지금-여기 진정한 감정표현을 하고 있을 때를 가정하고, 긍정적이고 변화된 관찰 가능한 말이나 제스처 등을 적도록 한다. 보고된 내적 경험의 경우 최근 편안한 일상생활들이나 이완된 신체감각을 탐색하여 적도록 한다. 긍정적 계획과 구상의 경우 A에서 내담자가 앞으로 이루고 싶은 건설적 계획과 이를 실현하기 위한 창의적 구상안들을 적도록 한다. 끝으로, 강화하는 기억 관련 내담자 삶의 긍정적인 기억들을 재회상하여 적어 본다. 잘 떠오르지 않는다면 기분 좋은 긍정적인 일들을 상상하여 적어 보도록 안내해 준다. 자율시스템 분석 작업 시 내담자가 각본 변화를 위해 노력한 부분들을 민감하게 읽고 긍정적 스트로크를 제공해 준다.

4) 내담자와의 관계 형성과 상담 진행의 어려움을 어떻게 극복해야 하는가?

내담자는 지적으로 매우 똑똑하나 내담자와의 거리감이 좁혀지지 않고 있다. 내담자의 해결 중심적인 태도로 인해 무언가 논리정연한 해답을 주어야 할 것 같은 압박감을 느낀다. 이것을 어떻게 해결할 수 있을까?

먼저, 상담 초기 단계에 치료적 동맹 구축을 공고히 할 필요가 있다고 본다. 상담 첫 회기에는 내담자 면담 시 내담자가 선호하는 사고(T), 감정(F), 행동(B)의 의사소통 경로에 유의하여 내담자의 에너지가 가장 집중되어 있는 개방문인 사고에서 내담자를 맞이하고 천천히 신뢰감을 형성하여 치료적 동맹을 구축할 수 있도록 개입 작업을 할 필요가 있다. 이를 위해 상담 첫 회기 내담자가 선호하는 상담자의 의사소통 방식인 채널3 요구적인 방식(+A)을 통해 내담자의 반응에 공감하는 상보교류를 할 필요가 있다. 즉, 내담자의 파장에 맞춘 의사소통을 하기 위해 내담자에게 묻고 답하는 방식으로 개입 작업을 할 필요가 있다.

다음으로, 상담 진행의 어려움을 극복하기 위해서는 내담자의 적응 유형에 따른 각본 변화를 도모할 필요가 있다고 본다. 이 내담자는 무엇보다 일만 하는 것을 멈추도록 도와주고, 자신의 감정을 돌보도록 하는

데 초점을 두어야 한다. 이를 위해서는 내담자가 자신을 통제하기보다는 자신이 느끼는 감정을 인식할 수 있도록 해야 한다. 내담자가 신뢰감과 안정감을 유지하기 위해서는 약간의 시간이 필요할 것이다. 이에 상담 회기 중 일관되게 세심한 관심을 보여 주어야 한다. 특히, 초기 어린 시절 심리적 상처와 두려움에 대한 취약한 감정을 드러내지 않기 위해 '분노'라는 대체감정을 사용해 왔을 것이다. 이에 내담자에게 내재된 '두려움'이라는 진실된 감정을 접촉할 수 있도록 지지해 주고 욕구를 돌볼 수 있도록 해야 한다. 이를 통해 친밀한 관계에서 점차 안정감을 경험할 수 있을 것이다. 내담자의 의사소통의 개방문은 '사고'이고 목표문은 '감정'이며, 함정문은 '행동'이다. 이에 내담자의 각본 직면 관련 함정문인 '행동'으로 바로 들어가는 것은 피해야 한다. 내담자는 '할 수 있는 능력'이 있음에도 불구하고, 안전하다는 감각을 느끼지 못하기 때문에 '기꺼이 하겠다'고 나서지 않는다는 것에 유의할 필요가 있다. 또한 어떤 종류의 감정이나 행동을 '제거하기'를 원한다고 할 것이다. 그러나 이는 내담자의 C에 더 큰 위협이 될 수 있다. 대신, C의 욕구를 만족시킨다면 내담자의 부정 감정이나 행동문제 완화에 도움이 될 수 있을 것이다. 무엇보다 가장 중요한 것은 내담자가 사람들과 친밀하고 즐겁게 지내기 위해서는 심리 내외적으로 자신이 안전하다는 사실을 받아들이는 것이다.

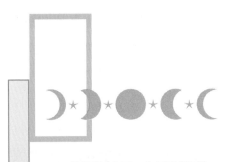

4. 동작치료 슈퍼비전

박선영

앞의 사례에 대한 슈퍼비전을 진행하기 전에 동작치료라고 하는 접근법, 특히 진정한 움직임을 기반으로 하는 동작치료를 이해하는 것이 필요할 것으로 생각되어 간략하게나마 동작치료 기본원리와 슈퍼비전 모델을 소개하고자 한다.

연구(Gelso & Carter, 1985; Horvath & Symonds, 1991; Martin & Garski, 2000; Paley, 2001; Robinson et al., 2012)에 의하면 심리치료에서 치료적 관계가 중요하다고 알려져 있으므로, 상담이나 심리치료의 형식과 상관없이 슈퍼비전에서는 이러한 발견이 반영되어야 할 것이다. 심리치료는 상담자와 내담자라는 두 인간의 진정한 관계 맺기라 할 수 있으며, 동작치료에서는 몸과 움직임이 진정한 관계 맺기의 주 매체가 된다.

진정한 움직임이라는 접근법을 발전시킨 Mary Whitehouse는 신체적 움직임에는 상징적 의미가 담겨 있으며, 심리치료의 적절한 내적 내용을 촉진하거나 이끌어 낸다고 하였다. 또한 안전한 공간에서 움직임으로 표현하는 것은 안정감과 개방성을 제공한다고 하였다. 동작치료에서는 내담자의 몸과 상담자의 몸 사이에 관계가 형성되는데, 창조적 움직임이 새롭게 만들어지는 안전한 환경은 치료자와 내담자 사이의 심리적이고 상상적이며 은유적 공간으로 내면과 외부, 자아와 타자가 혼재되어 있다(Johnson, 1998).

미국 춤동작치료사 Dosamantes-Alperson(1982)은 상담 장면에서 상담자의 '운동감각적 공감'을 Winnicott(1965)의 '안아 주는 환경'에 비유하면서, 동작치료사는 운동감각적 공감을 사용하여 '초기 신체 움직임의 축약되고 코딩된 형태로 자신의 몸에서 내담자의 움직임을 재창조하여 감각하고 반응해야 한다고 말한다. Cooper(2004)는 공감은 언제나 몸으로 나타나며 신체적 요소를 포함하지 않는 공감적 조율은 부분적 조율일 뿐이라고 주장하였다.

동작치료 슈퍼비전에서는 이러한 내담자-상담자 관계에 세 번째 존재인 슈퍼바이저의 몸이 더해진다. 동작치료 슈퍼비전에서는 움직이는 몸이 적절한 상황에서 사용되며, 움직임 경험 이후에는 언어로 이루어지는 대화가 뒤따른다. 슈퍼비전 과정은 은유적으로도 그렇지만 실제적 의미에서도 슈퍼바이지의 몸과 움직임을 통해 현재 진행되는 내담자와의 상담과정이 펼쳐지고, 이는 내담자의 내면 세계와 상담자-내담자의 관계를 이해하는 데 많은 도움을 준다.

이와 같은 개념을 바탕으로 앞의 상담 사례에서 슈퍼바이지가 도움을 받고 싶어 하는 내용을 살펴본다.

1) 내담자에 대한 사례개념화/이해와 상담 목표 및 전략이 적절한가?

(1) 내담자의 당면 문제의 발생과 유지에 대한 상담자의 이해가 적절한가?

상담자가 내담자의 호소문제의 첫 번째 이유인 남자친구와의 관계에 대한 어려움을 어머니와의 관계에서 형성된 것으로 이해하고 있는데, 이러한 견해는 인간의 문제를 정신역동적으로 이해하려는 것으로 이 사례의 경우 적절하다고 생각된다. 상담자는 내담자의 두 번째 호소문제인 소진과 무의미하다는 느낌을 타인에 대한 강한 인정욕구로 이해하고자 한다.

타인에 대한 인정욕구로 인해 스트레스를 받고 과도한 스트레스가 소진되는 느낌과 공허감을 준다고 이해할 수도 있다. 물론, 타인에 대한 인정욕구가 삶에서 에너지를 소진하게 만드는 것은 사실이지만, 이는 표층적인 차원에서의 역동이며 좀 더 깊은 내면의 자기 상태가 이러한 욕구를 만들어 낼 수 있다는 것도 고려해야 할 것이다. 그렇다면 내담자의 깊은 내면에 존재하는 자기와의 관계를 살펴봐야 한다. 내담자의 깊은 내면에서 일어나는 역동을 살펴보면 인정욕구는 자신의 존재감 부족이 하나의 이유가 될 수 있다. 능력 있는 워킹걸로 삶을 즐기는 모습을 이상적인 자기 모습이라 생각하는데, 이러한 모습은 대체로 내면의 중심이 있고 존재감 있는 태도로부터 생겨나는 것이다. 그러므로 이러한 현상 이면에 어떤 태도가 존재하는지 내담자가 자기 자신의 내면을 깊이 있게 돌아보는 과정이 있어야 한다. 신체적인 차원에서 이러한 측면을 확인할 수 있는 방법이 있는데, 가장 먼저 해 볼 수 있는 방법은 상담 시간에 드러나는 내담자의 신체적 긴장과 그라운딩(grounding)의 정도, 그리고 호흡 패턴을 체크해 보는 것이다. 그라운딩(Brown et al., 2015; Chevalier et al., 2019)은 최근 주목을 받으며 연구되고 있는 주제이다. 그라운딩을 한마디로 표현하자면 땅(바닥)과 연결되어 있다는 감각으로, 이때 호흡이 길어지고 편안함을 느끼며 몸의 감각을 잘 알아차리게 된다. 주변 환경을 잘 느끼고 소통하고 있으며, 내가 살아 있는 느낌과 안정적인 느낌을 갖게 된다. 그라운딩이 잘 되어 있는 사람은 자기 자신뿐만 아니라 주변 사람들로부터 안정적이고 신뢰할 수 있으며 현실감이 있고 확신에 차 있는 사람으로 표현된다. 만일 내담자에게 이런 모습이

드러나지 않는다면 이러한 내적 존재감을 온몸으로 인식하고 표현할 수 있는 상담전략이 필요할 것이다.

(2) 내담자의 파괴적인 대인관계 패턴을 돕기 위한 상담 목표 및 전략이 적절한가?

상담자는 내담자의 분노 감정을 경험하고 공감하여 정서적 접촉 경험, 어머니와의 관계를 교정적으로 다시 체험할 수 있게 돕는 것으로 전략을 세웠다. 전체적인 맥락으로는 상담목표를 달성하기에 무리가 없어 보이지만, 상담자가 설정한 두 가지 목표는 내담자가 현재 상황에서 필요하다고 요청하는 문제와 약간 거리감이 있어 보인다. 내담자가 호소하는 어려움을 기반으로 상담자가 함께 그 목표를 설정하는 과정이 필요하다. 특히, 두 번째 목표로 설정한 부정적인 자기 이미지 개선하기는 첫 번째 목표를 다룬 이후에 내담자가 그 부분을 언급하거나 상담자가 이미지 개선에 대한 제안을 하고 그에 따라 내담자와 합의하여 목표로 설정하면 좋을 것이다.

2) 앞으로의 상담 과제는 어떤 것인가?

일상에서 일어나는 감정을 잘 느끼고 적절히 표현하기 위한 연습이 필요하다. 이를 위해서는 그라운딩, 호흡과 같은 심리/신체를 함께 인식하고 습관적 행동에서 현명하고 자신에게 도움이 되는 행동을 선택할 수 있도록 내면의 힘을 키우는 것이 중요하다. 신체적 연결 상태는 심리적 상태에 많은 영향을 줄 수 있으므로, 이 내담자의 경우 Bartenieff의 인간 움직임 발달단계 여섯 가지 패턴 중에서 중심-말단을 연결하는 움직임 패턴이 많은 도움이 될 것이다. 살아 있는 중심의 지지를 받으면 말단은 세상으로 힘 있게 나아갈 수 있으며, 말단에서 느껴진 세상의 정보가 중심으로 흘러들어와 그것이 자신에게 어떤 의미가 있는지 이해할 수 있다. 그리고 언제 중심을 세워 힘을 써야 하는지, 언제 중심의 힘을 빼고 휴식과 이완을 해야 하는지 알 수 있게 해 준다. 움직임 패턴과 관련하여 박선영(2024)의 바디커넥션에서 제시하는 다양한 활동과 움직임을 일상생활에 적용하면 좋다. 미국의 춤동작치료전문가 Bonnie Bernstein은 인간의 변화와 성장이란 상담시간이 아니라 상담과 상담 사이의 일상생활에서 이루어진다고 하였다. 상담시간에 새롭게 인식하고 이해한 부분이 삶의 다양한 환경에서 적용되기 위해서는, 연습을 통해 몸으로 체득되어 소중한 상담경험을 일상에서 펼치는 것이 중요하기 때문이다.

3) 이 내담자의 문제에 적용할 수 있는 치료기법(전통적 상담기법과 초월영성적 상담기법 포함)에는 어떤 것이 있는가?

(1) 내담자가 갖고 있는 부정적인 신체 이미지를 개선하는 방법은?

내담자의 부정적인 신체 이미지를 개선하기 위해서는 다양한 접근법이 있다. 우선, 내면화된 부정적 이미지가 만들어지게 된 과거 경험을 탐색하는 것으로 시작할 수 있다. 이 과정에서 자신의 이미지를 형성하게 만든 기억과 함께 그 경험 안에 담긴 감정을 인식하고 표현할 수 있도록 안내한다. 감정은 대부분 그 저변에 욕구를 담고 있기 때문에 감정표현과 함께 자신의 욕구를 인식하는 것이다. 또 다른 방법으로는 부정적인 이미지를 다루기 전에 먼저 신체적·심리적 자원(resources)을 만드는 것이다. 자원은 환경에 일어나는 상황에 맞서 안전함, 자기 존재감, 타인과의 연결을 도와주는 모든 것이라고 알려져 있다. 내담자가 더 차분해져서 압도되지 않고, 갈등 상황에서 새로운 반응을 할 수 있으며, 자아감과 내적 통합성에 도움을 주는 모든 것이라고 할 수 있다. 자원은 내적·외적 자원으로 구분할 수 있는데 내적 자원은 주로 자기 몸의 감각과 느낌을 바탕으로 한다. 외적 자원은 자유롭고 편안함을 주는 특별한 장소, 취미 활동, 힘이 되고 믿을 수 있는 사람들, 공동체를 말하는데, 내담자의 경우 지적이며 해결 중심적인 태도를 갖고 있다면, 내적 자원보다는 외적 자원을 탐색하는 것이 도움이 될 것이다.

또 다른 방법으로는 움직임 패턴을 통한 접근법이 있다. 인간의 발달단계를 다양한 방법으로 설명하거나 이해할 수 있지만, 움직임으로 살펴보자면 여섯 가지 움직임 발달단계가 있다(Peggy, 2002). 여섯 가지 움직임 발달단계는 호흡, 중심-말단, 머리-꼬리, 상체-하체, 신체-좌우, 교차-측면으로 구성되어 있다. 두 번째 단계인 중심-말단 패턴 움직임은 안정감과 함께 척추를 바로 세워 긍정적 신체 이미지를 되찾는 데 도움이 될 수 있다. Wahl(2019)은 신생아의 경우 자기 몸을 탐색하는 과정에서 점차 중심과 말단이 어떻게 연결되는지 알게 되는데 이는 외부 환경과의 관계에서 전체로 존재하는 자기에 대한 감각이 급격히 성장하는 기반을 만들어 준다고 말하였다. 중심-말단 패턴에 대한 모토는 '나를 세상으로, 세상을 나에게로'이다. 중심-말단 작업은 자신에게 편안하고 지지적인 방식으로 자기 몸에 존재할 수 있게 해 주는데, 이는 일상에서 언제 중심을 세우고 중심의 힘을 내려놓아야 하는지, 그리고 언제 내면의 힘이 필요하고 휴식이 필요한지를 알려 주는 바로미터 역할을 하게 된다.

(2) 내담자가 자기 고유의 삶의 의미를 찾도록 돕는 방법은?

내담자가 자기 고유의 삶의 의미를 찾도록 돕기 위해서는 자기 자신의 존재감을 찾고 내적 만족을 위한 삶이 무엇인지 탐색하는 시간이 필요하다. 이를 위해서는 앞에 설명한 인간의 여섯 가지 움직임 발달 패턴 중 가장 첫 번째 패턴인 호흡 패턴이 도움이 될 수 있다. 호흡은 모든 움직임과 표현을 위한 생명력이라고 할 수 있다. 성인의 경우, 호흡 패턴을 탐색하면 자신의 감각과 잘 연결될 수 있다. 내면의 신체감각으로 돌아가게 되면 자신의 내면에 존재하게 되고, 지금 이 순간 나에게 무엇이 필요한지 알게 된다. 일상에서 과도하게 흥분되거나 피곤할 때 또는 스트레스를 받았을 때 자신의 호흡을 관찰해 보는 것이다. 호흡을 관찰하게 되면 자신의 감정 상태에 따라 호흡이 변한다는 것을 알 수 있다. 불안해지면 호흡이 짧아지거나 순간적으로 멈추는 경우가 있는데, 호흡을 길게 쉬어 보면 그 순간 몸이 안정적인 상태로 바뀐다는 것을 알 수 있다. 스스로 자신의 호흡을 살펴봄으로써 '감정 상태(emotional tone)'를 바꾸거나 전환시킬 수 있게 되는 것이다. 따라서 호흡 패턴은 자신의 집으로 돌아갈 수 있게 도와준다. 명상이나 스트레스 이완처럼 많은 영적 수행이나 센터링 수련은 호흡을 그 핵심 원리로 사용하는데, 그 이유는 그 호흡이 자기 중심, 즉 살아 있음의 근본적인 상태로 돌아오게 해 주기 때문이다. 자기 고유의 삶의 의미를 찾고 싶을 때, 자기 자신과 다시 연결해 주는 호흡과 연결한다면 큰 도움을 받게 될 것이다.

또한 상담에서의 경험을 일상에 담고, 현존의 느낌을 유지하기 위한 방법으로는 내려놓기(yielding), 중심 잡기, 균형 잡기(의식화를 위한 움직임 시퀀스) 연습이 도움이 될 수 있으며, 글을 쓰거나 명상하는 시간을 통해 자신의 감정 상태/감각을 일상에서 의식해 나가는 것도 도움이 될 것이다.

(3) 내담자가 문제가 되는 대인관계 패턴을 이해하고 극복할 수 있는 방법은?

내담자의 대인관계 패턴을 이해하고 극복할 수 있는 방법, 특히 분노의 억압/억제 패턴과 수동공격적인 행동을 다룰 수 있는 방법을 동작치료 개입 방법으로 살펴보겠다. 동작치료 접근법으로 분노 조절이라는 주제를 세 가지 단계로 나누어 다룰 수 있는데, 감각의 인식-신체적 조절-생산적 자기표현(언어)의 과정으로 진행할 수 있다. 이 내담자의 경우 분노라는 감정이 발생하는 초기 감각의 인식과 신체적 조절을 먼저 다루는 것이 필요할 것으로 보인다. 몸의 차원에서 보자면 감정의 조절은 근육 차원에서 이루어지는 현상이라고 할 수 있다. 우리가 화나는 일을 경험하고 그것을 외부로 표현하지 못하고 참아야 하는 상황이라면, 대부분의 경우에 주먹을 쥐거나 숨을 참게 된다. 근육을 단단하게 조이는 것이다. 감정이 자유롭게 외부로 표출되는 경우 몸의 차원에서는 근육을 이완하는 것이라고 할 수 있다. 그러므로 내담자가 강도, 속도, 방향의 다양한 움직임을 경험하고 이를 내면화하여 감정적 자극이 되는 상황에서 자기 몸을 조절할 수 있게 도울 수 있다. 또한 감각 활성화를 위한 개입도 필요해 보인다.

감각의 인식이 어느 정도 이루어진다면, 신체적 조절을 위한 단계의 접근법을 활용할 수 있다. 신체적 조절을 위해서는 근육의 수축과 이완의 단계를 연습해 본 다음, 그 단계를 의식적이며 자유롭게 오갈 수 있는지 확인하는 방법이 있다. 근육의 수축과 이완 단계는 가장 수축시킨 경우(예: 주먹을 꽉 쥔다)를 '강', 가장 이완된 경우(예: 손에 힘을 빼고 축 늘어뜨린다)를 '약' '강'과 '약' 사이를 '중'이라 한다고 가정하자. 상담자가 강/중/약 사이를 오고 가도록 언어와 손의 긴장 상태로 제시하면, 내담자가 그에 따라 몸을 수축하거나 이완하는 것이다. 감정조절은 근육 차원의 현상이라고 하였듯이, 몸의 근육을 조절하는 능력은 감정조절 능력에도 영향을 주게 된다.

4) 내담자와의 관계 형성과 상담 진행의 어려움을 어떻게 극복해야 하는가?

상담자가 경험하는 관계 형성과 상담 진행의 어려움은 두 가지 측면에서 살펴볼 수 있다. 내담자가 가지고 있는 인지적·해결 중심적 태도는 내면의 무의식적 관계 패턴으로 인해 자기 방어라고 할 수 있다. 이는 관계에서 일어나는 현상과 과정이 아니라 결과에 집착하는 것이 그 이유일 수 있다. 그러므로 갈등 상황이 일어날 때 표출되는 감정을 상담자에게 향하는 것이라 생각하지 않고 내담자의 감정을 있는 그대로 반영해 주는 공감적 태도를 취하는 것이 중요하다. 또 다른 측면은 상담과정이나 관계에 대한 상담자의 태도이다. 내담자와의 거리감이 좁혀지지 않는 것과 해답을 주어야 할 것 같은 압박감에 빠져들지 않도록 자신의 역전이를 깊이 이해하는 것이 필요하다.

이를 위해 동작치료 슈퍼비전에서는 슈퍼바이지의 몸과 움직임 속에 현재 진행되는 내담자와의 상담과정이 펼쳐진다고 말한다. 그러므로 상담자가 자신의 몸에 주의를 보내고 머무르며 내면에서 떠오르는 이미지, 감각, 정서, 기억 등을 탐색하는 것이 필요하다. 만약 이러한 탐색이 가능해진다면, 상담 장면에서 내담자와 관계를 맺으며 나타나는 몸의 반응 혹은 긴장을 살펴보고, 이를 바탕으로 떠오르는 이미지나 단어를 내담자에게 돌려주면서 내담자의 통찰이 일어날 수 있도록 안내하는 것이다. 또 다른 방법으로는 내담자의 내적/외적 자원을 몸으로 경험하여 안정감을 확보한 다음, 자신을 향한 판단/공격이나 그에 대한 감정을 손의 움직임이나 천으로 표현해 볼 수 있다. 만일 내담자가 움직임으로 감정을 표현하는 것이 어렵다면, 상담자가 움직임을 반영해 줄 수도 있을 것이다. 동작치료에서는 감정을 인지+생리+움직임이 함께 드러나는 것이라 말하고 있으므로, 이를 내담자에게 설명해 주고 움직임으로 감정의 표현 및 확장의 기회를 제공하는 것도 좋을 것이다. 이렇게 외부로 움직임을 통해 감정을 표현할 수 있다면, 그다음 단계에서는 그 감정에 담겨 있는 의미를 찾아야 한다. 이는 움직임으로 감정을 표현한 후 내면의 경험에 주의를 보내고 떠오르는 내적 자료를 의식하고 수용하는 것이다. 이 과정에서 상담자 자신이 이 순간에 머물 수 있도록 그라운딩하고 자신의 내적 경험에 귀 기울이며, 동시에 내담자가 표현하는 비언어적 움직임과 언어적 표현을 상담자가 있는 그대로 공감하고 수용하는 태도를 보이는 것이 중요하다. 내담자는 이 과정에서 새로운 관계를 맺는 경험을 하게 될 것이고, 그 자체가 치유적이라고 할 수 있다.

5. IFS와 초월영성상담 슈퍼비전

이선화

1) 내담자에 대한 사례개념화/이해와 상담 목표 및 전략이 적절한가?

제2장에서 설명된 것과 같이 내담자에 대한 사례개념화는 다음의 내용으로 구성된다.

① 호소문제 듣기
② 다양한 정보를 수집하기
③ 촉발요인 확인하기
④ 유발요인 확인하기
⑤ 유지요인 확인하기
⑥ 가설의 접목시키기
⑦ 상담목표 구체화하기
⑧ 상담전략 세우기

내담자의 주호소문제는 남자친구와 헤어지고 나서 남성과의 관계가 반복적으로 깨어지는 것을 이해하고 싶다는 것과 생활에서의 피로감과 무의미감을 극복하고 싶다는 것이다. 이 두 가지 주호소문제에 대하여 상담자는 내담자의 주요 사건을 탐색하며 원인을 알아 가고자 했다. 상담자가 탐색한 내담자의 정보에 따르면 내담자는 어린 시절 어머니의 인정을 받고자 노력하였으나 적절한 관심도 칭찬도 받아 보지 못하고 성장하였다. 어머니가 나쁘게 이야기하는 아버지를 닮은 자신에 대한 자기상은 부정적으로 형성되어 갔다. 신체에 대한 부정적 자기개념이 형성되어 과도하게 몸에 집착하며 다이어트를 하면서 스스로 못나고 운동을 못하는 사람으로 인식하고 살아왔다.

최근 남자친구와의 결별은 내담자의 주호소문제의 촉발요인으로 볼 수 있다. 남자친구들과의 관계에서 결별을 반복하는 경험에 대하여 내담자의 삶을 깊이 있게 탐색하고자 한 것은 좋은 시도로 보인다. 상담자가 좀 더 섬세하게 내담자를 탐색해 본다면 주호소문제가 가벼운 것이 아님을 알 수 있다. 오래전 내담자는 부모님 사이에서 아버지의 역할을 통해 남성상이 내면화되었을 것이다. 어머니를 불행하게 하는 행동을 통해 신뢰하기 어려운 대상으로 아버지를 내면화했을 수 있다. 그리고 어머니로부터 들어온 아버지에 대한 부정적인 이야기들과 본인의 결별 경험들이 유지요인이 되었을 것이다. 내담자의 어려운 상황에 대하여 아버지에 대한 불신감은 내담자가 만나는 이성들에 대한 신뢰에 영향을 미쳤을 것이라는 가설을 세워 볼 수 있다.

이 사례의 상담목표는 남자친구와의 파국적인 관계 패턴 및 감정 패턴을 이해하기 그리고 내담자의 부정적인 자기 이미지 개선하기이다. 상담목표는 상담과정을 통하여 내담자가 변화 가능한 점에 대하여 구체적인 문장으로 진술하는 것이 바람직하다. 상담목표는 명확하고, 측정 가능하고, 행동용어를 사용하고, 실천 가능하고, 목표 달성 기간을 정해서 좀 더 구체적인 목표를 세워 보는 것이 좋을 것 같다. 내담자가 어린 시절 부모와의 관계에서 받은 영향에 대해 이해하면서 자기 이미지에 대하여 있는 그대로 받아들이고, 타인과의 관계에서 특정한 패턴이 있음을 알아차릴 수 있도록 상담목표를 재설정하는 것이 필요해 보인다.

상담자의 상담전략은 정서적 공감과 지지를 하면서 상담의 기저관계를 형성하는 것으로 시작했다. 자신에 대한 수치심, 그리고 정서적 소진으로 삶의 의미를 찾기 어려운 내담자에게 가장 이상적인 접근이라고 할 수 있다. 어머니와의 관계에서 교정적 재경험을 시도한 것도 적절하다. 이 사례가 잘 진행되도록 상담자는 성실히 조력하며 내담자에게 지지적 역할을 하고 있는 것으로 보인다.

2) 앞으로의 상담과제는 어떤 것인가?

내담자는 부모로부터 받은 영향으로 인하여 부정적인 자기 이미지를 형성하고, 신뢰하기 어려운 대인관계를 형성하게 되었다. 늘 인정을 받고자 애쓰면서 자기 돌봄이 부족하였기에 피곤하고 지치는 삶이었을 것이다. 상담의 성과가 잘 나타나서 내담자는 어머니로부터 받은 부정적인 자기 이미지와 남성에 대한 불신 등의 영향으로부터 벗어나는 것이 가능해지고 있다.

표면으로 드러난 문제가 극복되고 나면 내담자는 자신의 내면 세계에 대한 의문을 가질 수 있다. 그런 의문은 나는 누구이며, 삶은 어떤 의미인가 등 실존적인 질문과도 연결된다. 이런 과정은 내담자가 자신의 존재를 알아 가고자 하는 내적 탐구의 시작과도 같다.

내담자는 자신의 존재에 대해 알아 가면서 스스로 성장하는 모습을 보게 될 것이다. 그러다 그 성장의 흐름이 처음의 속도와 달라지고 정체된 듯하다가 다시 처음으로 돌아간 것 같은 경험을 할 수도 있다. 심리적 성장의 과정이 일직선으로 나아가거나 계단식으로 발전하기보다는 나선형 성장과정을 거친다는 Beck과 Cowan(2005)의 나선 역학 모델을 기억하는 것이 도움이 될 것이다. 내담자가 심리적·영적 성장의 과정에서 마치 처음으로 돌아가는 것 같은 회귀를 경험했을 때 상담자가 이 과정에 대한 깊이 있는 이해를 바탕으로 내담자의 회귀 현상을 안전하게 통과하여 성장하도록 안내하는 노력이 필요해 보인다.

초월영성상담에서는 자신의 본질에 대한 탐구를 안내한다. 이후 상담의 방향은 내담자가 자신의 내면의 참 자기를 발견하고, 만나고, 머무르는 경험을 할 수 있도록 안내하는 방향이 된다면 일상의 흔들림에도 고요한 깊이에 머무르는 것이 가능할 것으로 보인다.

3) 이 내담자의 문제에 적용할 수 있는 치료기법(전통적 상담기법과 초월영성적 상담기법 포함)에는 어떤 것이 있는가?

이 사례에 적용할 수 있는 좋은 방법으로 근거기반 치료로 잘 알려진 내면가족체계치료(IFS)를 제안하고 싶다. IFS는 1980년대 Richard C. Schwartz(2021)에 의해 시작된 심리치료방법이다. 우리 내면 시스템은 하나의 가족과 같은 구조를 가지고 있는데 우리 마음의 한 부분인 다양한 파트에 의해 구성되어 있다. 모든 파트들은 우리를 안전하게 하기 위한 목적으로 존재한다. 우리가 트라우마를 경험하게 되면 트라우마와 더불어 이 사건과 관련한, 어떤 마음이 일어난다. 대체로 이 마음을 보고 싶지 않아 삶의 중앙에서 한쪽 구석으로 밀어 놓게 되는데 그것이 추방자이다.

추방자가 생기면 이 추방자가 외부로 드러나지 않도록 애쓰는 매니저가 함께 생겨난다. 매니저는 추방자가 자극되지 않도록 최선을 다하며 독려한다. 완벽을 추구하고, 지시적으로 말하고, 명령하고, 다그치고, 비교하고, 체크하며, 스스로를 재촉한다. 그런데 이런 매니저의 관점은 제한적이다. 완벽해지기 위하여 얼마나 지치고 좌절하는지 알지 못한다. 스스로 무가치하게 느끼는 추방자들은 높이 올라가려고 하고, 높이 올라가려 하다가 뜻을 이루지 못하면 실망하거나 포기하고 회피하려는 파트가 나타나기도 한다. 이런 반대되는 두 가지 방향의 매니저가 나타나면 자신의 가치를 높이고자 애쓰는 일을 하다가도 한순간에 포기하는 모습을 보이기도 하는데 이런 현상을 양극화라고 한다.

추방자가 드러나지 않도록 매니저 파트가 이렇게 애쓰고 노력하는데도 불구하고 추방자가 자극되어 외부로 드러나게 되면 소방관이 등장한다. 소방관은 추방자와 접촉하는 것과 같은 위험한 상황을 피하도록 하기 위하여 다양한 방법으로 주의를 분산시킨다. 우리가 느끼는 고통을 가장 빨리 없애 버리기 위한 방법들인 약물, 폭력, 자살, 자해, 중독, 해리와 같은 큰 문제를 일으키면서 추방자의 고통을 멈추게 하기 위해 극단적인 방법을 사용한다.

IFS는 사람들이 참 자기인 Self를 알아차리고 Self 에너지에 머물게 하도록 하는 데 목표가 있다. Self 주도의 삶을 산다면 그 사람은 고통을 피하기보다는 더 큰 목적을 가지고 살 수 있게 된다. 여러 파트가 나타나서 혼란스러운 상황에서 Self는 이 파트들을 잘 지휘하여 평화롭고 침착하며 고요하고 자비로운 시선으로 스스로를 바라볼 수 있다. 깊은 명상의 상태에서처럼 Self는 어떤 파트와도 동일시하지 않고 근원에 뿌리를 내린 것처럼 침착하고 고요하다.

상담과정에서 내담자는 다양한 파트로 자신을 표현하고 있다. 내담자가 상담 중에 보였던 파트들과 Self의 상태는 다음과 같다.

(1) 매니저 파트

내담자는 남자친구에게 일방적인 결별을 통보하며 관계에서 주도권을 가지려는 매니저 파트가 있다. 자신의 체중을 관리하며 체중이 늘어나는 것에 혐오하고 운동이나 요가를 통해 스스로를 관리하려는 면이 있다. 직장에서 업무 성과가 높이 나올 때 자부심을 느끼는 면이 있다. 직장에서는 타인의 인정이 중요하기 때문에 타인의 기대에 맞추려고 하는 면이 있다. 이런 면들은 내담자의 매니저 파트들이다.

특히, 부정적인 신체 이미지를 가지고 다이어트를 해야 한다거나 운동을 해야 한다는 규칙을 만들어 놓고 있다면 그것은 매니저 파트라고 할 수 있다. 이런 매니저 파트들의 공통점은 추방자를 보호하려고 하는 것이다. 이 파트가 어떤 추방자를 보호하려고 하는지 탐색한다면 부정적인 신체 이미지에서 벗어나도록 도울 수 있다.

(2) 추방자 파트

직장과 인간관계에서 인정받지 못할 때 소진되면 공허하고 막막해한다. 어린 시절 어머니의 사랑을 받고 싶었으나 적절한 시기에 어머니의 인정과 사랑을 받지 못해 공허감을 느낀다. 남자친구와 헤어진 뒤 적응이 어려우며 이것은 종종 반복되는 관계 패턴이다. 내담자의 추방자는 인정받지 못한, 사랑받지 못한다고 느끼는 부분으로 보인다. 어린 시절에 인정과 사랑을 받지 못한 추방자를 만나게 되면 내담자는 반복적으로 관계를 단절하게 된다. 상담에서는 이 추방자를 빛으로 나오게 하고 추방자를 위한 목격하기, 다시 하기, 짐 내려놓기, 새로운 속성 초대하기 등의 치유과정을 진행하면서 내담자를 회복시켜 줄 수 있다.

(3) 소방관 파트

소방관 파트는 내담자의 혹독한 면들 중 하나로서, 매니저가 그렇게 관리를 했음에도 불구하고 밖으로 드러나게 된 추방자로 인해 혹은 너무 과도한 매니저들로 인해 나타난다. 내담자가 일상에서 화가 날 때 상대방에게 화를 내며 결별을 선언하는 부분, 일에 몰두하고 일중독에 빠지는 부분, 이러한 파괴적이고 충격적인 행동특성들이 소방관들로 보인다. 그들의 역할은 추방자가 고통받지 않도록 더 큰 문제를 일으키는 것이다. 이 소방관들은 더 큰 고통을 일으키고 사고를 내면서까지 추방자가 고통을 피할 수 있도록 애를 쓴다. 이들이 얼마나 많은 애를 쓰고 있는지 아무도 알 수 없기에 부적절한 행동은 반복되어 왔다. 그런데 이 시스템을 잘 유지하기 위하여 그들이 해 온 역할이 이해받는다면 소방관들은 진정하고 잠시 물러나는 것이 가능해질 것이다.

(4) Self

내담자는 자신의 내면에 대한 탐색이 시작되지 않은 상태라 Self에 대한 개념을 가지고 있지 않은 것으로 보인다. 내면에서 일어나는 여러 가지 마음의 파트에 의해 마음이 혼란스러워지고 있는데, 자신의 바탕이 Self라는 것을 이해하고 그곳에 머물 수 있도록 안내하는 것이 혼란한 내담자를 조력하는 방법이 될 수 있다. 그것은 내담자가 자기 고유의 삶의 의미를 알아 가도록 도울 수 있는 방법이다.

IFS의 목표는 내담자가 Self에 접촉하고 Self 상태에서 여러 파트를 조절하도록 안내하는 데 있다. 내담자가 스스로 Self의 특성을 찾아내는 것이 쉽지 않다면, 그것은 내담자가 진정으로 자신이 누구인지 알기 어려운 상태인 것을 의미하며, 이 상담이 내담자의 부정적이고 병리적인 특성에 초점을 맞추고 있는 것은 아닌지 살펴보아야 할 필요가 있음을 의미한다.

내담자가 부정적인 특성에 동일시하는 동안에는 자신에게서 Self의 특성을 발견하기란 쉽지 않을 것이다. 테이블 위에 많은 책과 노트북과 펜들이 널려져 있다면 그 테이블이 어떤 바탕인지 알기 어렵듯이 우리의 Self도 많은 파트로 인하여 본질이 가리워져 있어서 내담자 스스로는 자신이 어떤 바탕인지 알아차리기 어렵다. 어느 날 상담자의 눈에 내담자의 바탕이 보이고 그것을 내담자에게 말해 준다면 내담자는 조금씩 자신의 바탕에 호기심을 가지고 내면을 들여다보게 될 것이다. IFS와 초월영성상담에서는 내면의 참나의 특성인 Self를 알아차리는 것을 중요한 과정으로 본다.

4) 내담자와의 관계 형성과 상담 진행의 어려움을 어떻게 극복해야 하는가?

일상에서 파괴적인 대인관계 패턴을 가진 내담자와 상담관계를 잘 만들어 가는 것은 쉽지 않은 일이다. 상담자가 내담자와 좋은 사회적 관계를 만드는 것이 상담의 첫 번째 과제라고 할 수 있는데, 이 관계를 형성하는 과정에 어려움이 일어난다면 좀 더 젊은 시야를 가지고 내담자를 이해하는 중요한 과정으로 받아들여 본다. 그 이유는 상담과정 중에 보여 주는 내담자의 관계 패턴은 내담자가 일상 중에 경험하는 것과 유사하기 때문이다. 상담자는 이런 관계 패턴에 휘말리기보다 내담자에 대한 깊은 이해의 시각을 가지고 상담자 자신과 내담자를 탐색한다. 먼저 상담자는 현존할 수 있도록 자신의 역전이와 그림자를 탐색하고, 그러고 나서 내담자가 어떤 파트와 동일시하고 있는지, 어떤 전이가 일어났는지, 그림자가 어떠한지 탐색한다면 이 어려운 과정이 어떻게 해서 일어난 것인지 이해할 수 있게 될 것이다.

(1) 상담자의 시각

상담자는 내담자에 대한 깊이 있는 이해를 바탕으로 상담을 적절하게 접근하고 있다. 내담자가 어머니 삶의 고통을 함께 느끼고 있는 면이 있는 것으로 보인다. 반면, 어머니와 같은 희생적인 삶을 살고 싶지 않은 측면도 있다. 이런 양가적인 면은 남자친구와의 관계에서 불편해지는 상황을 경험할 때마다 관계를 끝내버리는 선택을 하도록 이끌었을 것으로 보인다. 이러한 형태의 양극화는 이 주제에 깊은 곤란을 가지고 있다는 표현이다. 어린 시절부터 복합트라우마를 경험한 내담자들의 특징이기도 하다. 부모님의 잦은 갈등을 목격하면서 내담자는 부모님과 같은 관계를 경험하는 것에 대한 강한 거부감을 가지고 성장했을 것이다. 특히 어머니의 삶을 분리하여 보게 된다면, 내담자 자신의 대인관계에서 불편한 경험들을 지혜롭게 넘어갈 수 있게 될 것이다.

(2) 상담의 개입과 진행과정

어머니로부터 내면화한 신체 이미지에 대해 다루는 접근이 어떠했는지 점검해 볼 필요가 있다. 내담자가 이것을 어떻게 이해하고 있었고 지금은 그 이해가 어떻게 변화하고 있는지 살펴보는 것이 좋겠다. 상담자는 상담과정에서 내담자와의 거리감이 좁혀지지 않음을 알아차리고 있다. 그 거리감은 논리정연한 해답을 주어야 할 것 같은 압박감으로 드러나고 있다. 상담자가 경험하고 있는 압박감에 대해 생각해 보자. 내담자가 스스로 답을 찾을 수 있는 지혜를 가지고 있지 않다면, 상담자가 답을 주어야 한다고 믿는다면, 즉 내담자는 답을 기다리는 나약한 추방자이고 상담자가 해답을 찾아 주어야 하는 매니저가 되어야 한다. 상담자가 Self에 접촉하지 않고 있다면 깊은 공감이 일어나기 어려울 수 있다. 내담자에게 Self가 있다는 것을 알아차리지 못한다면 내담자는 파트들이 작동하는 것을 계속 보여 줄 것이다.

- 내담자 상황을 이해하고 공감하는 것에 대한 어려움은 없는지 확인한다.
- 상담자가 어떤 점에서 내담자의 문제 접근에 어려움을 느끼고 있는지 확인한다.
- 그것이 내담자를 통해 상담자가 자신의 그림자를 보는 것인지 파악한다.
- 상담자가 내담자를 바라볼 때 경험하는 어려움에 대하여 다른 사람이 떠오른다면 그것은 전이일 것이다. 만일 떠올려지는 사람이 없다면 그 불편감은 그림자는 아닌지 점검한다.

(3) 그림자 탐색

그림자란 개인 무의식에서 작동하는 자아의 어두운 측면이다. 개인의 인격의 한 부분이지만 인정하고 싶지 않고 드러내기 주저하게 되는 어두운 부분이다. 개인의 어두운 성격적인 면이며 무의식의 영역에 있으므로 스스로 알아차리기 쉽지 않은 특성을 가지고 있다. 이 그림자를 알아차리는 방법은 어떤 상황에 대하여 크게 마음의 동요가 일어날 때, 감정적으로 격한 반응이 일어나는 경험을 통해서 그림자의 존재를 알아차릴 수 있다.

남자친구가 신뢰할 수 있는 사람이 아닌 것 같다는 생각이 일어날 때 내담자는 결별을 통지한다. 내담자는 자신의 불신에 대한 어떤 경험이 있는지 돌아볼 필요가 있다. 반장이 되어도, 그림을 잘 그려도, 좋은 대학에 합격을 해도, 효도를 해도, 어머니로부터 인정을 받지 못했고 어머니의 인정을 받지 못하는 동안 스스로의 내면에서는 어떤 역동이 일어났을지 탐색해 보는 것이 필요하다. 어머니에 대한 속상하고 억울한 표면적인 감정 그 아래에 자신에 대한 부정, 불신이 일어나기도 한다. 그랬다면 내담자는 자신에 대해 가졌던 불신이라는 어둠을 밖으로 드러내고 이런 상황에서 여유로울 수 없었던 스스로를 인정하고 받아들인다면 불신을 만나는 장면에서 걸림 없이 자연스럽게 지나갈 수 있을 것이다.

상담자도 자신의 그림자가 있었는지 확인해 볼 필요가 있다. 내담자의 해결 중심적인 태도나 논리정연한 해답을 주어야 할 것 같은 압박감이 상담자에게 무엇을 연상시키는지 살펴보는 것이 좋겠다. 그런 압박감을 준 인물이 있는지 혹은 상담자의 삶에서 그런 자신의 측면을 드러내고 싶지 않아서 없는 것처럼 뒤쪽에 밀어 둔 부분인지, 어떤지…. 상담에서 어려움으로 경험되는 면들은 상담자가 성장해야 할 지점을 만났다는 것으로 이해할 수 있다. 그러니 그 어려움은 상담자의 성장 포인트인 것이다. 아무런 판단도 평가도 하지 말고 이완하고 그저 바라보면서 호흡을 하는 마음챙김 방식으로 이 면들이 상담자 내면에서 걸림 없이 지나가는 것을 경험해 보는 것도 좋다.

(4) 상담자의 Self

이 모든 과정 동안 상담자는 자신의 참나에 잘 접촉하고 있는지 점검해 보는 것이 필요하다. IFS는 이 참나의 상태와 유사한 개념으로 Self를 이해하기 쉬운 방식으로 설명한다(Schwartz, 2023). Self의 속성은 8C, 5P, 3A 등으로 이해할 수 있다.

상담자의 8C 특성은 다음과 같이 살펴볼 수 있다.

- 내담자를 연민의 마음으로 보는가(Compassion)
- 내담자의 문제에 대하여 호기심을 가지고 있는가(Curiousity)
- 침착하게 반응하는가(Calmness)
- 용기 있게 대처하는가(Courage)
- 내담자에 대하여 연결감을 가지는가(Connectedness)
- 명확한 시각을 가지고 있는가(Clarity)
- 자신감이 있는가(Confidence)
- 창조적인 아이디어가 일어나는가(Creativity)

상담자의 5P 특성은 다음과 같다.
- 내담자에 대한 인내심(Patience)
- 내담자에 대한 관심(Perspective)
- 내담자를 신뢰하고 끈기 있게 지켜보는(Perseverance)
- 지금-여기에 온전히 머무르는 현존하는(Presence)
- 가볍고 유쾌한 장난스러움(Playfulness)

상담자의 3A 특성은 다음과 같다.
- 내담자의 정서에 깊이 접촉할 수 있는 정서적 조율(Attunement)
- 상담자 자신과 내담자에 대한 인정(Acknowledgement)
- 상담과정에 대한 감사(Appreciation)

상담자가 스스로 이 상태에 머무르게 되는지 알아차린다면 내담자가 거친 파도 위에서 떠다니는 것 같더라도 자신이 깊은 바다라는 이해로 현존하도록 하는 데 좋은 안내자가 될 수 있다.

참고문헌

박선영(2024). 바디커넥션. 도서출판 동연.

Beck, D., & Cowan, C. (2005). *The spiral dynamic.* Wiley-Blackwell.

Brown, R., Chevalier, G., & Hill, M. (2015) *Grounding after moderate eccentric contractions reduces muscle damage.* International Blood Research & Review, Unpublished.

Chevalier, G., Patel, S., Weiss, L., Chopra, D., & Mills, P. J. (2019). The effects of grounding(earthing) on bodyworkers' pain and overall quality of life: A randomized controlled trial. *Explore (NY), 15*(3), 181-190.

Cooper, B. (2004). Empathy, interaction and caring: Teachers' roles in a constrained environment. *Pastoral Care in Education, 22*(3), 12-21.

Dosamantes-Alperson, I. (1982). Working with internalized relationships through a kinesthetic and kinetic imagery process. *Imagination, Cognition, and Personality, 2*(4), 333-343.

Gelso, C. J. & Carter, J. A. (1985). The relationship in counseling and Psychotherapy. *The Counseling Psychologist, 13*, 155-244.

Hackney, P. (2003). *Making connections* (1st ed.). Taylor and Francis.

Horvath, A. O., Symonds, B. D. (1991). Relation between working alliance and outcome in Psychotherapy: A meta-analysis, *Journal of Counseling Psychology, 38*, 139-149.

Johnson, M. (2007). *The meaning of the body.* University of Chicago Press.

Martin, D. J., & Garske, J. P. (2000). Relation of the therapeutic alliance with outcome and other variables: A metaanalytic review. *Journal of*

Consulting and Clinical Psychology, 68(3), 438.

Paley, J. (2001) An Archaeology of Caring Knowledge. *Journal of Advanced Nursing, 36*, 188–198.

Schwartz, R. C., & Sweezy, M. (2021). *Internal family systems therapy* (2nd ed.). 김춘경, 배선윤 공역(2021). 내면가족체계치료. 학지사.

Schwartz, R. C. (2023). *Introduction to internal family systems.* 권혜경 역 (2024). 내면혁명으로의 초대 IFS. 싸이컬러지코리아.

Wahl, C. (2019). *Laban/Bartenieff movement studies: Contemporary applications.* Human Kinetics.

Winnicott, D. W. (1965). *The maturational process and the facilitating environment: Studies in the theory of emotional development.* International Universities Press.

찾아보기

ㅈ

박성현(Park, Sunghyun)

가톨릭대학교 일반대학원 심리학 석사(상담심리전공)
가톨릭대학교 일반대학원 심리학 박사(상담심리전공)
전 한국상담심리학회 회장
현 서울불교대학원대학교 상담심리학과 교수

〈주요 저서 및 역서〉
임상가를 위한 자비중심치료 가이드북(공저, 학지사, 2021)
한국의 초월영성상담가(공저, 학지사, 2022)
자아초월심리학 핸드북(공역, 학지사, 2020)

이선화(Lee, Sunhwa)

계명대학교 교육대학원 교육학 석사(상담심리전공)
창원대학교 일반대학원 교육학 박사(상담심리전공)
IFS 1, 2, 3레벨 이수, THBA 전문가, Grof Breathwork 전문가
NYU Psychoanalytic Institute 정신분석가 훈련
현 우리들심리상담센터 대표
　　사)한국초월상담교육협회 대표이사

〈주요 역서〉
심혼탐구자의 길(공역, 학지사, 2022)
자아초월심리학 핸드북(공역, 학지사, 2020)
상담사와 심리치료사를 위한 직관(공역, 학지사, 2015)
타로와 심리학: 가능성의 스펙트럼(학지사, 2010)

김미례(Kim, Mirye)

전남대학교 일반대학원 교육학 석사(상담심리전공)
전남대학교 일반대학원 교육학 박사(상담심리전공)
현 호남대학교 상담심리학과 교수
　　전국대학상담학과협의회 회장
　　한국교류분석상담학회 회장

〈주요 저서〉
한국의 초월영성상담가(공저, 학지사, 2022)
부모교육 및 상담(공저, 학지사, 2022)
교류분석 개인상담(아카데미아, 2017)

박선영(Park, Sunyoung)

서울여자대학교 특수치료전문대학원 표현예술치료학 석사(무용치료전공)
창원대학교 일반대학원 교육학 박사(상담심리전공)
현 치유상담대학원대학교 교수
   미국공인 춤동작심리상담사(R-DMT)
   국제소매틱무브먼트 치료사/교육자(RSME, RTMT)

〈주요 저서〉
몸과 마음을 잇는 바디커넥션(도서출판 동연, 2024)
한국의 초월영성상담가(공저, 학지사, 2023)
춤 테라피 이론과 실제(학지사, 2010)
상담자를 위한 선 심리치료(공역, 시그마프레스, 2011)
춤동작치료와 정신건강(공역, DMT미디어, 2019)
춤/동작치료와 심층심리학(DMT미디어, 2016)

박희석(Park, Heeseok)

전북대학교 대학원 심리학 석사(임상심리전공)
전북대학교 대학원 심리학 박사(임상심리전공)
현 마음숲심리상담센터 센터장
   심리극단 '엔카운터' 대표

〈주요 저서 및 역서〉
집단상담의 이론과 실제(공저, 북앤정, 2023)
자발성 극장: 집단상담과 심리극을 위한 웜업 북(학지사, 2021)
아동 · 청소년을 위한 예술치료의 이론과 실제(공저, 학지사, 2017)
심리극의 세계(공역, 학지사, 2009)

영적 성장을 지향하는 상담전문가를 위한 슈퍼비전 안내서

초월영성상담 슈퍼비전
Transpersonal Spiritual Counseling Supervision
- A Guide for Counseling Professionals Seeking Spritual Growth -

2025년　3월　10일　1판　1쇄　인쇄
2025년　3월　15일　1판　1쇄　발행

지은이 • 박성현 · 이선화 · 김미례 · 박선영 · 박희석
펴낸이 • 김진환
펴낸곳 • ㈜ **학지사**
　　　　　　04031 서울특별시 마포구 양화로 15길 20 마인드월드빌딩
대표전화 • 02)330-5114　　　팩스 • 02)324-2345
등록번호 • 제313-2006-000265호

홈페이지 • http://www.hakjisa.co.kr
인스타그램 • https://www.instagram.com/hakjisabook

ISBN　978-89-997-3366-6　93180

정가　17,000원

저자와의 협약으로 인지는 생략합니다.
파본은 구입처에서 교환해 드립니다.

┃ 출판미디어기업 **학지사**
┃ 간호보건의학출판 **학지사메디컬** www.hakjisamd.co.kr
┃ 심리검사연구소 **인싸이트** www.inpsyt.co.kr
┃ 학술논문서비스 **뉴논문** www.newnonmun.com
┃ 교육연수원 **카운피아** www.counpia.com
┃ 대학교재전자책플랫폼 **캠퍼스북** www.campusbook.co.kr